POLARIS

S., 201

W0197918

Ludger Pfeil

DU LEBST,
WAS DU DENKST

Neun philosophische Denkweisen,
mit denen wir uns und andere
besser verstehen

Rowohlt Polaris

2. Auflage Januar 2016

Originalausgabe
Veröffentlicht im Rowohlt Taschenbuch Verlag,
Reinbek bei Hamburg, Juli 2015
Copyright © 2015 by Rowohlt Verlag GmbH,
Reinbek bei Hamburg
Lektorat Bernd Gottwald
«Lob des Zweifels», aus: Bertolt Brecht, Werke.
Große kommentierte Berliner und Frankfurter Ausgabe,
Band 14: Gedichte 4. © Bertolt-Brecht-Erben / Suhrkamp Verlag 1993.
Umschlaggestaltung ZERO Werbeagentur, München
Umschlagabbildung FinePic, München
Satz aus der Arno Pro, PostScript (InDesign)
bei Pinkuin Satz und Datentechnik, Berlin
Druck und Bindung CPI books GmbH, Leck, Germany
ISBN 978 3 499 63068 2

INHALT

PHILOSOPHISCHE TYPBERATUNG

Was für eine Philosophie man wähle,
hängt sonach davon ab,
was man für ein Mensch ist …
Johann Gottlieb Fichte,
Erste Einleitung in die Wissenschaftslehre

Haben Sie in einem Gespräch mit Ihrem Partner, Eltern, Kindern oder Freunden, das über organisatorische Fragen des Alltags hinausging, schon einmal bemerkt, dass Sie sich bei aller Sympathie trotz intensiven Bemühens, sich verständlich zu machen, in wesentlichen Aspekten nicht verstanden fühlten? Vielleicht entzündete sich die Diskussion an einem Zeitungsartikel über eine wissenschaftliche Entdeckung oder eine politische Entwicklung, die Sie nur beiläufig zu kommentieren glaubten, und am Ende entwickelte sich ein regelrechter Streit, der in einer aussichtslos erscheinenden Sackgasse kopfschüttelnd abgebrochen werden musste. Oder es ging um die vorfreudig begonnene Planung einer gemeinsamen Unternehmung, die an einem harmlos scheinenden Punkt nach immer heftigerem Aufeinandereinreden in Schweigen und Frustration endete.

Sie ahnen es: Hier ist nicht einfaches Aneinander-Vorbeireden gemeint, das sich meist, wenn man es erkennt, durch das Aufdecken einer missverständlichen Wortwahl aufklären lässt. Manchmal beruht, was wie ein simples Kommunikationsproblem daherkommt, nämlich nicht nur auf oberflächlicher Begriffsverwirrung – man kann auch tiefer aneinander vorbei-*denken*. Gerade bei wichtigen Themen, die unsere Lebensplanung betreffen, wie Kinderwunsch, Betreuung alternder Eltern, berufliche Veränderung oder Beziehungskrise, können wir bei genauerem Hinhören gelegentlich entdecken, dass für uns und unser Gegenüber unterschiedliche Argumente zählen, zentrale Begriffe verschieden interpretiert und Zusammenhänge abweichend gedeutet werden. Wir bemerken dann etwa, dass der andere nur strenge Sachlogik gelten lassen will, wo wir das Gefühl haben, dass dabei etwas Entscheidendes zu kurz kommt. Oder dass das Leben offenbar vom einen als ein lockeres Spiel, vom anderen als bitterer Ernst empfunden wird.

Sie können das einer augenblicklichen Gemütslage oder unveränderlicher Veranlagung zuschreiben und schulterzuckend zur Tagesordnung übergehen, aber vielleicht haben Sie im Laufe eines solchen Gesprächs selbst manchmal das unbestimmte Gefühl, auch Ihr eigenes Denken bewege sich auf eingefahrenen Gleisen in den immer gleichen Bahnen, die Ihnen gar nicht einmal richtig bewusst sind. Womöglich bedauern Sie sogar, dass es Ihnen nicht gelingt, die Weiche wenigstens probeweise einmal auf die gedankliche Fahrspur des anderen zu stellen?

«Was für eine Philosophie man wähle, hängt sonach davon ab, was man für ein Mensch ist ...» – Fichtes vielzitierter Satz, der dieser Einleitung als Motto vorangestellt ist, weist auf die tiefe Verwurzelung einer philosophischen Weltsicht in unserer Persönlichkeit hin. Der Fortgang des Zitats macht zudem deutlich, dass es sich bei einer wirkmächtigen Philosophie nicht um eine leicht austauschbare äußerliche Angelegenheit handelt: «...: denn ein philosophisches System ist nicht ein toter Hausrat, den man ablegen oder annehmen könnte, wie es uns beliebte, sondern es ist beseelt durch die Seele des Menschen, der es hat.» Das könnte als unveränderliche Festlegung gelesen werden, die die strikte Abhängigkeit jeder individuellen Einsicht vom angeborenen oder erworbenen Charakter behauptet – sozusagen als könne bei aller Freiheit der Gedanken eben keiner aus seiner

Hirnhaut heraus, basta. Dann wäre jeder Versuch, die Hürde zwischen gegensätzlichen Auffassungen zu überwinden, von vornherein zum Scheitern verurteilt.

Dieser Lesart muss man allerdings nicht stattgeben, denn die Sentenz lässt sich auch als Ansporn verstehen, sich selbst auf dem umgekehrten Wege besser kennenzulernen, sich Spielarten der Philosophie, die man attraktiv findet, bewusst zu machen und daraus auf eigene Wesenszüge zu schließen. Und wenn man erst das heimische Gedankengebäude nach Strich und Faden ausgelotet hat, könnte man sogar auf die Idee verfallen, dass «da draußen» auch alternative Architekturen existieren, und den Wunsch entwickeln, sich einmal in den Denkkonstrukten anderer umzusehen. Immerhin bemerkte Fichte (und das ist unter herkömmlichen Philosophen keineswegs selbstverständlich), dass es nicht nur *eine* (wahre) Philosophie (nämlich die eigene) gibt, sondern dass durchaus unterschiedliche Weltsichten mit vollem Anspruch als «Philosophie» bezeichnet werden können.

Worin besteht eine solche «Philosophie», die man sich wählen könnte? Heute soll uns ja bereits jeder halbwegs tiefgründig klingende Gedanke als persönliche «Lebens-Philosophie» («Essen und Trinken hält Leib und Seele zusammen») untergejubelt werden, und markige Slogans werden als «Unternehmens-Philosophie» («Leistung durch Leidenschaft») verkauft. Eine «Marken-Philosophie» haben Modedesigner (Joop) und Kreditinstitute (easycredit) ebenso wie die illustren Vertreiber exklusiver Waschbecken (Kanera), Käsereien (Bresso), Kabelhersteller (Lapp) und Modelleisenbahner (Roco), um nur willkürlich die ersten Google-Treffer einer Suche nach diesem Begriff auszuwerten. Zu einer ausgewachsenen Philosophie gehört mehr: Da genügt kein übernommener Leitspruch; mindestens ein kleines Gedankengebäude – mit einem Fundament aus Grundannahmen und einer rudimentären Statik sich gegenseitig stützender Argumente – muss schon errichtet sein. Nur damit lässt sich die für den philosophischen Überblick nötige Höhe gewinnen; es handelt sich schließlich um eine Konstruktion mit Perspektive, die eine Sicht auf die Welt ermöglichen soll.

Wie wir die Welt sehen, wird nämlich dadurch bestimmt, von welchem Standpunkt aus und unter welchem Blickwinkel wir sie *an*sehen. Sie zeigt sich uns nicht einfach, wie sie «wirklich» ist, denn die Vielfalt der uns durch die Sinnesorgane zugänglichen Einzelphänomene überfordert uns. Ohne Ausblendung und Abstraktion würden wir von Eindrücken überflutet, ohne Interpretation würden wir keine Zusammenhänge erkennen. Alles, was wir erleben, unterliegt und bedarf unserer Filterung und Deutung. Wir erhaschen gelegentlich einen Blick auf in diesen Mechanismen wirkende Denkkonstrukte, wenn wir auf die inneren Kommentare unseres Geistes achten.

Der Entscheidung, die Kuchengabel in das Stück Apfeltorte auf dem Teller vor uns zu senken, liegen unzählige Erfahrungen, Annahmen und Prognosen zugrunde. Meist eher am Rande unseres Bewusstseins kann uns dabei sehr Unterschiedliches durch den Kopf gehen:

- «Nahrung ist gut, Äpfel sind gesund, das Stück Kuchen sieht aus und riecht wie ein Apfelkuchen, wird also keine Attrappe sein. Dann mal los.»
- «Sind die Äpfel darin wohl gespritzt oder Bio?»
- «Apfelkuchen, nun nicht gerade originell, aber hab ich schon als Kind gerne gegessen.»
- «Schleck! Das wird ein Genuss!»
- «Herrlich, dass die Natur wohlschmeckende Früchte für uns wachsen lässt!»
- «Das wird bestimmt wieder ansetzen und meinen wahren Hunger doch nicht stillen. Vielleicht sollte ich wenigstens auf die Sahne verzichten?»
- «… und in Afrika verhungern sie, welche Dekadenz!»

Solche Gedankenfetzen sind nur die oberste Spitze eines Eisbergs genereller Deutungsmuster der Welt, die nicht nur unser Denken, sondern bereits unsere selektive Wahrnehmung beeinflussen.

Wir leben, was wir denken. Hinter den Oberflächenphänomenen unseres Einschätzens, Verhaltens und Entscheidens im Alltag erheben sich philosophische Denkgebäude, in denen sich dieses Geschehen abspielt. Sie sind errichtet aus Annahmen über die erfahrbare Welt und was über sie hinausgehen könnte, über richtiges Denken und Kommunizieren, über unser Zusammenleben in Beziehungen und in der Gesellschaft und bilden damit unausgesprochene philosophische Theorien, die maßgeblich prägen, was wir wahrnehmen und wie wir unsere Beobachtungen und Erfahrungen einordnen und miteinander verknüpfen. Was und wie wir denken, beeinflusst, wie wir die Welt betrachten, wie wir mit uns selbst, anderen Menschen und Dingen umgehen, was wir für wichtig und unwichtig halten und wie wir Entscheidungen treffen. Wenn uns Ungewohntes und Neues begegnet, das nicht in unser Schema passt, versuchen wir möglichst rasch ein passendes Plätzchen in unserer vorhandenen Weltsicht dafür zu finden oder einzurichten. Und nicht zuletzt interpretieren vor dieser Kulisse auch wir uns selbst und unsere Rolle.

Wenn wir mit anderen kommunizieren, tun wir dies vor dem Hintergrund des Bildes, das wir uns von der Welt machen, und jede Botschaft, die wir aussenden, steht auf der Rückseite einer «Weltansichts-Karte» geschrieben, die unsere Gedankenwelt widerspiegelt. Entgegen unserer sonstigen Gewohnheit achten wir hier meist nur auf die geschriebenen Worte und ignorieren das Foto. Doch es lohnt sich, die Karte einmal umzudrehen, denn sie könnte uns zeigen, wie wir die Welt sehen. Als Wüste oder als Garten? Mit hell leuchtendem Hintergrund oder dunkel drohend? Ein Einzel- oder Gruppenbild? Klar und strukturiert wie ein Mondrian-Gemälde – oder voller Fragezeichen?

Neben bewusster Lektüre und Reflexion mag es vielfältige Einflüsse geben, die dazu führen, dass man die Welt auf individuelle Weise interpretiert: Erziehung, Sozialisation, Umwelt, vielleicht genetische Disposition? Das untersuchen Psychologen, Soziologen und Biologen. Die sich hier anschließende Aufdeckung philosophischer Hintergründe will dazu ermutigen, sich dem eigenen Wesen auf dem Denkweg zu nähern und es der Selbsterkenntnis zugänglich zu machen. Dieser Zugang ermöglicht eine Auseinandersetzung mit sich selbst und anderen in Bewusstsein und Sprache. Er folgt damit einem der ältesten Programme der denkenden Menschheit: Erkenne dich selbst!

Philosophische Grundhaltungen entwickeln sich als Reaktion auf die Frage, wie man in dieser Welt (über)leben kann und soll. Ohne zumindest vorläufige Antworten würden wir uns in ihrer Komplexität nicht zurechtfinden und unseren Platz in ihr weder bestimmen noch behaupten können. Wollen wir diese Deutungshoheit über unser Leben nicht dem zufälligen Ergebnis unserer Sozialisation, den Medien und den Alltagsmeinungen anderer überlassen, dann besteht ein erster Schritt darin, uns unsere versteckten Annahmen und Denkmuster mit ihren Vorteilen und Mankos deutlich vor Augen zu führen.

Glücklicherweise hat die philosophische Literatur von jeher den besonderen Charme, dass sie implizite Deutungsmuster explizit macht. Philosophen sind Exhibitionisten der meist – aber nicht immer – weniger Unmut erregenden, intellektuellen Sorte; sie halten mit ihrem Denken nicht hinterm Berg, breiten es offen aus und lassen sich gerne von uns dabei zuschauen. Was da bei hellem Licht betrachtet zum Vorschein kommt, kann anziehend sein, aber ebenso erschrecken. Doch selbst in sonderbar wirkenden Fällen ist hier das Herzeigen ein Verdienst, da so Skurrilitäten und Absurditäten offenkundig werden, die wir unter Umständen ebenfalls mit uns herumtragen, aber bei anderen leichter erkennen können.

Möglicherweise ist die von Fichte behauptete Beziehung zwischen Mensch und gewählter Philosophie dann gar nicht so festgelegt, wie man auf den ersten Blick glauben könnte. Im Kennenlernen unterschiedlicher Denkrichtungen und alternativer philosophischer Ansätze entdecken wir vielleicht andere, uns bisher kaum bekannte Seiten an uns, die dort zur Sprache kommen und denen wir bisher wenig Platz in unserem Denkgebäude eingeräumt haben. Die wenigsten werden den Hang verspüren, ein über Jahre mühevoll eingerichtetes Haus gleich zu verlassen und sich eine neue Heimstatt zu suchen, doch es könnte uns bewusst werden, dass es überhaupt philosophische Vorräte im schlechtbeleuchteten Keller unseres Denkens gibt, von denen wir uns im Alltag nähren, ohne dass wir sie jemals ans Licht geholt haben, um sie auf ihr Verfallsdatum, ihre aktuelle Tauglichkeit und Überzeugungskraft zu überprüfen. Ein Dinner im Dunkeln mag eine besondere Erfahrung sein – das selbstvergessene Konsumieren des Lebens ohne bewussten Blick auf die Inhaltsstoffe zur Regel zu machen wäre eher bedauernswert. Es verschlösse uns nicht nur die tiefere Wahrnehmung unserer selbst, sondern auch ein intensiveres Kennenlernen des anderen.

Menschen denken unterschiedlich. Das scheint unmittelbar einleuchtend und klingt nach einer Selbstverständlichkeit, dennoch vergessen wir es immer wieder. Wir glauben, dass alle irgendwie schon so ähnlich ticken wie wir. Enttäuschungen sind da nicht nur zwischen Fremden vorprogrammiert; auch im Gespräch mit Freunden und Partnern fühlen wir uns manchmal unverstanden. Die Philosophie bietet uns wie sonst höchstens die Literatur die Chance, andere Sichten auf die Welt kennenzulernen und uns aus der Beschränkung der mehr oder weniger engen eigenen

Gedankenwelt und der eingefahrenen Argumentationsgleise mindestens zeitweise zu befreien. Die hier dargestellten Denkmuster sind zunächst einmal verbreitete und legitime Modelle, um die Komplexität und Kontingenz der Welt zu bewältigen, sowie ernsthafte Versuche, auf die verwirrenden Fragen unseres Daseins eine Antwort zu finden. Sie alle haben ihre besonderen Chancen und Risiken und verdienen mehr als lapidare Zustimmung oder Ablehnung. Wichtiger als unmittelbare Stellungnahme ist die Achtsamkeit in der Begegnung mit dem eigenen und fremden Denken.

In dieser Absicht ist eine Gruppierung von Denkanstößen zu philosophischen Grundtypen entstanden. Bisherige einführende Schriften zur Philosophie orientieren sich im Allgemeinen historisch am Lauf der Geschichte (von der Antike bis zur Gegenwart) oder an den Teildisziplinen der Philosophie (Erkenntnistheorie, Metaphysik, Ethik …). Sie bemühen sich meist, die Kerngedanken philosophischer Strömungen und ihrer Vertreter wiederzugeben, während es hier weniger um eine Diskussion detaillierter Inhalte gehen soll, sondern um grundlegendere Ausrichtungen des Denkens, die exemplarisch vorgestellt werden. Typisierungen psychologischer Art sind dagegen gang und gäbe, aber gehen an unserem Thema vorbei oder überschneiden sich damit nur teilweise. Hier wie dort wird man im wahren Leben immer Mischformen, Kombinationen und Zwischentönen begegnen. Oft erkennt man sich selbst in verschiedenen und auf den ersten Blick unvereinbaren Darstellungen wieder. Die Philosophen-Typen sollen also nicht dazu dienen, sich selbst und seine Mitmenschen in Schubladen zu stecken, in die reale Personen schon aufgrund ihrer Größe nur gewaltsam hineingequetscht werden können, sondern die Neugierde auf andere Schrankfächer zu wecken und dem Reiz der Unordnung sein Recht zu belassen. In der bunten Wirklichkeit gibt es nicht nur Grauzonen, sondern auch fließende Farbverläufe. Wechsel und Entwicklung sind möglich, und wir können sie in gewissem Maße durch Verstärkung und Entgegensetzung selbst beeinflussen.

So sind auch die Personen, die als Illustration des jeweiligen philosophischen Charakters beschrieben sind, selbstverständlich erfunden und vereinfacht. Wirkliche Menschen sind komplexer und lassen sich nicht in einfache Kategorien einordnen. Die Philosophen-Typen sind wie alle Abstraktionen nur Denkfiguren, um die Vielfalt der Einzelphänomene zu strukturieren. Dennoch – oder gerade deshalb? – wäre es kaum erstaunlich, glaubte man in ihnen Bekannte, Freunde oder gar sich selbst zu erkennen.

Versuchen Sie mit den Typen zu spielen und sie zu kombinieren. Durchschauen Sie sie auf diese Weise als Denkmuster, die sich in jedem Menschen in unterschiedlicher Gewichtung wiederfinden und sich mit anderen Einflüssen jeweils zu einer einzigartigen Person mischen. In welchen Situationen neigen Sie selbst zu welchem Typ? Sind Sie in der Arbeit eine wahrheitsliebende Überzeugungsdenkerin, in der Partnerschaft ein pflichtbewusster Moralpraktiker, den Kindern gegenüber ein misstrauischer Schwarzseher und zusammen mit den Freundinnen eine vergnügungslustige Genießerin? Falls Sie unterschiedliche Denkmuster anwenden: Was würde passieren, wenn Sie einmal die Anwendungsgebiete tauschten? Und vielleicht können Sie sogar – zumindest versuchsweise – einmal in eine ganz andere «Denk-Haut» schlüpfen und für ein paar Stunden vom bindungswilligen Gemeinschaftsfreund zum eigensinnigen Quergeist mutieren. Denn anders als bei einer Farbberatung sind wir bei einer «philosophischen Typberatung» nicht etwa durch Haut-, Haar- und Augenfarbe auf unseren Typ festgelegt.

Nur zu gern möchten wir uns selbst, die anderen oder gleich die Welt verbessern. Auf dem Weg zu wirksamer Veränderung liegen aber – noch weit vor fundierter Kritik – die wichtigen Etappenziele Selbsterkenntnis und Verstehen. Die Philosophen-

Typen wollen Ihnen nicht sagen, wie man richtig denken *muss*; sie zeigen Ihnen, wie man die Welt betrachten *kann*. Lassen Sie sich von ihnen Mut machen, mit Ihrer eigenen Interpretation vertrauter zu werden und sie tiefer auszuloten. Und vergessen Sie – insbesondere im Gespräch mit anderen über die spannenden Dinge des Lebens – nicht, dass es nur eine unter vielen ist. Vielleicht eröffnet sich dann auch in scheinbar ausweglosen Diskussionen ein Weg über ein tieferes Verständnis zu neuen Optionen der Verständigung.

ÜBERZEUGUNGSDENKER
LIEBE ZUR WAHRHEIT

Die Welt ist alles,
was der Fall ist.

Ludwig Wittgenstein,
Tractatus logico-philosophicus

Vera liebt exakte Definitionen und wissenschaftliche Tatsachen und trifft klare rationale Entscheidungen auf dieser Basis. Ihre Meinung vertritt sie mit überzeugenden Argumenten, denen man meist wenig entgegensetzen kann. Versucht man es dennoch, so erläutert sie dem offenbar etwas begriffsstutzigen Gegenüber nachsichtig wissenschaftliche Zusammenhänge, zitiert experimentelle Studien, vollzieht logische Herleitungen, bis man überzeugt ist oder erschöpft aufgibt. Die Sache liegt schließlich klar auf der Hand; Zweifel oder Alternativen sind ausgeschlossen; das Richtige ist eindeutig identifiziert – jedenfalls für Vera.

Steht sie vor einem nennenswerten Entscheidungsprozess wie etwa der Frage, welches Auto sie kaufen soll, so ist es für sie selbstverständlich, dass sie nach objektiven Kriterien Ausschau hält (Leistung, Preis, CO_2-Werte, Wertverlust …), diese nach durchdachter Einschätzung unterschiedlich gewichtet und das Ganze in einer Tabelle auswertet. Das Resultat leitet sich damit exakt aus den von ihr bewusst nach reiflicher Überlegung gesetzten Vorgaben ab. Auf viele wirkt sie mit diesem Vorgehen als kühler Verstandesmensch, der rein rationale Maßstäbe anlegt. Dennoch kann es vorkommen, dass jemand, der sie gut kennt, zuweilen das Gefühl nicht loswird, das Ergebnis dieser Abwägungen sei schon irgendwie absehbar gewesen. In seltenen

Fällen kann sich die so vehement geäußerte Überzeugung erstaunlicherweise sogar wenige Wochen später in ihr Gegenteil verkehrt haben – doch auch dafür hat sie unbezweifelbar wieder zwingende Argumente, denen kein vernünftiger Mensch widersprechen kann.

Vera ist nicht die Einzige. Wir kennen sogenannte Überzeugungs*täter*, die mit ihrer Weltanschauung schlimmste Untaten rechtfertigen zu können glauben. Verbreiteter (und im Allgemeinen, jedoch nicht immer, harmloser) sind Überzeugungs*denker*, die durchaus zu Wohltätern der Menschheit werden können. Sie suchen in der Welt nach unbestreitbaren Grundsätzen, die die systematische Ableitung eines Denkgebäudes ermöglichen, und wollen damit sich und andere überzeugen. Sie lieben die Wahrheit, nicht nur in dem Sinne, dass sie ehrlich und aufrichtig ihre Überzeugung vertreten und dabei keine strategischen Kompromisse einzugehen bereit sind, sondern auch in der ursprünglichen, wörtlichen Bedeutung, dass ihnen die Wahrheit besonders am Herzen liegt.

Der schon in der Einleitung zitierte Johann Gottlieb Fichte hat 1801 ein Buch mit dem Titel versehen: *Sonnenklarer Bericht an das größere Publikum über das eigentliche Wesen der neuesten Philosophie.* «Sonnenklar», also für alle einsichtig und unbestreitbar: Das könnte ironisch gemeint sein, vor allem bei einem wie Fichte, der die Freiheit des Geistes verkündet – oder es könnte einen enthusiastischen Weltbekehrer verraten, der den anderen nur widerwillig mehr Freiheit einräumen möchte, als sich aus freien Stücken seiner unerschütterlichen Meinung anschließen zu dürfen. Das Werk ist nach seinen eigenen Worten ein «Versuch, den Leser zum Verstehen zu *zwingen*» – geschrieben von einem, der seine Philosophie mit geballter Überzeugungskraft, «oft herrisch und gewaltsam» mehr «*predigt*» als vorträgt.[1] In seiner populären Schrift «*Die Bestimmung des Menschen*» will Fichte sein Publikum in drei Schritten vom Zweifel über das Wissen zum wahren Glauben führen. Der Weg zur Klarheit der Sonne kann allerdings steinig sein, doch unter den Philosophen gibt es einige, die – traditionelle Meinungen ebenso wie zögerliche Freunde hinter sich lassend – tapfer zu dieser Reise aufbrechen.

Platon (um 428–um 348 v. Chr.) ist ein solcher Held der Wahrheitssuche und malt uns philosophischem Fußvolk unsere Lage als düstere Szenerie aus.[2] In einer finsteren Höhle sitzen wir angekettet, nur mit geringster Bewegungsfreiheit ausgestattet, und starren auf Schattenbilder, die an der Wand vor uns vorübergleiten. Das ist alles, worüber wir schwatzen können, doch wir versichern uns gegenseitig umso eifriger, dass dies das wahre Leben ist. Was wirklich um uns herum passiert, nehmen wir gar nicht wahr – wie in der morgendlichen S-Bahn, in der viele von uns die Welt durch die elektronische Fessel ihres Smartphones betrachten und sich in ihrem sozialen Netzwerk nur noch über eine virtuelle Realität austauschen. Die Verzweiflung der älteren Dame, die dringend einen Sitzplatz sucht, fällt dieser Sichtverengung genauso zum Opfer wie das verträumte Lächeln der Banknachbarin.

Was wir in Platons anschaulicher Geschichte nicht wissen, ist, dass hinter uns geschickte Dienerinnen und Diener echte Gegenstände (beispielsweise mit erlesenem Wein gefüllte Krüge für ein Gastmahl oder Statuen für die Tischdeko) auf ihren Köpfen hin und her balancieren, denn nur die Schatten dieser Dinge werden durch ein flackerndes Feuer über eine uns von den Trägern trennende Mauer an die Wand projiziert. Welches Fest uns hier möglicherweise entgeht, erfahren wir von Platon nicht, aber erstaunlicherweise gelingt es einem von uns – dem wahren Philosophen –, sich aus seinen Fesseln zu befreien, das reale Geschehen zwischen Feuer und Wand zu begreifen, schließlich sogar aus der Höhle herauszuklettern und das noch strahlendere Licht der Sonne zu erblicken. Diese Helligkeit schmerzt freilich zunächst – aber die Wahrheit gibt sich nun mal gerne schonungslos, bis man sich an sie gewöhnt hat. Noch unangenehmer wird es freilich für den Helden, als er in die Höhle zurückkehrt und versucht, das Gesehene den ehemaligen Mithäftlingen begreiflich zu machen. Er kennt zwar die Wahrheit, hat jedoch das Problem der Vermittlung deutlich unterschätzt.

In der Reaktion seiner Höhlengenossen zeigt sich ein nicht untypischer Haken bei Erkenntnissen, die nur einer erkannt zu haben glaubt. Die anderen sind meist störrisch und beharren auf ihrer vielleicht falschen, aber vertrauten Sicht der Dinge. Umso höher ist diese Hürde, wenn es sich – wie bei Platon – um durch «geistige Schau» erfahrene abstrakte Erkenntnisse über die Idee des Guten (symbolisiert durch die Sonne) und andere Ideen (die Idee der Gerechtigkeit, die Idee des Pferdes …) handelt, die als Idealtypus uns allen schon aus der Vorzeit unseres Lebens bekannt sein sollen und lediglich wiedererinnert werden müssen. Nicht bei allen funktioniert dieses Erinnerungsvermögen offenbar gleich gut. Dies muss auch der heldenhafte Rückkehrer nach seinem Wiederabstieg erleben: Er wird verlacht und wegen seiner – nach einvernehmlicher Ansicht aller anderen – verqueren Wahrnehmung verspottet. Seine ehemaligen Leidensgenossen würden ihn am liebsten mit eigenen Händen umbringen, wenn sie nicht (zu seinem Glück) in Ketten lägen. Ein ähnliches Schicksal hätte Platon fast selbst ereilt, als er auf Sizilien den herrschenden Tyrannen auf den Weg der Vernunft führen und aus einem König einen Philosophen machen wollte. Nur durch glücklichen Zufall soll er der Sklaverei entgangen sein.[3]

Der echte Überzeugungsdenker gibt sich eben nicht damit zufrieden, vorgefertigte Meinungen zu übernehmen, er scheut weder Zeit noch Mühe, sich selbst auf die Suche nach der Wahrheit zu machen. Er benötigt sie als sicheres Fundament für seine darauf aufbauenden Herleitungen. Die einmal hart erarbeitete Basis hält er aus der eigenen Klarheit heraus für absolut und unwiderstehlich, er glaubt fest an sie und verteidigt sie vehement. Schließlich hat er sich mehr Gedanken darüber gemacht als jeder andere. Die Enttäuschung trifft ihn entsprechend hart, wenn sich nicht alle widerstandslos spontan dem von ihm großzügig weitergegebenen Wissen anschließen.

Um andere zu überzeugen, braucht es mehr als Einsicht und Enthusiasmus. **Aristoteles** (384–322 v. Chr.), der Meisterschüler Platons, begründet daher die Wissenschaften, die dem vernunftorientierten Menschen mit ihren Definitionen, Beobachtungen und Schlussfolgerungen zur Anerkennung der gefundenen Wahrheiten zwingender scheinen. Er geht im Gegensatz zu Platon von dem aus, was wir durch unsere Sinne erfahren können, wird zum unermüdlichen Sucher, ja geradezu zum Süchtigen nach Wissen und schafft damit wesentliche Grundlagen des wissenschaftlichen Denkens. Durch die Einteilung in «Kategorien»[4] wie Substanz, Quantität, Qualität, Ort, Zeit und Wirkung versucht er, Ordnung in die vielfältigen Erscheinungen der Welt zu bringen und diese zu klassifizieren: Sokrates wäre demnach ein Mensch einer bestimmten Körpergröße und Hautfarbe, der sich am Vormittag auf dem Marktplatz von Athen aufhält und dort die Leute mit verstörenden philosophischen Fragen nervt.

In einem seiner Lehrbücher des logischen Denkens beschreibt Aristoteles die Grundstruktur jeder Definition als spezifische Unterscheidung vom naheliegendsten allgemeineren Oberbegriff[5]: Der Mensch ist das Tier, das politische Gemeinschaften bildet. Platon war in dieser Technik noch nicht so erfolgreich: Seinen Versuch der definitorischen Bestimmung des Menschen als «zweifüßiges Tier ohne Federn» soll Diogenes von Sinope mit einem von ihm selbst gerupften Hahn handgreiflich widerlegt haben.

Der fleißige Aristoteles macht seine logischen Hausaufgaben besser und unterscheidet allgemeingültige und spezifische Urteile, Notwendigkeit und Möglichkeit, stellt die gültigen Formen des Schließens zusammen und erläutert ihren Zusammenhang im Beweis. Wenn alle Menschen sterblich sind und Sokrates ein Mensch ist, wird auch er sterben müssen. Zu dieser bitteren Einsicht zwingt die erbarmungslose Logik des «Syllogismus». Es kann einfach nicht anders sein. Die von Aristoteles als Lehre vom richtigen Schließen[6] entwickelte und auf den ersten Blick unscheinbar wirkende «Syllogistik», die aus zwei Vordersätzen (den Prämissen) einen Nachsatz (die Konklusion) folgert, ist eine scharfe intellektuelle Waffe. Wenn sie uns unsere Sterblichkeit vor Augen führt, verletzt sie zwar nicht körperlich, sondern nur unsere Eitelkeit, doch sie vermag sogar Helden vom Podest zu stürzen. Wenn Spitzenleistungen im Profiradsport ohne Doping nicht möglich sind und Lance Armstrong mehrmals die Tour de France gewonnen hat, konnte man schon vor seiner medienwirksam inszenierten Beichte wissen, dass auch er gedopt war.

Sosehr sich die einzelnen Wissenschaften in ihren speziellen Verfahren unterscheiden, gelten dennoch für alle bestimmte Grundsätze («Axiome»). Der «Satz vom Widerspruch»[7] schließt paradoxerweise diesen selbst aus: Nichts ist gleichzeitig der Fall und nicht der Fall; einander widersprechende Urteile können nicht gleichzeitig wahr sein. Und der «Satz vom ausgeschlossenen Dritten»[8] besagt, dass etwas entweder der Fall ist oder nicht – ein Dazwischen gibt es nicht; eine Aussage gilt, oder sie gilt nicht. Ein Überzeugungsdenker will sogar bei unwillkommenen Wahrheiten nichts in der Schwebe lassen.

Aristoteles untersuchte mit seinen Methoden vielfältige Bereiche der Welt und des Lebens und wandte sie in der Astronomie, Biologie und Physik ebenso erfolgreich wie auf politischen und literarisch-rhetorischen Gebieten an. Er brachte nicht nur dem jungen Alexander von Mazedonien das Denken bei, was dazu beigetragen haben dürfte, diesen zu einem «Großen» wachsen zu lassen – auf seine Erkenntnisse konnten Generationen von

Wissenschaftlern und Philosophen aufbauen. Während Details seiner naturwissenschaftlichen Forschungen heute naturgemäß überholt sind (das Gehirn dient bei Aristoteles vornehmlich als Kühlaggregat, Denken ist eine Herzensangelegenheit), haben seine Definitions- und Ableitungsregeln Bestand. In der Ethik beschäftigen seine Herleitung der Tugenden aus dem Streben der Menschen nach Glück und seine Vorstellung vom guten Leben in der Gemeinschaft die Philosophen bis in unsere Zeit.[9]

Aristoteles' Schriften merkt man ihr Alter in ihrer frisch zupackenden Art nicht an. Bei seinem schnörkellosen und prägnanten Gedankenaufbau fällt es schwer, sich seinen Schlussfolgerungen zu entziehen, ohne sich dem Vorwurf der Irrationalität auszusetzen. Diesen Zwang bekommt auch Platon zu spüren, dessen esoterisch anmutende Ideenlehre seinem Schüler zu abgehoben und zu wenig empirisch fundiert erscheint – die Freundschaft zum Lehrer muss der Freundschaft zur Wahrheit weichen.

Damit muss man bei Überzeugungsdenkern rechnen: Persönliche Beziehungen laufen Gefahr, inhaltlichen Standpunkten geopfert zu werden. Ein Partner oder ein Freund, dessen Kritik oder abweichende Ansichten auch nach intensiver Überzeugungsarbeit nicht vor der doch so eindeutigen Logik kapituliert, ist dauerhaft nicht mehr mit dem mühsam errichteten Denkgebäude kompatibel. Der unerträgliche Widerspruch schreit nach radikaler Lösung – durch Trennung. Die schöpferische Kraft der Wahrheitsliebe entfaltet in diesen Fällen ein nicht unerhebliches zerstörerisches Potenzial.

Doch so weit muss es nicht immer kommen. Überzeugungsdenker können bisweilen sogar ausgleichend wirken. Der Dominikanermönch **Thomas von Aquin** (um 1225 – 1274) ist vom aristotelischen Denkinstrumentarium äußerst angetan. Er übersetzt und kommentiert den griechischen Philosophen und versucht, seine

Wissenschaftlichkeit in der christlichen Theologie anzuwenden und ihn mit den platonischen Ideen zu versöhnen – sicher kein leichtes Unterfangen, denn das Verhältnis von Glaube und Vernunft ist traditionell kein spannungsfreies. Und dass Aristoteles' Schriften nicht uneingeschränkt im Klerus der widerstreitenden Orden willkommen waren, wissen wir spätestens seit Umberto Ecos *Name der Rose*, wo ja sein zweites Buch zur Poetik, das vom Lachen handelt, in der Abtei-Bibliothek versteckt gehalten wird.

Thomas drückt schon mit den Titeln seiner wichtigsten Schriften seine Vorliebe für die Mathematik aus und nennt sie «*Summe der Theologie*» und «*Summe gegen die Heiden*». Er nimmt sich die Strukturierung und Gliederung des Wissens zur Aufgabe, getreu seinem Motto: «Des Weisen Amt ist: ordnen.»[10] Die vormals eher symbolisch und mystifizierend diskutierte Gottesoffenbarung wird nun wissenschaftlich analysiert und mit Argumenten gegen Einwände verteidigt; der Glaube soll dem Verstand begreiflich gemacht werden, sogar das Gewissen kommt jetzt vom Wissen. Die objektiven Erkenntnisse der Wissenschaften erhalten einen legitimen Platz innerhalb der übernatürlichen göttlichen Welt. Selbst die Existenz Gottes kann laut Thomas von der Vernunft eingesehen werden, wenn auch nicht jedermann intellektuell dazu in der Lage ist. Den anderen bleibt der Glaube an die Offenbarung. Gegen Andersgläubige und Atheisten lässt man sich besser nicht auf einen Streit um Gottesbeweise ein, doch zumindest deren Einwände gegen die Existenz Gottes lassen sich mit der Philosophie, die sich hier ganz in den Dienst der Theologie stellt, entkräften.

Thomas wurde für seine Verdienste um die wissensbasierte Begründung und Verteidigung des katholischen Glaubens trotz anfänglicher Kritik in seinem Orden in hohe Ämter befördert und schon nach weniger als 50 Jahren heiliggesprochen. Bis heute gilt er mit diesen Erörterungen als Superstar der mittelalterlichen Theologie und Philosophie. Selbst im zähflüssigsten

traditionsgeprägten Umfeld müssen originelle Überzeugungsdenker nicht auf Karriere verzichten, wenn es ihnen gelingt, die
Zustimmung und Anerkennung ihrer Zeitgenossen und Nach-
fahren zu erwerben.

Nicht verschwiegen werden soll, dass gerade im Mittelalter
auch Wahrheitsfreunde anderer Prägung wie die (un)christ-
lichen Kreuzzügler und Inquisitoren auftraten, die nicht davor
zurückschreckten, die von ihnen erkannten «Wahrheiten» statt
mit Argumenten mit Schwertern und Scheiterhaufen durch-
zusetzen, und damit zu Überzeugungs*tätern* wurden, weil sie die
freiwillige Einsichtsfähigkeit ihrer Widersacher zu gering ein-
schätzten – wenn es ihnen nicht ohnehin nur um schiere Macht
statt um Glaubensauffassungen ging.

Solche echten Hardliner unter den Überzeugungsdenkern,
die leider nicht völlig ausgestorben sind, sondern als Fundamen-
talisten jeglicher Couleur offenbar immer wieder neu erwachsen,
erklären ihr vermeintliches Wissen zum Dogma. Eine derartig
extreme Grundhaltung kann man nicht mehr als philosophisch
durchgehen lassen, denn zumindest ein Rest von Zweifel scheint
zu den angeborenen «Philosophen-Genen» zu zählen. Wer von
sich und seinem Wissen absolut überzeugt ist, lässt dagegen jede
philosophische Ader vermissen. Ihm fehlt die notwendige Fähigkeit zum Staunen, auch über Dinge, über die wir alles zu wissen
glauben. Der Dogmatiker, der «Wissende», erstaunt selten. Er
ist in der Lage, selbst fremdeste Erfahrungen in die Kategorie
«Kenn ich schon» einzuordnen. Selbst wenn ihn die Kon-
frontation mit der harten Realität so unsanft auf den Boden der
Tatsachen herunterholt, dass die Seifenblasen seiner Illusionen
den schmerzhaften Aufprall nicht mehr vollkommen abfedern
können, ist der ungewollte heilsame Effekt meist nicht sehr lang-
lebig. Dogmatische Fanatiker opfern ihrer Überzeugung eben
nicht nur die widerspenstige Wirklichkeit, sondern unter Umständen Menschenleben, manche sogar ihr eigenes.

Wenn sie ideologisch auf dem Teppich bleiben und sich ihren Ansichten widersprechenden Erfahrungen nicht verschließen, sondern sie zur Verbesserung ihrer Theorie nutzen, erzielen wahrheitsliebende Überzeugungsdenker die positiveren Effekte. Mit dem nötigen begrifflichen und logischen Handwerkszeug ausgestattet, begann in der Neuzeit ein Siegeszug der Wissenschaften, der bis heute kein Ende gefunden hat. Seit Francis Bacon, Descartes und Spinoza wurde das wissenschaftliche Denken gleichermaßen von Empiristen, die sich auf Erfahrung und Induktion stützen, wie von Rationalisten, die die Vernunft als das Zentralorgan des Wissens ansehen, befördert und in der Aufklärung mit Kant, der beide Positionen zu versöhnen sucht, endgültig als tragender Pfeiler der Gesellschaft etabliert.

Der englische Philosoph **Francis Bacon** (1561–1626) leitete als Rechtsanwalt der Königin von England im Prozess gegen seinen Freund Robert Devereux, Earl of Essex, dessen Schuld so überzeugend her, dass dieser zum Tode verurteilt wurde. Nicht wenige kreideten ihm diese rigorose Wahrheitsliebe als Undankbarkeit an.[11] Auch sonst waren ihm seine Zeitgenossen nicht durchgängig gewogen. Seine wegweisende *Große Erneuerung der Wissenschaften*, die die *Neue Methode oder wahre Angaben zur Erklärung der Natur* enthält, verdanken wir dem erzwungenen Ende seiner anfangs glänzenden politischen Karriere aufgrund eines Bestechungsdelikts. Das ihm zugeschriebene Diktum «Wissen ist Macht» findet sich zwar nicht wörtlich in dieser Schrift, trifft aber durchaus den Kern ihres Anliegens.

Bacon legt zunächst dar, dass gesichertem Wissen eine Reihe typischer Täuschungsvarianten entgegenstehen, die er mit für trockene Wissenschaftlerzungen unüblichem Mut zur Metapher benennt:

- «Götzenbilder des Stammes» resultieren daraus, dass wir uns als Menschen unreflektiert als Maß aller Dinge sehen. «Der menschliche Verstand gleicht einem Spiegel mit unebener Fläche für die Strahlen der Gegenstände, welcher seine Natur mit der der letzteren vermengt, sie entstellt und verunreinigt.»[12]

- «Götzenbilder der Höhle» – die Formulierung erinnert nicht unbeabsichtigt an Platon – sind individuelle Fehleinschätzungen aufgrund zufälliger Bekanntschaft mit vermeintlichen Autoritäten, aufgrund der eigenen Lektüre und aufgrund von Veranlagung und Befindlichkeit.
- «Götzenbilder des Marktes» ergeben sich aus dem Austausch der Menschen untereinander, durch den sich falsche Meinungen schnell verbreiten.
- «Götzenbilder des Theaters», die der Fabulierkunst der Philosophen und Wissenschaftler entspringen und die wie auf einer Schaubühne wiederholt aufgeführt und unter die Leute gebracht werden.

Die Basis echter Erkenntnis liegt für Bacon in der exakten Beobachtung und der systematischen Ableitung von Gesetzen daraus, welche er die «wahre Induktion» nennt. Zu ihr gehört ein von Anfang an die Vielzahl der Beispiele ordnender Geist, der durch kluge Arbeitshypothesen die Irrwege einer bloß zufälligen Zusammenstellung von Einzelbeobachtungen vermeidet und stattdessen zielgerichtete Experimente zur Überprüfung der Annahmen einsetzt. Die Untersuchungsergebnisse werden zu allgemeingültigen Axiomen verdichtet.

Die richtig geordnete Erfahrung zündet erst das Licht an, zeigt dann bei Licht den Weg, beginnt mit der regelrechten und umfassenden Erfahrung, nicht mit der voreiligen und herumtappenden; daraus zieht sie die Lehrsätze und mit den festgestellten Lehrsätzen verbindet sie neue Versuche […] (Francis Bacon, Große Erneuerung der Wissenschaften)

Bacon entwickelt eine wissenschaftliche Methodik, die er als verbesserten Ersatz der von Aristoteles geschaffenen Instrumente begreift. Dank ihr gelingt es ihm, den vor Irrtümern strotzenden, aber verbreiteten Meinungen seiner Zeit über die Phänomene der Natur fundiertere Erklärungen entgegenzusetzen, die nicht nur seiner Meinung nach endlich korrekt sind.

Das Credo der Überzeugungsdenker lautet: Würden wir erst alles richtig verstehen, dann könnten wir es auch richtig machen. In seiner Utopie *Neu-Atlantis* träumt Bacon von einer abgeschiedenen friedfertigen Insel, auf der Forschung und Wissenschaft das Sagen haben, die damit zur Vollendung der Schöpfung beitragen und die Wohlfahrt der Menschen durch Verständnis und Beherrschung der Natur garantieren. Wissen ist für ihn nicht nur Macht, sondern kann uns alle glücklicher machen.

René Descartes (1596–1650) misstraut der sinnlichen Wahrnehmung als Basis gesicherter Erkenntnisse generell. Schließlich täuschen wir uns nicht nur häufig, sondern könnten sogar von einem bösen Dämon (oder der *Matrix* des gleichnamigen Films) systematisch hinters Licht geführt werden.[13] Descartes versucht, durch Introspektion und Meditation eine intuitiv erfassbare unumstößliche Wahrheit in sich selbst zu finden. Er entdeckt mit seiner berühmt gewordenen Einsicht «Ich denke, also bin ich» («*Cogito, ergo sum*»)[14] die Gewissheit des eigenen Denkens als den Grundstein allen Wissens, aus dem sich dann der gesamte Rest der Welt einschließlich der Existenz Gottes Schritt für Schritt gedanklich ableiten lässt. Der methodische Zweifel an den Sinnen, den Descartes benutzt, um zu dieser Erkenntnis zu gelangen, ist kein grundsätzlicher, sondern dient ausschließlich dazu, durch immer tieferes Graben auf einen Satz zu stoßen, der allem Hinterfragen standzuhalten vermag.

In seiner *Abhandlung über die Methode, richtig zu denken und Wahrheit in den Wissenschaften zu suchen* beschreibt er vier nützliche Regeln, die bei der Bearbeitung schwieriger Probleme helfen können und nach denen er sich selbst vorzugehen verpflichtet. Die erste verlangt, niemals etwas aufgrund von Vorurteilen oder Voreiligkeit ungeprüft als Wahrheit zu betrachten. (Selbst als Liebhaber der Wahrheit gilt es, seine Leidenschaft im Zaum zu halten.) Die zweite schreibt vor, jede komplexe Frage in einfachere zu zerlegen. Unser geistiges Fassungsvermögen ist begrenzt, wir neigen dazu, es zu überfordern. Drittens soll man bei der Beantwortung der einfachen Fragen beginnen und sich nur schrittweise in vertracktere Kombinationen vorarbeiten und viertens alles am Ende nochmals durchsehen, ob nichts vergessen wurde. Ein praktikables Vorgehen, das hilft, selbst verwickelte Denkaufgaben, ohne zu verzweifeln, systematisch abzuarbeiten.

Ein vorhersehbares Problem der meisten Überzeugungsdenker holt allerdings auch Descartes ein: Nicht alle sehen gleichermaßen die gefundenen Grundsätze als unbestreitbar an. Selbst beim «*Cogito, ergo sum*» kann man viele Fragen stellen: Wer ist dieses Ich, das hier denkt? Laut Descartes die Seele, die als eigenständige, vom Körper völlig getrennte Substanz betrachtet werden muss. Diese strikte Aufteilung der Welt in unterschiedliche geistige und physische Sphären lässt sich angesichts des aktuellen neurobiologischen Kenntnisstands kaum aufrechterhalten. Lässt sich ein Ich überhaupt eindeutig als denkende Instanz identifizieren? Oder müsste man nicht eher sagen: «Etwas denkt»? Was heißt hier «also»? Ist das eine logische Abhängigkeit oder nur eine wechselseitige Bedingtheit von Denken und Sein? Und was bedeuten «denken» und «sein, existieren» genau?

Selbst wer die Ausgangsbasis akzeptiert, ist noch nicht automatisch mit den Schlussfolgerungen einverstanden. Descartes meint, dass die introspektiv klar erkennbare Vorstellung eines vollkommenen Wesens – das wir selbst zweifellos nicht sind – unweigerlich direkt zur Anerkennung Gottes führt. Nicht jeder mag diesen Weg mitgehen, obwohl Descartes seine Überlegungen als bestens geprüft und seinem eigenen Wahrheitskriterium («klar und deutlich») voll entsprechend ansieht. Trotz solcher Bestätigung der Religion durch die Vernunft kam diese Fundierung des Glaubens aus dem eigenen Denken auf Seiten der Kirche nicht besonders gut an, da man hier die eigene Wahrheit schon seit einigen Jahrhunderten als von Gott überliefert gefunden hatte und diese nicht auf Überlegungen des Herrn Descartes aufgebaut sehen wollte, sodass dessen Schriften kurz nach seinem Tod auf den Index verbotener Bücher gesetzt wurden.

Baruch de Spinoza (1632–1677), der sich unvorsichtigerweise neben seiner Bibel- und Talmud-Lektüre von Descartes' unabhängigem Geist hatte anstecken lassen, erlebte mit seiner jüdischen Glaubensgemeinschaft ebenfalls nicht viel Freude beim Selberdenken. Seine philosophischen Erkenntnisse wurden, obwohl zunächst nur mündlich verbreitet, als «Irrlehren» verurteilt. Mit 23 Jahren wurde der wissbegierige junge Mann, den der Vater schon als zukünftigen Rabbiner gesehen hatte, dramatisch mit öffentlichem Fluch aus der Synagoge verbannt. Aber von seinen Überzeugungen konnte und wollte er nicht lassen. Er schlug alle Vermittlungsversuche aus, verließ das heimatliche Amsterdam und verdiente sich seinen Unterhalt bis ans Lebensende lieber mit dem mühevollen und gesundheitsschädlichen Schleifen optischer Linsen. Sein Philosophieren gab er nicht auf, kommunizierte es aber – vorsichtiger geworden – nur noch in Briefen an Freunde und Sinnesgenossen oder anonym.

Das idealtypische Muster für Wissenserwerb und -darstellung liefert ihm wie bei Descartes und anderen Überzeugungsdenkern die Mathematik mit ihren als wahr gesetzten Axiomen und deduktiven Ableitungen. Seine zu Lebzeiten unveröffentlichte *Ethik* stellt Spinoza in entsprechender «geometrischer Ordnung» dar, beginnend mit Definitionen und Postulaten und darauf aufbauend mit Lehrsätzen, Beweisen und Folgerungen, die durch Querverweise aufeinander bezogen sind und sich gegenseitig stützen.

Körper und Geist sind für Spinoza nicht – wie bei Descartes – zwei unterschiedliche Substanzen, sondern lediglich zwei Betrachtungsweisen desselben Wesens, die auch im Menschen zum Ausdruck kommen. Diese ganzheitliche Auffassung erlaubt es ihm, selbst die als irrational angesehenen Triebe und Leidenschaften nach den gleichen wissenschaftlichen Verfahren zu untersuchen.

Hier will ich mich wieder zu jenen wenden, welche die menschlichen Affekte und Handlungen lieber verwünschen oder verlachen, als verstehen wollen. Diesen wird es ohne Zweifel sonderbar vorkommen, dass ich die menschlichen Fehler und Torheiten auf geometrische Weise zu behandeln unternehme und nach einer vernünftigen Methode Dinge entwickeln will, welche sie jahraus, jahrein als vernunftwidrig und als eitel, albern und schrecklich verschreien.

Mein Grund aber ist folgender: Es geschieht in der Natur nichts, was ihr als Fehler angerechnet werden könnte. Denn die Natur ist immer dieselbe, und ihre Kraft und ihr Vermögen zu wirken ist überall gleich. Das heißt: Die Gesetze und Regeln der Natur, nach welchen alles geschieht und Formen in Formen verwandelt werden, sind überall und immer die gleichen. Daher kann es auch nur Eine Methode geben, nach welcher die Natur aller Dinge, welche es immer seien, erkannt wird, nämlich durch die allgemeinen Gesetze und Regeln der Natur. Es erfolgen darum die Affekte, wie Hass, Zorn, Neid, an sich betrachtet, aus derselben Notwendigkeit und Kraft der Natur wie alles andere. (Baruch de Spinoza, Ethik)

Die einheitlich geordnete Natur verkörpert für Spinoza das Göttliche in einem Maße, dass religiöse Kritiker ihm unterstellen, er löse Gott vollständig darin auf. In jedem Fall sind überall dieselben Grundprinzipien am Werk. Die insbesondere in der Physik bewährte Geometrie bleibt sein Vorbild bei der Untersuchung aller Bereiche.

Ich werde daher die Natur und die Kräfte der Affekte und die Macht des Geistes über dieselben nach derselben Methode behandeln,

nach welcher ich in den vorigen Teilen Gott und den Geist behandelt
habe, und die menschlichen Handlungen und Begierden geradeso
betrachten, als handelte es sich um Linien, Flächen oder Körper.
(Baruch de Spinoza, Ethik)

Wie unter Überzeugungsdenkern nicht unüblich, passt Willensfreiheit nicht in Spinozas Konzept des von Ursache und Wirkung bestimmten Ablaufs der Welt. Die Menschen bleiben zwar verantwortlich für ihre Taten, da sie als Vernunftwesen ihre Leidenschaften prinzipiell beherrschen können; die strenge Determiniertheit unserer Entscheidungen durch den sich in der Natur und ihren Gesetzen manifestierenden Gott sorgt jedoch für eine freisprechende Entlastung. Wenn sich alles mit Notwendigkeit ergibt, kann durch den Einzelnen gar nicht mehr so viel schiefgehen. Wir können also gelassen den Zufällen des Lebens entgegentreten und «das eine wie das andere Antlitz des Schicksals mit Gleichmut erwarten und ertragen; weil ja alles aus dem ewigen Ratschluss Gottes mit derselben Notwendigkeit folgt, wie aus dem Wesen des Dreiecks folgt, dass seine Winkel zwei rechten Winkeln gleich sind.»[15]

Nicht nur bei der Beurteilung des eigenen Schicksals beruhen unterschiedliche Einschätzungen der Menschen stets auf mangelnder Einsicht und falschen Vorstellungen, da jeder «die Erregungen seiner Einbildungskraft für die Dinge selbst genommen hat.»[16] Die individuellen Abweichungen erklären sich schon durch die verschiedene Beschaffenheit unserer Körper.

Darum erscheint oft etwas dem einen gut, dem andern schlecht,
diesem geordnet, jenem verworren, dem angenehm, jenem unange-
nehm, und dasselbe gilt von dem übrigen; [...] Sind doch in aller
Mund die Sprichwörter: «Soviel Köpfe, soviel Meinungen», «Jeder
hat genug an seinem eigenen Kopf», «Die Geschmäcke sind so ver-
schieden als die Köpfe». Diese Redensarten zeigen zur Genüge, dass
die Menschen je nach dem Zustand ihres Gehirns über die Dinge
urteilen und dass sie die Dinge weniger erkennen als sinnlich vor-

stellen. *Denn wenn sie die Dinge erkannt hätten, so würden diese, wie die Mathematik beweist, alle, wenn auch nicht anlocken, so doch überzeugen.* (Baruch de Spinoza, Ethik)

Wenn wir uns häufig über die eigentlich für jeden grundsätzlich erfassbaren wahren Erkenntnisse nicht einigen können, basiert dies neben ungenügender Einsicht auch auf ungenauen Bezeichnungen oder banalen Missverständnissen.

Ebenso wenn die Menschen im Rechnen irren, haben sie andere Zahlen im Kopfe, andere auf dem Papier. In Betracht ihres Geistes also irren sie keineswegs. Sie scheinen aber zu irren, weil wir meinen, sie hätten dieselben Zahlen im Kopfe, die auf dem Papier stehen. Wäre dies nicht der Fall, so würden wir nicht glauben, dass sie irren, so wie ich nicht glaubte, dass sich der Mann irrte, den ich neulich ausrufen hörte, sein Hof sei auf das Huhn seines Nachbars geflogen; weil ich nämlich wohl verstand, was er meinte.

Daher rühren auch die meisten Meinungsstreitigkeiten, indem die Menschen ihre Meinung nicht richtig ausdrücken oder die Meinung des andern falsch deuten. Denn tatsächlich ist es so, dass, während sie einander heftig widersprechen, entweder der eine geradeso denkt wie der andere oder der eine an etwas anderes denkt als der andere; sodass die Irrtümer und Widersinnigkeiten, welche bei den andern angenommen werden, gar nicht bestehen. (Baruch de Spinoza, Ethik)

Wie alle Überzeugungsdenker setzt Spinoza große Hoffnung in die normative Kraft des Logischen. Wahrheiten müssen nicht verordnet, sondern verstanden werden. So führen ihn seine Überlegungen zur politischen Forderung nach Toleranz, Freiheit der Rede und des Denkens. Seine Philosophie versteht er als Beitrag zu einem funktionierenden Gemeinwesen, «sofern sie lehrt, niemand zu hassen, zu verachten, zu verspotten, auf niemand zu zürnen, niemand zu beneiden; und sofern sie weiter lehrt, dass jeder sich mit dem Seinigen begnüge und dem Nebenmenschen hilfreich beistehe, nicht aus […] Mitleid, aus Parteilichkeit oder aus Aberglauben, sondern lediglich nach Anleitung der Vernunft.» Für den Staat stellt sich die Aufgabe, die nötige Einsicht in den Bürgern zu erzeugen, «so, dass sie nicht knechtisch gehorchen, sondern aus freiem Antrieb das Gute tun.»[17]

Immanuel Kant (1724–1804), den wir an anderer Stelle eingehenderer Betrachtung würdigen wollen (s. S. 173), führt am Ende dieser wissenschaftstheoretischen Entwicklung der Neuzeit die Konzepte seiner an den Sinneserfahrungen und seiner an der Vernunft orientierten Vorgänger zusammen und löst den vermeintlichen Gegensatz durch noch tieferes denkerisches Eindringen auf. In seiner *Kritik der reinen Vernunft* kommen wie bei seinen Vorläufern analytisch zergliedernde und logisch schlussfolgernde Methoden zum Einsatz, und auch er ordnet mit ausgefeilten Begriffsbestimmungen seine Gedanken; in der systematischen Entwicklung seiner Argumentation wächst er jedoch über sie hinaus. Die Vernunft als angeborenes Vermögen des Menschen und die vorgegebenen «Formen unserer Anschauung» (Raum, Zeit und das Prinzip von Ursache und Wirkung) liefern uns gemeinsam das Raster, mit dem wir die Erkenntnisse unserer Erfahrung strukturieren und verstehen, setzen aber gleichzeitig dem Wissbaren unüberschreitbare Grenzen.

Kant wird zum philosophischen Aushängeschild der Aufklärung, die den Führungsanspruch des vernünftigen Denkens begründet. Er schreibt ihr den Leitsatz hinter die Ohren: «Habe Mut, dich deines *eigenen* Verstandes zu bedienen!»[18] Das übernehmen die Überzeugungsdenker gerne auf ihre Fahnen, denn ausgehend von ihren häufig überragenden eigenen Geistesgaben, vermeinen sie, dass jeder letztlich zu den von ihnen aufgezeigten Schlüssen der Vernunft gelangen würde – zumindest, wenn er sein gegebenes Quantum an Verstand dazu nutzt, dem von ihnen vorgezeichneten Weg mitdenkend zu folgen.

Überzeugungsdenker suchen nach unbestreitbarem Wissen und glauben nur an das, was sich entsprechend ihrer Wahrheitskriterien wirklich beweisen lässt. Was dabei – je nach Anspruch – übrig bleibt, kann recht dürftig sein, wie bei **Ludwig Wittgenstein** (1889–1951), der in seinem streng gegliederten und durchnummerierten *Tractatus logico-philosophicus* nur noch Tatsachenurteile als sinnvolle Sätze gelten lässt und darin den ultimativen Schlüssel findet, Welt und Sprache in Übereinstimmung zu bringen. Seine Argumentationskaskade fließt über die Stufen: «1 Die Welt ist alles, was der Fall ist» – «2 Was der Fall ist, die Tatsache, ist das Bestehen von Sachverhalten» – «3 Das logische Bild der Tatsachen ist der Gedanke» – «4 Der Gedanke ist der sinnvolle Satz». Die Sprache soll die Welt der Sachverhalte abbilden. Die in ihr gebildeten Sätze lassen sich nach den Gesetzen der Logik verknüpfen und sind eindeutig wahr oder falsch. Gedanken, die sich nicht mit zumindest prinzipiell entscheidbaren Tatsachen beschäftigen, werden folgerichtig zu mystischen Gefühlen erklärt, die sich höchstens «zeigen» können. Sätze, mit denen wir versuchen, sie auszudrücken, entbehren jeden Sinns, denn sie lassen sich nicht überprüfen. Am Ende seines Traktats dekretiert der junge Wittgenstein gar: «7 Wovon man nicht sprechen kann, darüber muss man schweigen.»

Das ist konsequent gedacht und spart viele unnütze Worte, solange man mit der Sprache lediglich über Fakten kommunizieren will, macht aber nicht nur Smalltalk und gepflegte Unterhaltung schnell einsilbig. Wenn man nicht mehr über ethische Begriffe (wie «gut und böse» und «moralische Verantwortung»), Emotionen (wie Liebe und Vertrauen), ganz zu schweigen von metaphysischen Konstrukten (wie Wille und Sein) philosophieren darf, werden mit einem Federstrich Jahrtausende denkerischer Tradition für überflüssig erklärt. Für Wittgenstein war damit die Philosophie erledigt, und er wandte sich anderen Aufgaben zu. Als Dorfschullehrer musste er allerdings einsehen, dass es mit der Vermittlung eingesehenen Wissens auch unter Einsatz handgreiflicher Überzeugungsarbeit nicht immer leicht ist. Seine Zöglinge beschwerten sich über die – wohl selbst für diese nicht gerade zimperliche Zeit – ungewöhnliche Härte, mit der ihnen die Erkenntnis eingebläut werden sollte.

Wittgenstein hat sich später in einer in der Philosophiegeschichte einzigartigen Kehrtwende korrigiert und Orientierung am tatsächlichen, alltäglichen Gebrauch der Sprache gesucht:

«Ich weiß …» scheint einen Tatbestand zu beschreiben, der das Gewusste als Tatsache verbürgt. Man vergisst eben immer den Ausdruck «Ich glaubte, ich wüsste es» (Über Gewißheit, 12., S. 121).

«Kann es denn nicht sein, dass ich mir einbilde, *etwas zu wissen?»* (a. a. O. 442., S. 207.)

Solche die absolut sichere Gewissheit erschütternden Fragen stellen sich hartgesottene Überzeugungsdenker eher selten, woraus man schließen kann, dass der «späte» Wittgenstein zumindest die kompromisslose Variante dieses philosophischen Lagers verlassen haben dürfte, um sich auf offenere Meere des Denkens zu begeben. Denn gemeinsam ist den Überzeugungsdenkern aller Schattierungen die Suche nach unumstößlichen Gewissheiten. Sie sehnen sich nach vertrauenswürdigen Grundsätzen, letzten Begründungen, unangreifbaren und ewig gültigen Wahrheiten, auf die man eine ganze Welt bauen kann. Sie forschen unermüdlich nach einer soliden Basis für unsere Erkenntnisse und halten unerschütterlich am Glauben, dass es solche gibt, fest.

Einmal fündig geworden, bemühen sie sich um ein streng rationales Vorgehen. Das Einhalten einer strikten Methodik verspricht ihnen weitere Sicherheit. Mehr oder weniger wissenschaftlich versuchen sie, nach logischen Prinzipien systematische Schlussfolgerungen zu ziehen und daraus wasserdichte Argumente zu konstruieren, die sie mit Enthusiasmus vertreten und gegen Widerstände und manchmal sogar andersartige Erfahrungen kämpferisch verteidigen. An was sollte man sich denn sonst halten, wenn nicht an gesicherte Tatsachen auf Basis wissenschaftlicher Hypothesen, Beobachtungen und Methoden? Gäbe man diesen Anspruch auf, so wäre willkürlicher Spekulation Tür und Tor geöffnet. Und welcher vernünftige Mensch könnte sich schon gegen die Macht der Logik stellen? Das ist ihre Art, offene Fragen für sich zu klären und möglichst endgültig *ad acta* zu legen. Sie enthält die Wunschvorstellung, die Welt mit dem eigenen geistigen Vermögen möglichst vollständig zu erfassen, um sie damit verständlich und beherrschbar zu machen.

CHANCEN UND RISIKEN FÜR ÜBERZEUGUNGSDENKER

Die philosophische Grundhaltung eines Überzeugungsdenkers hat ihre Vorzüge und birgt gleichzeitig Gefahren.

- Wer sich auf die selbständige Suche nach soliden Grundlagen des Wissens macht, übernimmt die Eigenverantwortung für sein Denken. Er überlässt sich nicht blind der Konvention und den gängigen Meinungen. So entstehen aufrichtige Überzeugungen aus intellektueller Redlichkeit.
- Die Beharrlichkeit, mit der diese gegen Ignoranz und Widerstände vertreten werden müssen, erfordert Mut, der somit erprobt und geübt wird.
- Die Orientierung an mathematischen und logischen Methoden bietet Schutz vor wilden Spekulationen, fördert die Transparenz der Argumente und Schlussfolgerungen und befördert so den Fortschritt der Wissenschaften.
- Überzeugungsdenker führen eine scharfe Klinge gegen Irrationalität und diffuse Esoterik und entlarven Täuschungen, die Unheil anrichten können.

Die Schattenseiten dieses Denkmodells liegen in der Möglichkeit zum Selbstbetrug und in seinem latenten Zwangscharakter:

- Im Glauben, den einen oder die wenigen Grundsätze herausgefunden zu haben, nach denen die Welt aufgebaut ist, kann man sich leicht eine Scheinsicherheit vormachen, die das Leben in seinen Unwägbarkeiten unterschätzt.

- Die Vielfalt der Realität ist möglicherweise zu komplex, um mit wenigen Grundprinzipien und Regeln vollständig erfasst zu werden – zumindest nicht von einem begrenzten menschlichen Intellekt. Dies auszublenden und sich selbst in ein Korsett der eigenen Logik zu zwingen würde einen Verlust an Flexibilität und Lebendigkeit bedeuten.

- Ein Versuch, sich durch klares Denken ein für alle Male für die Welt unangreifbar zu machen, muss misslingen. Graben die Überzeugungsdenker zu fundamentalistisch nach einem Grundstein, so kann ihnen der Unterschied zwischen vorläufigem aktuellem Kenntnisstand und unumstößlichem Dogma aus dem Blick geraten. Sie halten dann bloßes Wissen für endgültige Wahrheit oder erklären es schlicht dazu.

- Andererseits riskieren sie bei der Vehemenz, mit der sie für ihre Überzeugung einstehen, den Absturz in die Unglaubwürdigkeit, wenn sie ihre Ansichten häufiger als Wittgenstein wechseln. Daher halten sie gerne ein wenig zu lange an ihnen fest.

Selbst wenn sachlich alles klar ist und der Alltag glattläuft, ist der Überzeugungsdenker gut beraten, gelegentlich mit seinem Partner nicht nur über Fakten, sondern auch über seine Gefühle zu sprechen. Wer jemals einen Streit zwischen sich nahestehenden Menschen einigermaßen unbeteiligt erlebt hat, weiß, dass Irrationalität einen wesentlichen Platz in den engsten zwischenmenschlichen Beziehungen einnimmt – Beteiligte sind dieser

Einsicht zumindest im Vollzug meist weniger zugänglich. Einen solchen Zwist selbst vom Zaun zu brechen gelingt besonders leicht, wenn man seinen Bekehrungswunsch nicht im Zaum halten kann oder aus dem eigenen Überzeugtsein dazu neigt, Gegenargumente mit eiskalter Logik überlegen abzuschmettern, zu ignorieren oder lächerlich zu machen.

Vera sind diese Fallstricke bewusst, und sie bemüht sich nach Kräften, sie zu umgehen und nicht zu energisch und missionarisch aufzutreten. Ihre strukturierte Denkweise bereitet ihr allerdings so viel Spaß an der Bewältigung von Komplexität, dass sie sie um keinen Preis missen möchte. Im Vertrauen auf ihre Geisteskräfte nimmt sie es mit jedem Problem auf. Sie hegt eine Vorliebe für Ordnung, die ihr im Alltag das Leben erleichtert und von der ihre Familie profitiert, auch wenn ihr Sohn behauptet, sich in seinem kreativen Chaos gegängelt zu fühlen. Wenn sie etwas als richtig erkannt hat, kann sie nicht anders, als für ihre Überzeugungen einzustehen, selbst wenn sie damit nicht überall gut ankommt. Ihre dozierenden Erläuterungen lassen sie manchem als besserwisserisch erscheinen, tragen ihr aber auch großen Respekt ein, da sie stets bereit ist, ihre Grundsätze und Schlussfolgerungen offen darzulegen und zu diskutieren. Vera wird in ihrem Umfeld ein hohes Maß an Anerkennung als klare und kompromisslose Denkerin zuteil, die aus unverhüllten Prämissen nachvollziehbare und folgerichtige Schlüsse zieht, denen man sich in den meisten Fällen gerne anschließt.

Wenn Sie sich in diesem Philosophen-Typus wiedererkennen und die Chancen höher als die Risiken bewerten, finden Sie insbesondere in Aristoteles, Francis Bacon, Descartes, Spinoza und dem frühen Wittgenstein kompetente Mitstreiter. Wollen Sie sich oder anderen Überzeugungsdenkern etwas entgegensetzen, versuchen Sie es einmal mit den zweifelmutigen Hinterfragern.

Wer sich noch tiefer in die Welt der Überzeugungsdenker einlesen möchte, findet hier weitere Anregungen:

Rene Descartes, *Abhandlung über die Methode, richtig zu denken* ...

Ludwig Wittgenstein, *Tractatus logico-philosophicus*

Baruch de Spinoza, *Ethik*

HINTERFRAGER
MUT ZUM ZWEIFELN

Das ist das ganze Unglück,
dass die Dummen so sicher sind
und die Klugen so voller Zweifel.
Bertrand Russell, Mortals and Others

Sie tun sich mit Entscheidungen schwer, auf die andere keine
Zehntelsekunde verwenden? Beim Einkauf gehen Sie nicht einfach nach dem Preis, sondern fragen sich, welche Kriterien außerdem berücksichtigt werden müssen? Und da genügt es Ihnen
nicht, nur die Qualität einzubeziehen? Auch mögliche Alterna-
tivprodukte, Ökobilanz und die Arbeitsbedingungen im Herstel-
lungsprozess gehören dazu, bevor am Ende noch die Frage nach
dem echten Bedarf hochkommen kann? Bei der Geldanlage
greifen Sie nicht zielsicher zur höchsten Renditechance, sondern
bedenken zukünftige Marktentwicklungen vom Touristikboom
kleinster ozeanischer Staaten bis zum völligen Zusammenbruch
unseres Weltwirtschaftssystems? Bei den Überschriften der Ga-
zetten fragen Sie sich, ob nicht das Gegenteil der Wahrheit näher
käme? Hinter den Aussagen von Politikern vermuten Sie reines
Marketing zur Machterhaltung? Wenn Sie bei der Beantwortung
dieser Fragen zu einem «Ja» tendieren, aber sich nicht einmal
dabei völlig sicher sind, ist Ihnen Toms Neigung zum zweifelmutigen Hinterfragen bestimmt nicht fremd.

Toms Boss kann es leider nicht ertragen, wenn jemand irgend-
eine seiner manchmal recht fragwürdigen Theorien anzweifelt.
In einem Gespräch in der Mittagspause geht es – zunächst ver-

meintlich unverfänglich und weitab vom Arbeitsgeschehen – um Details der Parteienlandschaft in Deutschland, die Tom nicht ungeprüft bejahen will. Dürfte die CSU, wenn sie wollte, auch in ganz Deutschland Kandidaten zur Bundestagswahl aufstellen oder ist sie auf Bayern beschränkt? Seine Führungskraft hat eine persönliche Einschätzung dazu und erwartet Toms Zustimmung. Als Tom entgegen allen Überzeugungsversuchen auf der momentanen Unbeantwortbarkeit der Frage bei so wenig gesichertem Wissen besteht, endet die Diskussion mit einem der berüchtigten Wutausbrüche seines Chefs, in dessen Verlauf ihm eine üble Zukunft für seine Karriere geweissagt wird, wenn er immer alles bezweifeln wolle. Man müsse Sachverhalte auch einfach mal ungeprüft akzeptieren. Selbstverständlich meint sein Vorgesetzter, wie die meisten dogmatischen Überzeugungsdenker, damit vor allem von ihm für wahr gehaltene und als solche dekretierte Sachverhalte. Recht hat Toms Boss allerdings damit, dass habituelles Hinterfragen das Leben in vielen Fällen nicht gerade leichter macht. Das liegt nicht zuletzt an der mangelnden Akzeptanz seitens schnell entschiedener Aktionisten.

Dabei soll das Zweifeln grundsätzlich zu einem ruhigeren Schlaf führen. Das meinten zumindest die antiken Skeptiker – und die können als die professionellsten Infragesteller überhaupt gelten. Sie begründeten eine kontinuierliche Tradition, die aus der Antike bis in unsere Tage reicht. Somit handelt es sich bei der philosophischen Skepsis um eine der langlebigsten geistesgeschichtlichen Strömungen überhaupt.

Sokrates (um 470–399 v. Chr.), den man mit dem von ihm überlieferten Diktum «Ich weiß, dass ich nichts weiß» für den Urvater des philosophischen Zweiflers halten könnte, gehört noch kaum in diese Kategorie. Er glaubt ja, zumindest schon sein Nichtwissen zu wissen. Das geht überzeugten Hinterfragern nicht weit genug. In den durch Platon überlieferten Dialogen, in denen Sokrates auftritt, kann sich ein misstrauischer Leser des Verdachts nicht erwehren, dass das vorgeschobene sokratische «Nichtwissen» nichts als Ironie und ausgeklügelte Taktik sein könnte, von deren bescheidenem Auftreten sich die Gesprächspartner leicht aufs Glatteis führen lassen. Die platzen dann gerne mit ihrem vermeintlichen Wissen heraus, das vom Meister mühelos als undurchdachtes Geplapper entlarvt werden kann. Hat man beim Dialogpartner erst einmal erfolgreich Verwirrung erzeugt, kann man ihm nämlich umso eindrucksvoller mit ein wenig rhetorischem Geschick die eigenen Ansichten so versteckt unterschieben, dass er am Ende glaubt, es sei seine eigene Erkenntnis gewesen. Auch wenn einige der Dialoge in der Ratlosigkeit enden – Sokrates war sich in vielem sicherer, als es scheint, und hat letztendlich, von den Athenern als Verführer der Jugend angeklagt und zum Giftbecher verurteilt, sogar sein Leben für seine Überzeugungen geopfert. Das wiederum ginge einem zweifelmutigen Hinterfrager eindeutig zu weit.

Erst **Pyrrhon** aus dem griechischen Elis (ca. 360–270 v. Chr.) und seine Nachfolger professionalisieren das Zweifeln zur grundsätzlichen «Skepsis», bei der heute ein deutlich negativer Beiklang mitschwingt. Der Skeptiker steht in unserer Welt der Effizienzanbetung, in der dem schnellen Entscheiden und Handeln gehuldigt wird, im Generalverdacht, zu lange zu zögern und damit den ganzen Betrieb aufzuhalten. Nicht wirklich zu Recht, denn aus eigener Erfahrung könnten wir wie die alten Griechen wissen: Die Dinge sind in Wirklichkeit nicht unbedingt so, wie sie uns auf den ersten Blick erscheinen. Der appetitliche Hummer im Buffet ist manchmal lediglich eine Deko-Version aus Plastik. Die Fata Morgana spiegelt dem Wüstenwanderer die baldige Erfüllung seiner Wünsche nur vor.

Vieles nicken wir leichtfertig ab, weil es die anderen behaupten, weil uns die Gewohnheit dazu verleitet oder schlicht weil es uns so in den Kram passt. Paradoxerweise glauben wir sogar Katastrophennachrichten («Meteorit bedroht die Erde!») oder Wunderberichte («Gerettet! Er fliegt an uns vorbei!») manchmal deshalb, weil sie so spektakulär sind, dass wir sie vor lauter Staunen gar nicht mehr in Zweifel ziehen. Mit unserer reflexartigen Einschätzung und Bewertung sind wir zu überhastet und ziehen voreilige Schlüsse, die uns unnötige Sorgen bereiten oder uns zu unangemessenem Aktivismus treiben können. Selbst in scheinbar zu sofortigem Handeln drängenden Krisensituationen wären wir oft besser beraten, intellektuelle Zurückhaltung zu üben und uns vorschneller Urteile zu enthalten. Immer wieder brechen gutwillige unüberlegte Helfer auf dem dünnen Eis zugefrorener Seen ein, sodass statt einem zwei gerettet werden müssen. Und in allen Kriegen sterben zahlreiche Soldaten durch «friendly fire», Beschuss durch Kameraden aus den eigenen Reihen, die sie fälschlicherweise für Gegner hielten.

Statt gleich zu allem Stellung zu beziehen, sucht der pyrrhonische Skeptiker zunächst einmal die Begründung des Behaupteten mit allerlei eigens dafür entwickelten «dialektischen» Techniken zu unterminieren:

- Er zeigt, dass sich bei allen Thesen ebenso gute Gründe für das Gegenteil finden lassen, wenn man nur intensiv danach sucht.
- Er prüft, ob man sich nicht auf Voraussetzungen beruft, die sich bei näherem Hinsehen als unbewiesene erweisen, und fragt erst einmal, warum eine Aussage oder ihre Begründung stimmen sollte.
- Bei jeder wissenschaftlichen Entdeckung würde er die Fragen stellen: «Sind nicht einige Wissenschaftler anderer Meinung?», «Ist es nicht denkbar, dass wir uns noch unbekannte Einflüsse außer Acht gelassen haben?», «Sind wir sicher, dass nicht morgen neuere Erkenntnisse alles wieder *ad absurdum* führen?».
- Er weiß, dass am Ende jeder Begründungsversuch zu einer

unendlichen Folge weiterer Begründungsthesen, zu einem Zirkelschluss oder einfach zu einer dogmatischen Festlegung mit dem Verbot weiterzufragen führt.

Zum Leidwesen geforderter Eltern beherrschen ihre Sprösslinge diese Fragetechnik des wiederholten Warum (ohne jegliche dialektische Schulung) so perfekt, dass sie sie damit auf kürzestem Wege zur Verzweiflung bringen. «Kinder als Philosophen» ernten im elterlichen Alltagsstress meist weniger Enthusiasmus als in begeisterten Veröffentlichungen zu diesem Thema, die ihren unendlichen Wissensdurst, ihre offene Neugier und die kreative Phantasie ihrer Welterklärungen aus der entspannten Distanz der Autoren besser zu würdigen wissen.

Die erwachsenen antiken Skeptiker sammelten systematisch Argumente für den Zweifel und Techniken des Hinterfragens. Subjektivität und Relativität aller Urteile gehören dazu. So ist die Verträglichkeit und Wirksamkeit von Medikamenten von der Konstitution des Einzelnen abhängig. Was dem Gesunden schadet, kann einem Kranken nützen. Das lässt sich auch auf anderen Gebieten beobachten.

Aus den genannten Gründen gibt es auch nichts von Natur aus Übles. Denn was den einen Übel zu sein scheinen, das verfolgen die anderen als Güter, z.B. Ausschweifung, Ungerechtigkeit, Geldgier, Maßlosigkeit und dergleichen. Wenn daher das von Natur Seiende so beschaffen ist, dass es auf alle in der gleichen Weise wirkt, die angeblichen Übel aber nicht auf alle in der gleichen Weise wirken, dann ist nichts von Natur übel. (Sextus Empiricus, Grundriß der pyrrhonischen Skepsis, III, 190)

Die Vorschriften der gesellschaftlich akzeptierten Moral sind folgerichtig alles andere als einheitlich und unwidersprochen. Unter den Völkern findet man unterschiedlichste Sitten verbreitet – und das Zusammenleben scheint unter all diesen Bedingungen zu funktionieren.

Es wäre vielleicht nicht fehl am Platze, außerdem noch spezieller die Aufmerksamkeit kurz zu lenken auf die Auffassungen über Unschickliches und nicht Unschickliches, Ungesetzliches und nicht Derartiges, über Gesetze, Sitten, die Götterverehrung, die Ehrfurcht vor den Dahingeschiedenen und dergleichen. Denn auch so werden wir viel Uneinheitlichkeit finden in der Frage, was man tun oder lassen soll. (Sextus Empiricus, Grundriß der pyrrhonischen Skepsis, III, 198)

Am Ende steht bei den antiken Skeptikern das erklärte Ziel, die prinzipielle Unentscheidbarkeit jeglicher Aussagen aufzuzeigen. Die daraus folgende Enthaltung vom eigenen Urteilen soll laut Pyrrhon zur Seelenruhe führen, weil man die Nutzlosigkeit seines Grübelns einsieht und es dabei belässt. Bei diesem Effekt handelt es sich um eine Zufallsentdeckung:

Denn der Skeptiker begann zu philosophieren, um die Vorstellungen zu beurteilen und zu erkennen, welche wahr sind und welche falsch, damit er Ruhe finde. Dabei geriet er in den gleichwertigen Widerstreit, und weil er diesen nicht entscheiden konnte, hielt er inne. Als er aber innehielt, folgte ihm zufällig die Seelenruhe in den auf dogmatischem Glauben beruhenden Dingen. Wer nämlich dogmatisch etwas für gut oder übel von Natur hält, wird fortwährend beunruhigt: Besitzt er die vermeintlichen Güter nicht, glaubt er sich von den natürlichen Übeln heimgesucht und jagt nach den Gütern, wie er meint. Hat er diese erworben, gerät er in noch größere Sorgen, weil er sich wider alle Vernunft und über alles Maß aufregt und aus Furcht vor dem Umschwung alles unternimmt, um die vermeintlichen Güter nicht zu verlieren. Wer jedoch hinsichtlich der natürlichen Güter oder Übel keine bestimmten Überzeugungen hegt, der meidet oder verfolgt nichts mit Eifer, weshalb er Ruhe hat. (Sextus Empiricus, Grundriß der pyrrhonischen Skepsis, I, 26–28)

Die hinterfragende Einstellung hatte Pyrrhon sogar so weit verinnerlicht, dass er, als er seinen Lehrer Anaxarch bei einem Spaziergang in einem Sumpf versinken sah, sich nicht dazu durchringen konnte, dass seine Hilfe notwendig wäre. Er ging also weiter – und tatsächlich, Anaxarch überlebte und lobte ihn für seine unerschütterliche Haltung. Pyrrhons *Coolness* trug ihm so viel Ansehen ein, dass man ihn zum Oberpriester wählte und allen Philosophen Steuerfreiheit gewährte.

Sieht man sich manche «wissenschaftlichen Erkenntnisse» seiner Zeitgenossen an (wir erinnern uns an Aristoteles' Funktionsbeschreibung des Gehirns zur Kühlung des Körpers), kann man ihm nur zustimmen, dass ein Nicht-Urteil häufig die bessere Wahl gewesen wäre. Noch in späteren Zeiten wie dem Mittelalter waren etwa die medizinischen Theorien und ihre daraus resultierenden Anwendungen (sagen wir nur mal: «Aderlass») häufiger tödlich als heilend. Und wer weiß schon, ob die Gesundheitsvorschriften von heute nicht die Verbote von morgen sind, wie wir es bei den Vorschlägen zu gesunder Ernährung seit Jahren erleben? Sollen wir auf Kaffee und Rotwein verzichten oder sie eher in Maßen genießen? Ist Cholesterin generell zu vermeiden oder gibt es eine «gute» und eine «böse» Variante?

Es ließe sich anführen, dass ohne erste naive Theorien keine weiteren hätten folgen können und unser heutiger Stand der Wissenschaften nie erreicht worden wäre, doch wer die Geschichte der professionellen Wissenssucher in ihrem Verlauf betrachtet, erkennt, dass Skepsis im Einzelnen mehr als angebracht ist. Marie und Pierre Curie haben gerne ohne Schutzvorkehrungen mit radioaktivem Material experimentiert, da sie es für ungefährlich hielten, und mussten mit Strahlenkrankheiten dafür bezahlen. Blei hat man für das ideale Material für Wasserleitungen gehalten, bis sich viele damit vergiftet hatten. Was macht uns sicher, dass uns nicht heute ähnlich fatale Irrtümer unterlaufen? War die Kernspaltung wirklich eine gute Idee? Welche Folgen wird der weltumspannende Feldversuch mit elektromagnetischer Mobilfunkstrahlung zeitigen? Sind Fehlurteile der Technik nur kurzfristige und korrigierbare Abwege –

oder bewegen wir uns insgesamt in eine Sackgasse? Alles, was an angeratener kritischer Vorsicht in die Wissenschaften eingegangen ist, verdanken wir letztlich den antiken Skeptikern und ihren Gesinnungsgenossen.

Stilpon (380–300 v. Chr.), dessen Sohn Pyrrhon beeinflusst haben soll, ging sogar so weit, die Geltung allgemeiner Begriffe grundsätzlich zu bezweifeln. Für ihn gab es nicht «den Menschen», sondern nur konkrete Einzelne. Selbst wenn abstrakte Benennungen unvermeidlich sind und zuweilen ausgesprochen nützlich sein können, möchte man diesen Gedanken den leichtfertigen Generalisierern, die wahlweise von «den Männern», «den Frauen» oder «den Ausländern» (meist nicht gerade gut meinend) reden, gerne entgegenhalten. Letztlich geht es ihnen meist darum, mit der Verallgemeinerung bestimmte Individuen zu charakterisieren oder abzuqualifizieren, doch verlässliche Erkenntnisse gewinnt man auf diese Weise nicht, denn die Einzelnen unterscheiden sich innerhalb einer Gruppe zuweilen deutlicher als von speziellen Mitgliedern anderer Gruppierungen. Das Eigenschaftsspektrum einzelner Frauen umfasst alles, was wesentlich Männern zugeschrieben wird. So gibt es Frauen, die tapferer und rationaler, aber auch welche, die rücksichtsloser und brutaler als die meisten Männer sind – und (trotz angeblich empirisch festgestellter «weiblicher» Gehirne) können manche sich besser orientieren, reden wenig, kommen schnell auf den Punkt, fahren deutlich besser Auto und finden in der kleinsten Parklücke souverän Platz. Wenn man es also – wie im realen Leben meistens – mit echten Einzelexemplaren und nicht «dem Menschen» zu tun hat, helfen die Verallgemeinerungen und liebgewordene Vorurteile wenig – die Mühe, den Einzelfall zu untersuchen, bleibt niemandem erspart.[19]

Friedrich Nietzsche (1844–1900) übt in seiner Schrift *Über Wahrheit und Lüge im außermoralischen Sinne* ähnliche Kritik und sieht den Abstraktionsschritt in der Bildung von Begriffen ebenfalls als Verfälschung an. Indem wir vom «Stein» reden, wird bereits das Wort zur Metapher, die von den tatsächlichen Sinneserfahrungen der Farbe, Härte und Oberflächenbeschaffenheit absieht. Die Entfernung vom Konkreten wächst noch im definierenden Begriff, der Grundlage der Wissenschaft, der das Allgemeine aller Steine sucht und dabei die besonderen Wahrheiten seiner eigentlichen Ur-Sache vergisst.

Doch Nietzsche bleibt sogar der Skepsis gegenüber skeptisch und kritisiert sie in *Jenseits von Gut und Böse* als «Schlaf- und Beruhigungsmittel» und Hinweis auf «Nervenschwäche und Kränklichkeit». Im Allgemeinen gibt er sich eher als wissender Überzeugungsdenker. Immerhin stellt er sich selbst genügend in Frage, um im *Antichrist* zu einem lobenderen Urteil der Zweifelmutigen zu gelangen:

Man lasse sich nicht irreführen: große Geister sind Skeptiker. [...] Die Stärke, die Freiheit *aus der Kraft und Überkraft des Geistes* beweist *sich durch Skepsis. Menschen der Überzeugung kommen für alles Grundsätzliche von Wert und Unwert gar nicht in Betracht. Überzeugungen sind Gefängnisse. Das sieht nicht weit genug, das sieht nicht* unter *sich: aber um über Wert und Unwert mitreden zu dürfen, muss man fünfhundert Überzeugungen* unter *sich sehn – hinter sich sehn ... Ein Geist, der Großes will, der auch die Mittel dazu will, ist mit Notwendigkeit Skeptiker. Die Freiheit von jeder Art Überzeugungen gehört* zur Stärke, *das Frei-Blicken-können ...* (Friedrich Nietzsche, Der Antichrist)

Karneades (214–129 v. Chr.), der als erfolgreicher und angesehener Skeptiker zeitweise die ehrwürdige, von Platon gegründete *Akademie* leitete, trieb es mit der Demonstration seiner Infragestellungskunst zu weit. In Rom hielt er an zwei aufeinanderfolgenden Tagen einmal eine Rede zur Begründung der Gerechtigkeit, die mit viel Lob bedacht wurde, und einmal eine Ansprache *gegen* die Gerechtigkeit, die ebenso überzeugend war. Bei der römischen Jugend, die seine Intention des Zweifelsäens erfasste und das kritische Denken auf die herrschenden politischen Grundsätze anwandte, machte ihn das zum Popstar, bei den Honoratioren vorhersehbarerweise weniger beliebt. Er wurde – gerecht oder ungerecht – als unerwünschte Person abgeschoben.[20]

Michel de Montaigne (1533–1592), Schlossbesitzer in der französischen Dordogne, wurde in Zeiten erbitterter religiöser Rechthabereien um den wahren und falschen Glauben zum enthusiastischen Fan Pyrrhons. Um dessen Merksätze («Was weiß ich?», «Ich enthalte mich des Urteils») beim eigenen Philosophieren stets vor Augen zu haben, ließ er sie sich an die Wand seines Studierturmes malen.

Montaigne wandte die skeptische Grundhaltung auf Beobachtungen seines Alltags an und gelangte dabei zu aufschlussreichen Einsichten. Wie die pyrrhonischen Skeptiker hielt er eine intellektuelle und moralische Vorrangstellung des Menschen keineswegs für ausgemacht, eher für bloßen Hochmut unserer Art. Hunde beispielsweise halten ihren Wohltätern dauerhafte und verlässliche Freundschaft und sprichwörtliche Treue. Sind Tiere vielleicht die besseren Menschen? (Immerhin soll Schopenhauer seinen Pudel bei Fehlverhalten mit der Beschimpfung «Du Mensch!» gerügt haben.) Angesichts des offensichtlich klugen und moralischen Verhaltens von Tieren fragte sich Montaigne, wie viel wir überhaupt von ihnen wissen und ob seine Katze sich nicht eher ihn zum Zeitvertreib hielte als umgekehrt. Daraus, dass die Tiere sich uns nicht sprachlich mitteilen, sollten wir keine voreiligen Schlüsse ziehen.

Es wäre noch zu erraten, wessen Fehler es ist, dass wir uns nicht verstehen: denn wir verstehen sie ebenso wenig, wie sie uns. Aus eben diesem gleichen Grunde können sie uns für vernunftloses Vieh halten, wie wir sie. (Michel de Montaigne, Essais, Apologie des Raimund Sebundus, S. 433)

Montaigne bemerkt, dass Ziegen bei Krankheit geeignete Heilpflanzen fressen und Schildkröten nach Schlangenbissen Ähnliches tun. Sie wissen offenbar genau, was ihnen hilft. Für die sich wissenschaftlich gebenden anmaßenden medizinischen Dilettanten seiner Zeit kann er das nicht bestätigen. Die Ratschläge der Ärzte, wie er sie erlebt, sind mit Vorsicht zu genießen.

Wenn uns die wirklichen Übel fehlen, so leiht uns die Wissenschaft die ihren. [...]

Und am Ende vergreift sie sich ganz unverblümt an der Gesundheit selber. Diese jugendliche Frische und Rüstigkeit kann nicht von Dauer sein; man muss ihr Blut und Kraft abzapfen, damit sie euch nicht über den Haufen werfe. Vergleicht das Leben eines Menschen, der unter solchen Einbildungen erliegt, mit dem Bauern, der sich nach seinem natürlichen Hang gehen lässt, die Dinge hinnimmt, wie er sie gerade sieht und fühlt, ohne Wissenschaft und ohne Voraussicht, und den kein Leiden plagt, es plage ihn denn; dieweil der andere oft schon den Stein in der Seele spürt, bevor er ihn in den Nieren hat: als wäre es nicht zeitig genug, das Übel zu leiden, wenn es da ist, nimmt er es in der Einbildung vorweg und läuft ihm entgegen. (Michel de Montaigne, Essais, Apologie des Raimund Sebundus, S. 442)

Von den Naturwissenschaften nahm Montaigne grundsätzlich an, dass sie unreflektierten, aber wesentlichen Fehleinschätzungen unterliegen könnten. Die Eingeschränktheit und Truganfälligkeit unserer Sinnesvermögen gibt dazu genügend Anlass. So geht uns beispielsweise ein Sinn für den Magnetismus ab, den wir daher nur indirekt wahrnehmen können. Montaigne behauptet, dass wir, wenn unsere Erkenntnismöglichkeiten nicht so beschränkt wären, nichts als Irrtümer in unserem vermeintlichen Wissen finden würden. Aus vergangenen Zeiten liegen falsche Ergebnisse der Wissenschaften offen vor uns; bei den gegenwärtigen ignorieren wir meist, dass diese vermutlich ähnlich gravierende Beschränkungen und blinde Flecke aufweisen.

Aus seiner eingeübten Praxis des Hinterfragens ist Montaigne bewusst, wie stark unsere eigenen, willkürlich vorgefassten Ansichten das Ergebnis unserer Untersuchungen vorwegnehmen.

Sehr oft, wenn ich (wie ich es gern zu tun pflege), zur Übung und zum Spiel eine der meinen entgegengesetzte Ansicht zu verfechten unternehme, fesselt mich mein Geist so daran […], dass ich die Gründe meiner ersten Meinung nicht mehr finde und sie fallen lasse. Ich ziehe mich gleichsam dahin, wohin ich mich wie auch immer neige, und reiße mich durch mein eigenes Gewicht mit. (Michel de Montaigne, Essais, Apologie des Raimund Sebundus, S. 468)

René Descartes (1596–1650), den wir bereits im vorausgehenden Kapitel als Überzeugungsdenker entlarvten, hat im philosophischen Kampf gegen Montaigne, dessen Abwertung der Vernunft er nicht hinnehmen wollte, das Zweifeln in seinen Meditationen nur darum zur Methode erhoben, um auf Umwegen wieder in das ruhige Fahrwasser vermeintlich sicherer Gewissheiten zu steuern. Ein Skeptiker, der diesen Namen verdiente, ist er nicht. Ihm fehlt der Mut zum Zweifeln ohne Netz. Damit bleibt er wie Sokrates für Puristen ein bloßer *Poser*, ein «Scheinzweifler», der sich des Infragestellens nur als einer strategischen Technik bedient, ohne es mit letzter Konsequenz zu betreiben.

Andere Philosophen haben ihre Beiträge zum Instrumentarium der Ungläubigen eher unfreiwillig geleistet. George Berkeley (1685–1753), ein irischer Bischof, vertraut als überzeugungsdenkerischer Empirist der Erfahrung und entdeckt angeblich dennoch das nach einem Zen-Rätsel klingende, doch auch jedem zweifelmutigen Hinterfrager zur Ehre gereichende Problem, ob der im Wald umfallende Baum ein Geräusch macht, wenn niemand da ist, der es hört.[21] Und man kann sich noch weit verstörendere Fragen stellen. Ernst Bloch (1885–1977), den wir als Glücksfinder noch genauer kennenlernen werden, treibt den beunruhigenden Gedanken der unbeobachteten Welt in seinem Aufsatz «Der Rücken der Dinge» weiter und schürt Zweifel am vermeintlich Selbstverständlichsten:

Ganz einfach, ganz früh hingesehen: was «treiben» die Dinge ohne uns? wie sieht das Zimmer aus, das man verlässt?

Das Feuer im Ofen heizt, auch wenn wir nicht dabei sind. Also, sagt man, wird es dazwischen wohl auch gebrannt haben, in der warm gewordenen Stube. Doch sicher ist das nicht und was das Feuer vorher getrieben hat, was die Möbel während unseres Ausgangs taten, ist dunkel. Keine Vermutung darüber ist zu beweisen, aber auch keine, noch so phantastische, zu widerlegen. Eben: Mäuse tanzen auf dem Tisch herum, und was tat oder war inzwischen der Tisch? Grade, dass alles bei unserer Rückkehr wieder dasteht, «als wäre nichts gewesen», kann das Unheimlichste von allem sein. (Ernst Bloch, «Der Rücken der Dinge», in: Spuren, S. 172)

Der Schotte **David Hume** (1711–1776), wie Montaigne von der pyrrhonischen Skepsis infiziert, nimmt eines der vermeintlichen Grundgesetze unserer Erfahrung, die Kausalität, ins Visier. Er findet heraus, dass man die Beziehung von Ursache und Wirkung, auf die alle unsere naturwissenschaftlichen Theorien aufbauen, fälschlicherweise aus der bisherigen Erfahrung ableiten zu können glaubt. Eine solche Beziehung ist jedoch nicht wirklich empirisch erkennbar, sondern wird von uns lediglich aufgrund wiederholt erlebter zeitlicher Aufeinanderfolge quasi automatisch angenommen. Daher lassen sich streng genommen für zukünftige Ereignisse nur Hypothesen aufstellen, die keinerlei endgültige Gewissheit beanspruchen können.

Diese Erkenntnis, die uns große Sorgen verursachen könnte, lässt die meisten Nicht-Zweifler erstaunlich kalt. Sie war im-

merhin aufrüttelnd genug, um den sicher nicht überreagieren-
den Immanuel Kant im beschaulichen Königsberg unsanft aus
seinem «dogmatischen Schlummer» zu wecken.[22] Und es ist ja
wahrlich keine Kleinigkeit, dass ich nach noch so vielen Jahren
täglicher Beobachtung nicht einmal mit Sicherheit wissen kann,
ob morgen die Sonne wieder aufgehen und der Apfel vom Baum
immer nach unten fallen wird.

*Man meint, dass wenn man plötzlich in die Welt gestellt worden
wäre, man sofort hätte schließen können, dass eine Billardkugel
durch Stoß einer anderen ihre Bewegung mitteilen könne, und dass
man nicht nötig gehabt, auf den Erfolg zu warten, um dies mit Sicherheit aussprechen zu können. […]*

*Die Bewegung von der zweiten Billardkugel ist ein ganz anderer
Vorgang, als die Bewegung in der ersten, und es ist nichts in dem Einen, was den leisesten Wink für das Andere gäbe. […]*

*Könnten beide Kugeln nicht in völliger Ruhe bleiben? Kann die
erste Kugel sich nicht gerade zurück bewegen oder in irgend einer
Richtung seitlich von der zweiten abspringen? Alle diese Annahmen
sind möglich und denkbar. Weshalb soll man da der einen den Vorzug vor der anderen geben, die ebenso möglich und denkbar ist wie
jene?* (David Hume, Untersuchung in Betreff des menschlichen
Verstandes)

Daraus, dass eine Abfolge von Ereignissen gewohnheitsmäßig
auftritt, nehmen wir eine innere Verbindung zwischen diesen
an und schließen so aus den Erfahrungen der Vergangenheit
auf die Zukunft. Dieses Verfahren wirkt zweckmäßig, gewährt
jedoch nicht die Sicherheit, die es auf den ersten Blick verspricht.
Widersprüche, die sich aus der Definition von Begriffen selbst
ergeben, lassen sich entlarven, während sich ohne logische Konflikte manches denken lässt, was wir aus Erfahrung glauben aus-
schließen zu können.

*Kann ich mir nicht klar und deutlich vorstellen, dass ein Ding, was
aus den Wolken fällt und überall sonst dem Schnee gleicht, doch wie*

Salz schmeckt und wie Feuer brennt? Ist etwas verständlicher als die Behauptung, dass alle Bäume im Dezember und Januar blühen und im Mai und Juni kahl werden? Nun enthält aber das, was man verstehen und deutlich vorstellen kann, keinen Widerspruch und kann niemals a priori durch einen Beweis oder eine begriffliche Folgerung widerlegt werden. (David Hume, Untersuchung in Betreff des menschlichen Verstandes)

Auf unsere Erfahrungen können wir nur mit einer gewissen Wahrscheinlichkeit vertrauen. Sie sind und bleiben Analogieschlüsse, die niemals absolute Gewissheit bieten. Von den Aktienmärkten wissen wir mittlerweile, dass die immer aufwärts zeigenden Kurven der Gewinne nicht beliebig fortgeschrieben werden können. Beim Vertrauen in die Prognosen der Börsengurus sind wir vorsichtiger geworden, medizinischen Ratschlägen (PSA-Tests zur Früherkennung des Prostatakarzinoms) und naturwissenschaftlichen Vorhersagen (Waldsterben) vertrauen wir leichtgläubiger. Sollten wir nicht auch im Alltagsdenken lernen, was professionelle Wissenschaftler und seriöse Fondsmanager längst tun: unsere Annahmen wie risikobehaftete Werte kontinuierlich zu überprüfen, Kriterien zur Verlustbegrenzung zu setzen und uns von denjenigen, die «ihr Geld nicht mehr wert sind» und weiter an Boden verlieren, leichteren Herzens zu verabschieden, anstatt zu lange daran festzuhalten?

Hume ist mutig genug, sogar am «Ich» zu zweifeln und damit das aufzugeben, das für Descartes' «Ich denke, also bin ich» der Eckstein seines Fundaments war. Nach Humes Ansicht lässt sich ein solches «Ich» keineswegs als kontinuierliche Substanz erfahren, sondern lediglich «als ein Bündel oder eine Sammlung von verschiedenen Vorstellungen [...], die mit unbegreiflicher Schnelligkeit aufeinander folgen und in einem beständigen Flusse und einer kontinuierlichen Bewegung sind.»[23]

Nicht nur Descartes hätte diese Entdeckung verstört. Der zweifelerprobte Hume bleibt gelassen. Sein Tod liefert die Bestätigung der von den antiken Skeptikern versprochenen Seelenruhe. Als er unheilbar an Leberkrebs erkrankt und spürt, dass es mit ihm zu Ende geht, lädt er seine Freunde zu einem letzten Gastmahl ein. Dank seiner Scherze verbringen alle diese letzten gemeinsamen Stunden in Heiterkeit und bester Laune. Hume widersetzt sich bis zu seinem Ende wenige Wochen später allen Versuchen, ihn von seiner Ungläubigkeit, die auch von Gott nichts wissen will, zu bekehren, und stirbt würdevoll in vollkommener Zufriedenheit mit seinem Leben.[24]

Die Konstruktivisten des ausgehenden 20. Jahrhunderts wie Heinz von Foerster, Ernst von Glasersfeld, Rupert Riedl und Paul Watzlawick weisen nach, worauf der aufmerksame Montaigne bereits beim bewussten Nachvollziehen seines eigenen Räsonierens gestoßen war: dass in unserem Denken vermeintliche Wirkungen selbst zur Ursache werden können. Sie zeigen in einer Reihe von Experimenten, wie wir unsere Weltsicht selbst erschaffen, sie manchmal wider besseres Wissen verteidigen und unsere eigenen Thesen mit sich selbst erfüllenden Prophezeiungen immer wieder bestätigen.[25] Der Einfluss, den wir selbst mit unserer Deutung ausüben, wird im Alltagsglauben an objektiv feststellbare Tatsachen systematisch unterschätzt. «Die Umwelt, so wie wir sie wahrnehmen, ist unsere Erfindung.»[26]

Das mag erstaunlich sein, sollte aber nicht überraschen, denn tatsächlich gibt es ja «da draußen» weder Licht noch Farbe, es gibt lediglich elektromagnetische Wellen; es gibt «da draußen» weder Schall noch Musik, es gibt nur periodische Schwankungen des Luftdrucks; «da draußen» gibt es weder Wärme noch Kälte, es gibt nur Moleküle, die sich mit mehr oder minder großer mittlerer kinetischer Energie bewegen, usw. (Heinz von Foerster, «Das Konstruieren einer Wirklichkeit», S. 44)[27]

Die Nervenzellen unserer Sinnesorgane liefern uns nur quantitative Erregungszustände und keine qualitativen Eindrücke, den Rest denken wir uns dazu. Die so entstehenden Annahmen über die Welt müssen nicht im Sinne einer wahren Abbildung «stimmen», es genügt vollkommen, wenn sie für unsere Lebenssituation «passen».

Schon Nietzsche hatte auf die Überbewertung der Wahrheit hingewiesen: Wenn sie nicht dem Leben dient, ist sie ihm nichts wert.

Es ist nicht mehr als ein moralisches Vorurteil, dass Wahrheit mehr wert ist als Schein; es ist sogar die schlechtest bewiesene Annahme, die es in der Welt gibt. Man gestehe sich doch so viel ein: es bestünde gar kein Leben, wenn nicht auf dem Grunde perspektivischer Schätzungen und Scheinbarkeiten; und wollte man, mit der tugendhaften Begeisterung und Tölpelei mancher Philosophen, die «scheinbare Welt» ganz abschaffen, nun, gesetzt ihr könntet das – so bliebe mindestens dabei auch von eurer «Wahrheit» nichts mehr übrig! Ja, was zwingt uns überhaupt zur Annahme, dass es einen wesenhaften Gegensatz von «wahr» und «falsch» gibt? Genügt es nicht, Stufen der Scheinbarkeit anzunehmen und gleichsam hellere und dunklere Schatten und Gesamttöne des Scheins – verschiedene valeurs, *um die Sprache der Maler zu reden? Warum dürfte die Welt, die uns etwas angeht – nicht eine Fiktion sein?* (Friedrich Nietzsche, Jenseits von Gut und Böse)

Wenn wir Nietzsche beim Wort nehmen, sind alle unsere «Wahrheiten» grundsätzlich vorläufig, und wir sollten sie bewusst als revidierbar auffassen. Tatsächlich täuschen wir uns selbst allzu leicht und konstruieren Abhängigkeiten, die gar nicht existieren.

Dieses Muster ließe sich wunderschön mit versteckter Kamera vorführen, wenn wir – wie in einem von Rupert Riedl in seinem Aufsatz «Die Folgen des Ursachendenkens» geschilderten Experiment – immer per Fernsteuerung eine Autohupe auslösen, sobald der Fahrer in seinem Auto sitzt und die Tür nicht öffnet. Schon beim ersten Einsteigen, Schließen der Tür und Ertönen der Hupe stellt das bedauernswerte Versuchskaninchen eine kausale Verbindung her, indem es gleich wieder die Tür aufreißt. Der konstruierte Zusammenhang mit der Hupe führt in der Folge zu allerlei absurden Tests und Reaktionen, die zumindest für die schenkelklopfenden Beobachter erheblichen Unterhaltungswert aufweisen.

Dass dieses zwanghafte Kausalitätsdenken nicht einmal eine intellektuelle Meisterleistung, sondern eine Veranlagung unserer Tiernatur ist, zeigen die gespenstischen Versuche von B. F. Skinner mit Tauben, die in von Forschern festgelegten Abständen Futterkörner bekommen, aber offenbar die Vorstellung entwickeln, dies hätte etwas mit ihrem Verhalten zu tun:

Skinner *setzte je eine Taube in eine, nun nach ihm benannte, «Skinnerbox». Das ist eine Schachtel, in die man hineinsehen kann, die dem eingesperrten Tier aber nur jene Nachrichten von außen zukommen lässt, die der Experimentator absichtlich in sie hineinschickt. Er steckte eine Reihe Tauben in eine Reihe solcher Schachteln, und die Anordnung war so getroffen, dass ein Uhrwerk in gleichen Abständen in jede Schachtel ein Futterkorn warf. Nun sind auch Tauben – was nicht immer bedacht ist – keine Reaktionsautomaten, denn auch sie haben Appetenzen und Programme und wollen und tun fortgesetzt irgendetwas: schreiten, gucken herum, putzen sich usf. Folglich musste das Hereinfallen des Kornes stets mit irgendeiner Bewegung koinzidieren. Und nun ist es nur mehr eine Frage der Zeit, bis das Futterkorn mehrfach mit ein und derselben Bewegung zusammenfällt. Von diesem Augenblick an beginnt ein merkwürdiger Lernprozess. Die jeweilige Bewegung wird mit der Futtergabe assoziiert, die Bewegung – sagen wir, ein Schritt nach links – wird nun öfter gemacht. Die Koinzidenz wird folglich häufiger. Die Taube wird in der «Erwartung» des Zusammenhangs zwischen Futter und dieser Bewegung zunehmend bestärkt, und gewinnt zuletzt eine sozusagen lückenlose Bestä-*

tigung dafür, dass jene spezielle, nun fortgesetzt gemachte Bewegung Futter zur Folge hat, da, wenn sie sich immer nur nach links wendet, jedes Futterkorn eine Belohnung und Bestätigung bringen muss. Das Ergebnis sind lauter verrückte Tauben; eine dreht sich nur links herum im Kreise, eine andere spreizt fortgesetzt den rechten Flügel, eine schwenkt pausenlos den Kopf. Die «Prophezeiung» des Zusammenhangs erfüllt sich von selbst. (Rupert Riedl, «Die Folgen des Ursachendenkens», S. 76 f.)[28]

«Selbsterfüllende Prophezeiungen» sind mittlerweile vielfältig und auf frappierende Weise nachgewiesen worden. So hat man Wissenschaftlern, die Lernversuche mit Ratten anstellten, vor Beginn willkürlich suggeriert, dass eine Gruppe der Versuchstiere weniger intelligent sei als die andere. Die Tiere wurden daraufhin von den Forschern unterschiedlich behandelt und zeigten genau die prognostizierten Ergebnisse. Ähnliches funktionierte sogar mit einfachen Würmern und – natürlich noch viel besser – in einer Schule. In den nach ihrem Durchführungsort benannten «Oak-School-Experimenten» wurden nach einem angeblichen Intelligenztest rein zufallsgesteuerte Leistungsprognosen für die Schüler abgegeben, die nach Aussage der Lehrer – und in den Noten am Ende des Schuljahrs «objektiv» widergespiegelt – perfekt zutrafen.[29]

Hinterfrager haben aus ihrer Erfahrung und solchen Erkenntnissen gelernt, dem ersten Anschein ebenso zu misstrauen wie den gängigen Meinungen. Sie glauben nicht an «ewige Wahrheiten» und stellen stattdessen die Unsicherheit allen Wissens ins Zentrum ihrer Überlegungen.

Gründe dafür finden sich leicht. Die Sinne des Menschen reichen nicht aus, um die Welt in ihrer Vielschichtigkeit und Komplexität wirklich zu erfassen. Wie anders sähe das Leben für uns aus, wenn wir Elektrizität oder Radioaktivität spüren, Ultraschall hören und ein anderes Farbspektrum sehen könnten? Welche Dimensionen würden sich uns auftun, wenn wir klein wie ein Atomkern oder groß wie Planeten wären? Auf der Landkarte unserer Erfahrungsbereiche und damit unseres Wissens gibt es große weiße Flecken und tiefe schwarze Löcher. Im besten Fall genügt der uns zugängliche spärliche Realitätsausschnitt gerade zum Überleben.

Unsere intellektuellen Fähigkeiten sind ähnlich eingeschränkt, wie jede neue Wissenschaftlergeneration der vorherigen nachweist. Erkenntnisprozesse spielen sich in einem geschichtlichen, kulturellen und persönlichen Kontext ab, der die in ihnen gestellten Fragen ebenso wie die erwartbaren Antworten begrenzt. Das vorgeblich «gesicherte Wissen» ist immer nur auf dem jeweiligen Stand der Zeit. Da wir das Besserwissen der Zukunft vorhersehen können, haftet all unseren Erkenntnissen das Etikett der Vorläufigkeit an, wie Bertolt Brechts «Lob des Zweifels» poetisch illustriert.

Oh, wie war doch der Lehrsatz mühsam erkämpft!
Was hat er an Opfern gekostet!
Dass dies so ist und nicht etwa so
Wie schwer war's zu sehen doch!
Aufatmend schrieb ihn ein Mensch eines Tags in das Merk-
    buch des Wissens ein.
Lange steht er vielleicht nun da drin und viele Geschlechter
Leben mit ihm und sehn ihn als ewige Weisheit
Und es verachten die Kundigen alle, die ihn nicht wissen.
Und dann mag es geschehn, dass ein Argwohn entsteht, denn
    neue Erfahrung
Bringt den Satz in Verdacht. Der Zweifel erhebt sich.
Und eines anderen Tags streicht ein Mensch im Merkbuch
    des Wissens
Bedächtig den Satz durch.

Eine Berufung auf wissenschaftliche Autoritäten hilft den Zweifelmutigen nicht weiter. Ob in Alltagsmeinungen, Nachrichten oder wissenschaftlichen Entdeckungen – ihre Lieblingsdisziplin ist das Hinterfragen: «Ist das wirklich wahr?», «Könnte es nicht auch andere Ursachen für diese Wirkung geben?», «Stimmt diese Bewertung – oder ist es nicht gerade anders herum?». Subjektivität und Relativität sind für sie Standardeinstellungen der Weltbetrachtung und nichts, was vermieden werden sollte oder überhaupt vermeidbar wäre. Immer gilt der Vorbehalt: «So erscheint es vielleicht nur mir in meiner augenblicklichen Gemütsverfassung und Situation.» Erst recht halten sie Skepsis beim religiösen Jenseitsglauben für angebracht, der eine endgültige Überprüfung zu Lebzeiten prinzipiell nicht zulässt.

CHANCEN UND RISIKEN FÜR HINTERFRAGER

Die Vorteile des Hinterfragens liegen auf der Hand:

- Ein kritischer Geist verabscheut alle Dogmen. Eine gesunde Skepsis bietet Schutz gegen voreilige Leichtgläubigkeit, die geschickte Manipulationstalente in Politik und Wirtschaft zu allen Zeiten genutzt haben, um andere für dumm zu verkaufen.
- Wenn die seelenberuhigende Enthaltung vom Urteil gelingt, schützt sie davor, sich mit ungelegten Eiern unnötig aufzuhalten oder sich überflüssige Sorgen über (noch) nicht eingetretene negative Entwicklungen auf dem Finanzsektor, in der Beziehung oder hinsichtlich der eigenen Gesundheit zu machen. Therapeutisch gesehen ist sie ein nebenwirkungsfreies Abführmittel für unausgegorene und damit schwerverdauliche und schlechte Träume verursachende Gedankenkreisel.
- Die zweifelmutigen Hinterfrager sind Experten im Leben mit Unsicherheiten und ersparen sich damit endgültige, irrever-

sible, drastische Maßnahmen, die schon manchen Überzeugten ins Unglück stürzten.

- In der Ethik führt das In-Frage-Stellen erlernter Moralvorstellungen zu einer toleranten undogmatischen Haltung gegenüber Andersdenkenden.

- Bei eigenen Entscheidungssituationen muss klug nach Lage der Dinge abgewogen werden, ethische Prinzipien können dabei höchstens als Wegweiser, nie als unüberwindliche Schranken dienen. Die kritische Distanz zur Ratgeberliteratur, zu Weisheiten und Techniken der Lebenskunst eröffnet den Weg zu einem selbstbestimmten Leben.

Tom ist also nicht unglücklich. Schon als Kind wollte er lieber die Tricks der Zauberer durchschauen, als sich in den Bann ihrer Illusionen ziehen zu lassen. Er misstraut vorschnellen Festlegungen, begreift die damit einhergehende Unsicherheit als Offenheit für weitere Erfahrungen und fühlt sich dabei eher gelassen als beunruhigt.

Zweifeln heißt nicht verzweifeln. Auch wenn es nach außen anders wirken mag, sind viele Hinterfrager fröhlich und unbekümmert – gerade wegen ihres Verzichts auf endgültige Urteile. Die Skepsis ermöglicht uns, auch einmal keine Entscheidung zu treffen. Innehalten statt Aktionismus mag schon manches Unheil verhindert haben – man denke nur an «berühmte letzte Worte» wie «Wir haben das im Griff», «Das haben wir schon hundertmal gemacht», «Nach wissenschaftlichen Erkenntnissen kann da nix passieren».

Im Team kann der Zweifelmutige dazu beitragen, die Überheblichkeit eines Besserwissers im Zaum zu halten oder die manchmal irreführende Überzeugungskraft eines «Wahrheitsliebenden» auszugleichen, falls diese darauf nicht ebenso gereizt reagieren wie Toms Chef. Aus dessen Sicht erscheint jeder Zweifler als Hemmschuh der Tat – «von des Gedankens Blässe angekränkelt». In Wirklichkeit wagt, wer seiner Sache sicher zu sein vorgibt, oft nur nicht an seinen Grundfesten zu rütteln, weil er instinktiv befürchtet, den Boden unter den Füßen zu verlieren. Angst und Furcht sind jedoch selten gute Ratgeber, und Denkverbote halten vom sinnvolleren kritischen Nachdenken ab. Ein wenig mehr Vorsicht beim Rekordversuch der «unsinkbaren» Titanic hätte ihren Untergang verhindern können.

Manchmal ist das Zweifeln sogar gerade das Gegenteil des Zauderns und Zögerns, nämlich wenn es vorgeblich Unmögliches in Frage stellt. Dann kann auch ein Achttausender ohne Sauerstoff bestiegen oder das «auf ewig geteilte» Deutschland friedlich wiedervereinigt werden. Grenzen werden nicht von denen überschritten, die sie für unüberwindlich halten, sondern von denen, die sie nicht als endgültig akzeptieren.

Risiken des Nachfragens sollen nicht verschwiegen werden.

- Wer zweifeln will, braucht etwas, an dem er zweifeln kann – einen Glauben, pragmatische Annahmen, eine zumindest vorläufige Überzeugung, auch wenn handfeste Beweise dafür dürftig sind. Und selbst am Zweifel kann am Ende wieder gezweifelt werden.
- Wer alles hinterfragt, wird unsicher, kommt nie zum Ende, traut sich schließlich auch kein vorläufiges Urteil mehr zu und verliert so seine Entscheidungs- und Handlungsfähigkeit. Leben ist immer mit erheblichen Unsicherheiten behaftet, und ganz ohne Annahmen über die Welt und ethische Bewertungen kommt man nicht durch. Unser Wissen bleibt bruchstückhaft.
- Ein absoluter Skeptizismus mit der Enthaltung von jeglichem Urteil ist zwar theoretisch nicht widerlegbar, lässt sich aber im praktischen Leben – wenn überhaupt – nur unter Verzicht auf Wesenszüge des Menschlichen durchhalten. In der Praxis hielten sich daher schon die antiken Skeptiker möglichst undog-

matisch an die Orientierungspunkte ihrer Bedürfnisse, an die
Nöte des Augenblicks, an das, was die anderen machen oder
was am wenigsten Ärger einbringt.

- Im schlimmsten Fall entsteht aus solcher Unentschlossenheit
  blinde Gefolgschaft gegenüber Neigungen und Konventionen oder Mitläufertum bei großen gesellschaftlichen Strömungen.

Allzu große Sorgen, dem Zweifel rückhaltlos zu verfallen, müssen
wir uns dennoch nicht machen, da uns laut Hume schon unsere
menschliche Natur davor schützt. Wir können gar nicht ständig
hinterfragen, dafür fehlt uns nicht nur die Zeit, sondern auch die
Veranlagung.

Ludwig Wittgenstein, der – wie wir sahen – in seiner späteren
Philosophie den «Wahrheiten» seiner frühen Überzeugung
nicht mehr traute und sie zugunsten einer weniger dogmatischen
Analyse des tatsächlichen Sprachgebrauchs verwarf, teilte die Befürchtung, sich damit völliger Unsicherheit auszuliefern, ebenfalls nicht: «Wer an allem zweifeln wollte, der würde auch nicht
bis zum Zweifel kommen. Das Spiel des Zweifelns selbst setzt
schon die Gewissheit voraus.»[30] So lautet der praxisorientierte
Rat des ehemaligen Überzeugungsdenkers, im Zweifel auch mal
auf den Zweifel zu verzichten. «Mein *Leben* besteht darin, dass
ich mich mit manchem zufriedengebe.»[31]

Ein ähnlich hilfreicher Hinweis stammt von Friedrich Nietzsche:
*Ich lobe mir eine jede Skepsis, auf welche mir erlaubt ist zu ant-
worten: «Versuchen wir's!» Aber ich mag von allen Dingen und al-
len Fragen, welche das Experiment nicht zulassen, nichts mehr hören.
Dies ist die Grenze meines «Wahrheitssinnes»: denn dort hat die
Tapferkeit ihr Recht verloren.* (Friedrich Nietzsche, Die fröhliche
Wissenschaft)
Vielleicht liegt darin eine pragmatische und mutmachende

Lösung für das Alltagsleben des Hinterfragers: bei aller Vorläufigkeit des Wissens nicht beim Problematisieren hängen zu bleiben und sich im Agieren hemmen zu lassen, sondern Unsicherheiten zweifelmutig als Freibrief und Anstoß fürs Ausprobieren anzunehmen.

Wenn Sie die Philosophie dieses Typs intensiver kennenlernen wollen, hier ein paar Lesetipps:

Sextus Empiricus, *Grundriß der pyrrhonischen Skepsis*

David Hume, *Eine Untersuchung über den menschlichen Verstand*

Michel de Montaigne, *Essais* (insbesondere die Apologie des Raimund Sebundus)

Bertrand Russell, *Skepsis*

Heinz von Foerster u. a., *Einführung in den Konstruktivismus*

Andreas Urs Sommer, *Die Kunst des Zweifelns*

Die Überwindung des Zweifels dagegen betonen:

René Descartes, *Meditationen über die erste Philosophie*

Ludwig Wittgenstein, *Über Gewißheit*

GLÜCKSFINDER
JA ZUR WELT

Die Stunden hüpfen wie silberklare Wellen um mein Dasein; aus dem verworrenen Spiel menschlicher Wünsche tönt eine leise Harmonie zu mir her – die ganze Natur ist ein schöner, ewig ungetrübter Spiegel, der mir heiter nur mein eignes Glück zurückstrahlt!

Sophie Mereau, Amanda und Eduard

Beate ist eine echte Frohnatur. Man erlebt sie nie mürrisch, höchstens manchmal etwas aufgekratzt. Stets hat sie ein strahlendes Lächeln schnell parat. Dabei erleidet sie dieselben Unbilden des Alltags wie wir alle. Wenn das schlechte Laune sein soll, was in solchen Fällen ihre Stirn kurzzeitig umwölkt, dann ist ein Windstoß ein Orkan. Sie gewinnt noch den Nackenschlägen des Schicksals etwas Positives ab. Selbst den unausstehlichen neuen Vorgesetzten begreift sie als Aufgabe und Chance zum persönlichen Wachstum: Auch mit ihm wird sie umzugehen lernen.

Beate erklärt jedem gerne, warum und wie bei ihren Entscheidungen Überlegung und glücklicher Zufall sich zum Richtigen fügten. Beim Hausbau gab es pünktlich zum Banktermin gerade die niedrigsten Kreditzinsen, beim Urlaub wurde genau für das ausgesuchte Lieblingsziel ein Last-Minute-Schnäppchen angeboten, und der einzige Kindergarten, in dem sich noch ein Platz für die Tochter finden ließ, entpuppte sich als kleines Paradies mit den engagiertesten Erzieherinnen. In Beates Leben passt einfach alles zusammen. Behutsam angemeldete Zweifel an dieser perfekten Harmonie werden von ihrer überflutenden Begeisterung weggeschwemmt.

Die optimistische Weltbejahung figuriert als eine philosophische Grundhaltung, die auf den ersten Blick nicht gerade ausgesprochen intellektuell daherkommt, dafür zweifellos die Stimmung hebt, weil sie auf neutrale Kommunikationspartner zunächst einmal ansteckend wirkt. Bei Dauerbestrahlung oder in unangemessenen Situationen kann dieses Freudenfeuer der Umgebung allerdings auf die Nerven gehen. So übersieht man leicht die im Innern glühende metaphysische Beseeltheit dieses Denkcharakters.

Gemeinhin gilt unter den Philosophen **Gottfried Wilhelm Leibniz** (1646–1716) als *der* Optimist im wahrsten Sinne des Wortes – insbesondere, weil «Optimismus» vom lateinischen «Optimum» (das Beste) abgeleitet ist und Leibniz unsere reale Welt als die *bestmögliche* hinstellt. Gegen seine Behauptung wird sich bei Unterdrückten, Gewaltopfern und Trauernden voraussehbarer Widerspruch erheben. Sollte die unbestreitbare Existenz physischen Leids und des moralisch Bösen mit dem Einverständnis ihres Schöpfers zugelassen worden sein? Hätte seine Güte und Allmacht nichts Besseres hervorbringen können? Die offenbare Diskrepanz ließ Leibniz keine Ruhe. Er setzte sich mit diesem Problem in kunstreicher Manier auseinander und versuchte, es in Wohlgefallen aufzulösen.

Dazu standen diesem Weltbejaher auch die Methoden der Überzeugungsdenker zur Verfügung, denn nebst seinem Faible für Philosophie betrieb der gelernte Jurist als einer der letzten waschechten Universalwissenschaftler leidenschaftlich Mathematik und Naturwissenschaften. Er erfand duales Rechnen, das ausschließlich Nullen und Einsen kennt, und eine dazu passende Rechenmaschine – lange bevor man an Computer überhaupt dachte. Die Infinitesimalrechnung, die er zeitgleich mit und unabhängig von Newton entwickelte, zählt ebenso wie die von ihm gemachten Fortschritte in der Differenzial- und Integralrechnung zu den erprobten Folterinstrumenten für Oberstufenschüler, die diese Begeisterung für Mathematik nicht teilen. Als politischer Berater des Hauses Hannover vertiefte er sein Interesse an Ökonomie und Geschichtswissenschaft. Seine unermüdliche Suche nach Harmonie prädestinierte ihn dabei zum Diplomaten. Die Leibniz von seinen späteren Bewunderern nachgesagte positive Ausstrahlung hat dazu geführt, dass nach ihm ein Keks benannt wurde – eine beispiellose Ehrung für einen Philosophen.

In seiner *Theodicee*, einer Studie, die die Gerechtigkeit Gottes erweisen soll, versucht Leibniz schlüssig abzuleiten, dass unsere Welt die «beste aller möglichen» ist. Mathematische Logik genügt dazu nicht; hier muss er erwartungsgemäß schweres theologisches Argumentationsgeschütz auffahren: Weil Gott unbezweifelbarerweise gut ist, für uns Menschen nur das Beste will und nach der allerhöchsten Vernunft handelt, konnte er gar nicht anders, als aus den unzähligen ihm vorschwebenden möglichen Welten die in Summe beste auszuwählen, an der sich dann aber auch nicht mehr die kleinste Kleinigkeit verbessern ließe. Da allein Gott vollkommen ist, kann seine Schöpfung es bereits nicht mehr komplett sein. Wenn sie bedauerlicherweise einige Übel enthält, dann nur, weil deren Beseitigung andere stärker negative Seiteneffekte mit sich gebracht hätte. Das moralische Böse ist unserer Willensfreiheit geschuldet, auf die Gott und wir gleich großen Wert legen, und physischer Schmerz entsteht zu einem nicht unerheblichen Teil erst aus unseren Verfehlungen. Aufgrund dieses Gesamtzusammenhangs bestreitet Leibniz, dass eine Welt ohne Sünde und Leid optimal eingerichtet wäre.

Denn in jeder der möglichen Welten ist alles verknüpft; wie auch das Universum sein mag, so ist es doch von einem Stück, wie ein Ozean; die leiseste Bewegung dehnt ihre Wirkung auf die weiteste Entfernung aus, wenn auch diese Wirkung nach Verhältnis der Entfernung schwächer wird. Gott hat deshalb hier alles im Voraus ein für

allemal geregelt und hat die Gebete, die guten und schlechten Hand-
lungen und alles andere vorausgesehen; alles hat ideal, *vor seinem*
Dasein zu dem Entschluss beigetragen, welcher für das Dasein aller
Dinge gefasst worden ist. [...]. Wenn daher auch nur das geringste
Übel in der Welt fehlte, was in ihr sich ereignet, so könnte sie nicht
mehr diese Welt sein, welche alles zu- und alles abgerechnet, von
dem Schöpfer, der sie erwählt hat, als die beste befunden worden ist.
(Gottfried Wilhelm Leibniz, Die Theodicee)

Leibniz setzt in der Begründung seiner optimistischen Einstellung unerschütterliches Vertrauen in die Güte und Allmacht
Gottes, der die Stimmigkeit des Universums garantiert und das
Böse nur als unerwünschte Nebenwirkung unserer Freiheit zulässt. Wenn ER damit zufrieden war, sollten wir nicht herummä-
keln. Die Alternative wäre gewesen, auf die Erschaffung der Welt
ganz zu verzichten. Diejenigen, die selbst damit einverstanden
wären, lernen wir erst im Folgekapitel näher kennen.

Lassen wir hier einmal dahingestellt, ob und für wen es nun
überhaupt welche Wahlmöglichkeiten gab; wir müssen uns
jedenfalls mit dieser real existierenden Welt auseinandersetzen.
Weltbejaher müssen nicht unbedingt an ein uns wohlgesinntes
höheres Wesen glauben – wenn es auch hilft. Für Beate tut es bereits die Vorstellung eines geordneten Kosmos, in dem die Widrigkeiten des Lebens ihren Sinn in einem großen Ganzen finden.
Sie glaubt, dass die Welt grundsätzlich zusammenstimmt, und
lässt andere gern an dieser Einschätzung teilhaben. Nina Ruges
unvermeidlicher Schlusssatz «Alles wird gut» am Ende ihrer
Fernsehsendung *Leute heute* könnte Beates Mantra sein. Egal,
was passiert – wenn nicht alles schon perfekt läuft, kann es zumindest noch glücklich ausgehen. Und wenn wirklich mal etwas
schiefgeht, weiß man nie, wofür es letztlich noch gut gewesen
sein wird. Beate muss zum positiven Denken nicht von NLP-
Trainern aufgefordert werden, sie hat es bis in den hintersten
Winkel ihres Geistes verinnerlicht. Das auch sie nicht gänzlich

verschonende Unheil nimmt sie zwar zur Kenntnis, deutet es jedoch konsequent als vorübergehende Episode.

Ihr aufgeschlossenes unkompliziertes Wesen trägt im Allgemeinen zu Beates Beliebtheit bei. Manchmal wirkt sie auf andere etwas oberflächlich und naiv, insbesondere, wenn sie versucht, Menschen in ernsthaften Lebenskrisen zu trösten. Dabei entbehrt ihre Denkweise keineswegs tiefer metaphysischer[32] Hypothesen über die Welt. Hinter den mangelhaften Erscheinungen der Oberfläche vermutet sie eine tiefere Grundharmonie. Sie bemüht sich nach Kräften, diesen – nicht jederzeit und jedermann vernehmlichen – inneren Einklang des Universums aufzuspüren, um es aus diesem Zentrum heraus zu verstehen und ihm mit Vertrauen und Zuversicht zu begegnen. Diese Haltung bewahrt sie sich auch gegenüber unangenehmen Zeitgenossen.

Sokrates lässt (in Platons gleichnamigem Dialog mit dem jungen *Menon*) das Böse nur als mangelnde Einsicht und Verkennung des Guten gelten und trägt damit schon früh den Optimismus in die Ethik. Er versucht, dem Mann aus Thessalien klarzumachen, dass keiner das Böse bei vollem Bewusstsein als Selbstzweck will. Es handele sich vielmehr um eine Art moralischer Täuschung: Man strebt eigentlich das Gute an, verwechselt es aber mit dem Bösen.

Sokrates: Nicht alle, mein Bester, scheinen dir das Gute zu begehren? Sondern einige das Böse? Willst du damit sagen, weil sie meinen, das Böse sei gut, oder aber, dass sie zwar erkennen, dass es Böses ist, und es doch begehren?

Menon: Beides, dünkt mich.

Sokrates: Und scheinen dir wirklich diejenigen von dem Bösen die Erkenntnis zu haben, dass es böse ist, welche glauben, dass das Böse nütze?

Menon: Das glaube ich denn doch gar nicht.

Sokrates: So ist denn doch klar, dass jene, welche es nicht kennen, nicht das Böse begehren, sondern vielmehr das, was sie für gut halten, während es böse ist. Niemand also will das Böse, Menon; denn was heißt elend sein anders, als das Böse begehren und es besitzen? (Platon, Menon)

Wer Böses will und seine Ziele erreicht, ist selbst am meisten gestraft – seine Seele leidet, auch wenn ihm die Einsicht in ihre Krankheit fehlt. Platon setzt auf pädagogische Anleitung der Menschen, um solche Verblendung zu vermeiden und das Gemeinwesen zu verbessern. Für ihn ist die Idee des Guten ein universal wirkendes Prinzip, das unsere Seele bereits vor unserer Geburt kennengelernt hat und an das sie sich lediglich zurückerinnern muss. Das Böse bleibt die Ausnahme, der Ausrutscher, ein Missverständnis.

Menon zeigt sich im Gespräch mit Sokrates als interessierter Zuhörer, muss aber die falschen Schlüsse gezogen haben, da er später als verbrecherischer, raffgieriger und erfolgloser Truppenführer hingerichtet wurde. Er hatte die uns allen vertraute Idee des Guten wohl anders in Erinnerung behalten.

Jean-Jacques Rousseau (1712–1778) schlägt in seinem Erziehungsroman *Émile* in die gleiche platonisch-sokratische Kerbe. Das Böse war der Menschheit ursprünglich fremd; es entstand erst durch Fehlentwicklungen, die wir selbst verursacht haben. Das wiederholt sich beim Einzelnen.

Nur der Missbrauch unserer Anlagen macht uns unglücklich und böse. An unserem Kummer, unseren Sorgen, unseren Leiden sind wir selbst schuld. […] Stellen wir als unbestreitbaren Grundsatz auf, dass die ersten natürlichen Triebe stets gut sind; es gibt im menschlichen Herzen keine angeborene Verderbtheit; kein einziger Fehler findet sich darin, von dem sich nicht nachweisen ließe, wie und wodurch er in dasselbe eingedrungen ist. (Jean-Jacques Rousseau, Emil oder Über die Erziehung)

Das Verderben der von der Natur geprägten guten Sitten

beginnt erst mit der Zivilisation, beschleunigt beispielsweise durch die Einführung des Privateigentums, die die Ungleichheit zwischen den Menschen unnötig befördert. Grundsätzlich wäre diese selbstgemachte Misere von den Verursachern selbst behebbar. Einer so weit zurückreichenden historischen Entwicklung entgegenzuwirken ist allerdings keine triviale Aufgabe. Moralpredigten helfen in der Erziehung wenig und verschlimmern die Sache eher. Ein probateres pädagogisches Mittel wäre für Rousseau das Spürenlassen der unmittelbaren Folgen eines Fehlverhaltens. Seinen Erziehungsratschlägen folgend, muss das Kind schon mal im kalten Zimmer frieren, wenn es die Fensterscheibe mutwillig zerbrochen hat.

Die Rückbesinnung auf unsere Natürlichkeit ist für Rousseau der Schlüssel zur besseren Gesellschaft und der Grund für seine politischen Hoffnungen. Zwar ist es uns verwehrt, zum glücklichen Naturzustand zurückzukehren, doch können wir uns demokratisch auf einen Gesellschaftsvertrag einigen, der dem Einzelnen ein höchstmögliches Maß an Freiheit belässt, indem er den gemeinsamen Willen aller in Recht und Gleichheit umsetzt. Die Französische Revolution hat dieses optimistische Denken unter beachtlichem Blutvergießen in die Tat umgesetzt – von den erkämpften Freiheiten profitieren wir in den westlichen Demokratien bis heute, politische Gleichheit ist zumindest bei den Wahlen gegeben, bei der Brüder- (und Schwester)lichkeit besteht Spielraum für weitere Verbesserungen.

Gibt es also erkennbaren Fortschritt in der Entwicklung der Menschheit? Die weltbejahenden Glücksfinder nicken entschieden. Für Hegel und Marx lässt sich die Entwicklung zum Guten gar nicht aufhalten, sie ist durch den Ablauf der Geschichte unvermeidlich. **Ernst Bloch** (1885–1977), der diese Traditionslinie fortsetzt und den einen oder anderen Alt-68er noch persönlich beeindruckt haben könnte, steht als erklärter Marxist bei Konservativen erwartungsgemäß in generellem Misskredit, obwohl ihn die real existierenden Sozialisten der DDR ebenfalls gerne aus ihren Reihen exkommuniziert hätten und dies durch Repressionen wie Zwangsemeritierung und Veröffentlichungsverbot auch letztlich erfolgreich bewerkstelligten. Zwischen allen Stühlen blieb «Militanter Optimismus»[33] für ihn ein Programm, das er selbst unter Schicksalsschlägen bis ins hohe Alter und trotz gesundheitlicher Einschränkungen hochhielt.

Sein «*Prinzip Hoffnung*» bezeichnet nicht, wie heute meist falsch zitiert und verstanden, realitätsfremde Spinnerei. Das sich hinter diesem Begriff verbergende «Denken nach vorne» gehört für Bloch zu den Grundkonstanten der menschlichen Natur. Es findet sich in den kulturellen Wunschbildern aller Zeiten, vom Mythos über die Märchen bis zum Happy End im Kinofilm. Wir erleben, wie Tagträume uns helfen, das «Noch-Nicht-Bewusste» ins Bewusstsein zu heben und uns über unsere Wünsche klarzuwerden. Bloch erinnert an die vielen Utopien der Menschheitsgeschichte von Thomas Morus' Utopia bis zu modernen sozialistischen Versionen bei Fourier und Saint-Simon. Die dort zum Vorschein kommenden Entwürfe einer gerechteren und menschlicheren Gesellschaft sind für ihn Hinweise auf eine längst nicht erreichte, aber prinzipiell erreichbare verbesserte Version unseres Sozialgefüges, unseres Umgangs mit den Gaben der Natur und einer menschengerechten Technik.

Das Morgen im Heute lebt, es wird immer nach ihm gefragt. Die Gesichter, die sich in die utopische Richtung wandten, waren zwar zu jeder Zeit verschieden, genauso wie das, was sie darin im einzelnen, von Fall zu Fall, zu sehen meinten. Dagegen die Richtung ist hier überall verwandt, ja in ihrem noch verdeckten Ziel die gleiche; sie erscheint als das einzig Unveränderliche in der Geschichte. Glück, Freiheit, Nicht-Entfremdung, Goldenes Zeitalter, Land, wo Milch und Honig fließt, das Ewig-Weibliche, Trompetensignal im Fidelio und das Christförmige des Auferstehungstags danach: es sind so viele

und verschiedenwertige Zeugen und Bilder, doch alle um das her auf-
gestellt, was für sich selber spricht, indem es noch schweigt. [...] *Der*
Mensch lebt noch überall in der Vorgeschichte, ja alles und jedes steht
noch vor Erschaffung der Welt, als einer rechten. (Ernst Bloch, Das
Prinzip Hoffnung, Band 3, S. 1627 f.)

Die Symbole des Besseren sind vielgestaltig und weisen doch
alle in eine Richtung. Die wirkliche Schöpfungsgeschichte beginnt erst; die Gesellschaft steht in Blochs «Philosophie des
Noch-Nicht» erst am Anfang ihrer Entwicklung zum Glück. Sie
bedarf dazu einer radikal revolutionierenden Befreiung des arbeitenden Menschen aus den ihn hemmenden Umständen.

Hat er sich erfasst und das Seine ohne Entäußerung und Entfrem-
dung in realer Demokratie begründet, so entsteht in der Welt etwas,
das allen in die Kindheit scheint und worin noch niemand war: Hei-
mat. (Ernst Bloch, Das Prinzip Hoffnung, Band 3, S. 1628)

Als gesellschaftlich angewandtes Prinzip wird die Hoffnung
für Bloch zur «konkreten Utopie». Sie verweist damit unauf-
hörlich auf die realen Möglichkeiten zur Verbesserung der Lage
der Menschen überall und wird nicht müde, uns an das Optimie-
rungspotenzial dieser Welt zu erinnern. Sie nährt sich aus dem
grenzenlos weltbejahenden Zutrauen in die Entwicklungsfähig-
keit der Menschheit.

Es müssen nicht immer die ganz großen gesellschaftlichen Entwürfe sein – auch als Einzelner kann man an seiner positiven
Einstellung arbeiten. **Epiktet** (um 50–138 n. Chr.) war selbst als
Sklave mit seinem Los einverstanden. Er gehört dem römischen
Ableger der *Stoa* an, einer Philosophenschule, die nach einer
Säulenhalle in Athen benannt ist. Die Stoiker, deren unerschütterliche («stoische») Gelassenheit sprichwörtlich geworden ist,
lieben den Wohlklang im Weltzusammenhang über alles und sind
damit die eigentlichen «Phil-Harmoniker» (weit mehr noch als
die längst das Aushalten von Dissonanzen gewohnten Musiker).

In ihrem *Kosmos* ist im Gegensatz zum *Chaos*, das bei ihnen nur in Vorzeiten existierte, alles bestens geordnet und geregelt. Wir erkennen das mit unseren beschränkten geistigen Mitteln nur nicht immer. Hätten wir immer das große Ganze im Überblick, so würden sich auch die schattigen Puzzleteile in das sonnige Landschaftsgemälde fügen. Selbst wenn man aus der Nähe der persönlichen Betroffenheit nicht den Sinn jedes Details erkennt, kann man immer noch an das stimmige Gesamtbild glauben.

Für Epiktet geht es auf dieser Grundlage lediglich darum, durch Einüben der rechten Geisteshaltung falsche Meinungen über das Schlechte und Böse in der Welt aus seinem Geist zu tilgen, die ja nur Trugschlüsse sein können. Während er das für uns unveränderliche Schicksal einschließlich Verlust, Krankheit und Tod, auf das wir wenig Einfluss haben, auch als wenig bedeutend ansieht, stehen unsere Haltungen dazu wie alle Ansichten und Einschätzungen über die Welt in unserer eigenen Macht. Unter scheinbar schlimmen Umständen gilt es vor allem, seinen Widerwillen dagegen aufzugeben und sich weder falschen Hoffnungen noch überflüssigen Ängsten hinzugeben, sondern an seiner Einstellung zu arbeiten. Als Lohn dafür versprechen uns die Stoiker bei stetiger Übung eine unbeeindruckbare Gemütsruhe, die selbst Katastrophen mit einem Schulterzucken zu begegnen vermag.

Der bereits bei den Zweifelmutigen erwähnte, um 300 v. Chr. gestorbene Stilpon wurde zu einem der griechischen Vorbilder der Stoa. Er soll nach der feindlichen Besetzung seines Heimatorts, dem Verlust seines Besitzes und dem Raub seiner Töchter den Besatzern auf ihre Nachfrage hin verneint haben, dass ihm das Geringste abhandengekommen sei: «Alles, was mir gehört, ist bei mir».[34] Das klingt *cool*, zumindest als eiskalte Abfuhr an das geheuchelte Mitleid der Täter, lässt aber auch eine frostige und lebensfeindliche innere Gefühlskälte erahnen. Es wäre ein hoher

Preis für die Zustimmung zur Welt, sollte sie eine so abgrundtiefe Überzeugung von einer hinter allem Leid verborgenen Stimmigkeit erfordern. Epiktets unverbrüchliche Zuversicht jedenfalls bewahrheitete sich, er bekam von seinem Herrn schließlich die Freiheit geschenkt.

Vorbehaltlos mit der Welt Einverstandene können in wirklich kritischen Situationen durch ihre Abgeklärtheit manchmal zur Dämpfung allgemeiner Hysterie beitragen. Sie sind jedoch gut beraten, wenn sie ihren Optimismus vor allem zur eigenen Ermunterung nutzen und mit jovialen Äußerungen wie «Wird schon wieder» gegenüber anderen eher zurückhaltend umgehen. Wenn Unbetroffene in Not geratenen Mitmenschen statt Verständnis und Zuspruch in bester Absicht aufheiternde Sprüche anbieten, laufen sie Gefahr, von den emotional Aufgewühlten als gefühllose Schwätzer missverstanden zu werden. Zupackende und damit auch anderen Mut machende Selbstmotivation ist dagegen meist willkommen.

Die weltbejahenden Glücks*finder* sehen sich nicht als geborene Glücks*kinder*, denen ohne ihr Zutun nur Gutes widerfährt. Jedes positive Prinzip muss durch innere Haltung und äußere Handlungen unterstützt werden. Auch wenn ihnen das Schicksal nicht gnädig ist, sind sie entschlossen, ihr Glück unter allen Umständen nicht nur zu suchen, sondern es auch zu finden. Beate glaubt nicht etwa, dass in unserer Welt alles perfekt läuft, doch sie ist davon überzeugt, dass wir selbst alles Nötige zur Wende zum Besseren in der Hand haben.

Wie **Friedrich Nietzsche** (1844–1900) hat sie sich gegen den Augenschein der Unvollkommenheit willentlich dazu entschlossen, die Welt mit allen Mängeln und ihr eigenes Leben inklusive seiner Schattenseiten gutzuheißen. Trotz seiner ständigen Kopfschmerzen, eines zur extremen Kurzsichtigkeit führenden Augenleidens, seiner «ewig-wiederkehrenden» Magen-Darm-

Krankheiten und seiner intellektuellen Isolation, die ihm ausreichend Gründe zum Klagen geliefert hätten, erklärt sich Nietzsche mit allem, was ihm widerfährt, einverstanden und versucht, sich in dieser Einstellung selbst zu bestärken.

Ich will immer mehr lernen, das Notwendige an den Dingen als das Schöne sehen – so werde ich einer von denen sein, welche die Dinge schön machen. Amor fati[35]: das sei von nun an meine Liebe! Ich will keinen Krieg gegen das Hässliche führen. Ich will nicht anklagen, ich will nicht einmal die Ankläger anklagen. Wegsehen sei meine einzige Verneinung! Und, alles in allem und großen: ich will irgendwann einmal nur noch ein Jasagender sein! (Friedrich Nietzsche, Die fröhliche Wissenschaft)

Mit dem Leben kann man laut Nietzsche gar nicht anders umgehen, als es rückhaltlos zu begrüßen. «Dieses letzte, freudigste, überschwänglich-übermütigste Ja zum Leben»[36] bezeichnet er als höchste und zugleich tiefste Einsicht in das Geheimnis des Daseins. Nietzsche hofft über seine persönliche Einstellung hinaus für künftige Generationen auf eine geistige Weiterentwicklung zum Übermenschen als Überwinder der hemmenden Neid- und Ängstlichkeitsmoral und schickt Zarathustra als deren Propheten aus. Er frönt dabei keinem illusionären Fortschrittsglauben, sondern hält es für das höchste Ziel, sogar eine «ewige Wiederkehr des Gleichen» von ganzem Herzen gutzuheißen.

Wie, wenn dir eines Tages oder Nachts ein Dämon in deine einsamste Einsamkeit nachschliche und dir sagte: «Dieses Leben, wie du es jetzt lebst und gelebt hast, wirst du noch einmal und noch unzählige Male leben müssen; und es wird nichts Neues daran sein, sondern jeder Schmerz und jede Lust und jeder Gedanke und Seufzer und alles unsäglich Kleine und Große deines Lebens muss dir wiederkommen, und alles in derselben Reihe und Folge – und ebenso diese Spinne und dieses Mondlicht zwischen den Bäumen, und ebenso dieser Augenblick und ich selber. Die ewige Sanduhr des Daseins wird immer wieder umgedreht – und du mit ihr, Stäubchen vom Staube!» –

Würdest du dich nicht niederwerfen und mit den Zähnen knirschen und den Dämon verfluchen, der so redete? Oder hast du einmal einen ungeheuren Augenblick erlebt, wo du ihm antworten würdest: «du bist ein Gott und nie hörte ich Göttlicheres!» Wenn jener Gedanke über dich Gewalt bekäme, er würde dich, wie du bist, verwandeln und vielleicht zermalmen; die Frage bei allem und jedem: «willst du dies noch einmal und noch unzählige Male?» würde als das größte Schwergewicht auf deinem Handeln liegen! Oder wie müsstest du dir selber und dem Leben gut werden, um nach nichts mehr zu verlangen als nach dieser letzten ewigen Bestätigung und Besiegelung?
(Friedrich Nietzsche, Die fröhliche Wissenschaft)

Eine solche rückhaltlose Bejahung des Lebens ist weit davon entfernt, sich passiv auf die gütige Vorsehung zu verlassen. Sie erhebt den Anspruch, sein Leben in Eigenverantwortung so zu gestalten, dass diese positive Haltung überhaupt erst möglich wird. In *Ecce homo* nennt Nietzsche dies seine «Formel für die Größe am Menschen»: «dass man nichts anders haben will, vorwärts nicht, rückwärts nicht, in alle Ewigkeit nicht.»[37] Selbst das im eigenen Schicksal notwendig enthaltene Leid gilt es nicht nur auszuhalten, sondern zu lieben.

Auch beim französischen Philosophen **Alain** (eigentlich Émile-Auguste Chartier, 1868–1951), einem Glücksfinder deutlich bodenständigerer Ausprägung, steht am Beginn der positiven Welterfahrung zunächst einmal der Wille, sein Wollen selbst zu bestimmen und sich zu entschließen, das Leben als gut aufzufassen. Solche Eigenmächtigkeit verlangt, dass man seinem Geist umfangreiche Freiheits- und Gestaltbarkeitsgrade zugesteht und ihm Einfluss auf unser körperliches Wohlbefinden einräumt. Dem, der diese Voraussetzungen mitträgt, präsentiert Alain eine reichhaltige Palette praktisch orientierter Ratschläge: «Mimikry der guten Laune» bedeutet, einfach mal so zu tun, als ob man fröhlich wäre – diese Idee hatte Alain lange vor der Verbreitung des Lach-Yoga. Dazu fügen sich Entspannungstechniken und die gute alte Höflichkeit und Freundlichkeit im Umgang miteinander. Immer findet er philosophische Begründungen für diese auf den ersten Blick trivial erscheinenden Tipps. Am Beispiel des Vertrauens klärt er uns darüber auf, wie sich zwischenmenschlich ein Vorschuss als lohnende Investition erweist, denn Alain glaubt an sich selbst erfüllende Prophezeiungen und nutzt sie bewusst.

Insbesondere im Bereich menschlicher Verhältnisse, in dem das Vertrauen mit zu den Tatsachen gehört, verrechne ich mich, wenn ich nicht mein eigenes Vertrauen einrechne. Wenn ich glaube, dass ich fallen werde, falle ich; wenn ich glaube, dass ich machtlos bin, bin ich machtlos. Wenn ich glaube, dass mich meine Hoffnung täuscht, täuscht sie mich. Also Vorsicht! Ich selber bin es, der hier Schönwetter und Sturm macht, und zwar zuerst in mir selber, sodann aber auch bei meinen Mitmenschen. Verzweiflung wie Hoffnung teilen sich schneller mit, als am Himmel die Wolken wechseln. Habe ich Vertrauen zu jemand, benimmt er sich anständig; wenn ich ihn von vornherein verdächtige, bestiehlt er mich. Jeder gibt mir genau in der eigenen Münze heraus. (Alain, Die Pflicht, glücklich zu sein, LXVIII, S. 167)

Nicht nur Vertrauen funktioniert als komplexes Zusammenspiel, bei dem man die Wirkung seiner eigenen Spielzüge nicht unterschätzen darf. Folgerichtig propagiert Alain eine nachsichtige Vorgabe an Wohlwollen und macht damit beste Erfahrungen. Allzu oft hegen wir die blauäugige Erwartung, dass die anderen ihre vornehmste Aufgabe darin sehen, uns möglichst angenehm zu unterhalten, oder dass sie uns zumindest seelisch aufgeräumt begegnen. Weitaus realistischer ist die Annahme, dass unser Gegenüber gerade nicht bester Laune ist, Sorgen, Ärger oder einen Kater hat.

Aus diesem Durcheinander muss ich dann, einem Goldwäscher gleich, das geringste Körnchen heraussuchen; und zwar muss ich sel-

ber diese Arbeit tun, da kein Mensch die eigenen Äußerungen der glei-
chen Kritik unterwirft, wie die der anderen. Ich bin also höflich; mehr
noch, ich gebe dem andern Kredit; ich übersehe das Geröll und die
Schlacken und konzentriere mich auf seinen wirklichen Gedanken.
Dabei stelle ich eine Wirkung fest, mit der man nie genügend rechnet.
[…] Versuchen Sie's einmal; eine überraschende Erfahrung wartet
auf Sie; viel leichter nämlich, die Stimmung der anderen zu steuern
als die eigene; und wer vorsichtig die Stimmung seines Gesprächspart-
ners steuert, wird damit zum Arzt der eigenen Stimmung; denn so-
wohl in der Unterhaltung wie beim Tanz ist jeder der getreue Spiegel
des anderen. (Alain, Die Pflicht, glücklich zu sein, LXXI, S. 174)

Ein weiterer wichtiger und selbst steuerbarer Glücksfaktor
sind für Alain schnell und abschließend getroffene Entscheidungen ohne späteres Nachsinnen. Nicht gewählte Alternativen,
denen man nachzutrauern versucht sein könnte, hätten andere
Unwägbarkeiten enthalten und lassen sich ohnehin nicht mehr
leben. Selbst wenn man mit dieser Methode kaum aus Fehlern
lernt, erspart man sich zumindest die Reue und kann das vor
einem Liegende zuversichtlich angehen.

Alain empfiehlt jedem in «Zeiten, in denen die Gedanken
bitter werden, in denen man an allem etwas auszusetzen findet»,
eine «Kur in guter Laune», die darin besteht, «seine gute Laune
sowohl jeder Art von Pech wie jenen Kleinigkeiten gegenüber zu
bewahren, die einen, wenn man sich nicht in Kur befände, in Ver-
wünschungen ausbrechen ließen.»[38] Durch solch psychologisch
trickreiche Abhärtung gegenüber den Widrigkeiten des Alltags
macht man sich (wieder) fit, um auch gröbere Schicksalsschläge
wegstecken zu können. Das Entscheidende ist und bleibt jedoch
die Entschlossenheit zum eigenen Glück, denn es liegt auf der
Hand, «dass man unmöglich glücklich sein kann, wenn man es
nicht sein will; man muss sein Glück wollen und es machen.»

Aufgrund der Formbarkeit unseres Bewusstseins steckt das
Potenzial zu einem freudvollen Leben in uns allen. Aus diesem

prinzipiellen Glücklich-sein-Können leitet Alain eine «Pflicht, glücklich zu sein» ab, denn die Unzufriedenen verderben nicht nur sich selbst die Laune, sondern könnten auch für einiges Unglück in der Welt verantwortlich sein.

Denn meiner Meinung nach sind die ganzen Leichen, Ruinen und Rüstungsausgaben das Werk von Menschen, die es nie verstanden haben, glücklich zu sein, und nicht ertragen können, andere glücklich zu sehen. (Alain, Die Pflicht, glücklich zu sein, XCII, S. 224)

Eine ernüchterndere Art von Lebensbejahung vertritt der in Algerien geborene französische Philosoph und Literat **Albert Camus** (1913–1960). Er will sich sogar Sisyphos, der zum Synonym für den erfolglosen, niemals zum Ende kommenden Arbeiter wurde, als einen glücklichen Menschen vorstellen.[39] Die tragische Figur aus der griechischen Mythologie hatte sich dem Tod nicht ergeben wollen und muss zur Strafe für seine lebensverlängernden Tricks, die ihm immerhin einige zusätzliche Jahre beschert hatten, einen riesigen Stein einen Berg hinaufwälzen. Oben angekommen, rollt der Fels dann unvermeidlicherweise wieder hinunter, wo die Plackerei aufs Neue beginnt. Sisyphos wird die Arbeit so bis in alle Ewigkeiten nicht ausgehen; das kurzfristig erreichte Zwischenhoch führt immer nur ins Ausgangstief zurück. Ein Sinn jenseits dieser absurden Tätigkeit, der durch eine übermenschliche Macht garantiert werden müsste, ist für ihn nicht erkennbar – und einen solchen willkürlich gegen alle Vernunft zu konstruieren und zu behaupten, wäre für ihn eine Lüge. Der bewusst erlebte perspektivlose Alltagstrott klingt wie im richtigen Leben nach einer restlos deprimierenden Situation.

Doch bei Camus gelingt es Sisyphos, seine stetige Wiederaufnahme dieser für ihn – völlig durchschaubar – nie zu einem Ziel führenden und hoffnungslosen Anstrengung als seine persönliche Revolte gegen das Schicksal zu begreifen, in der er seinen Sinn selbst setzt und sich damit seine Unschuld und Freiheit beweist. Er wird so als «Held des Absurden» zu einem Vorbild für uns alle, das uns anspornt, den persönlichen Irrwitz unseres Lebens aus frei gewähltem Entschluss und ohne Rückgriff auf einen göttlichen Zusammenhang bereitwillig anzunehmen.

Darin besteht die ganze verschwiegene Freude des Sisyphos. Sein Schicksal gehört ihm. Sein Fels ist seine Sache. [...] Der absurde Mensch sagt Ja, und seine Mühsal hat kein Ende mehr. Wenn es ein persönliches Geschick gibt, dann gibt es kein übergeordnetes Schicksal oder zumindest nur eines, das er unheilvoll und verächtlich findet. Darüber hinaus weiß er sich als Herr seiner Zeit. Gerade in diesem Augenblick, in dem der Mensch sich wieder seinem Leben zuwendet (ein Sisyphos, der zu seinem Stein zurückkehrt), bei dieser leichten Drehung betrachtet er die Reihe unzusammenhängender Taten, die sein Schicksal werden, seine ureigene Schöpfung, die in seiner Erinnerung geeint ist und durch den Tod alsbald besiegelt wird. Überzeugt von dem rein menschlichen Ursprung alles Menschlichen, ist er also immer unterwegs – ein Blinder, der sehen möchte und weiß, dass die Nacht kein Ende hat. (Albert Camus, Der Mythos von Sisyphos, S. 127 f.)

Selbst in solch auswegloser Lage, in der Camus das Spiegelbild der Grundverfassung des Menschen zu erkennen meint, lehnt er jede Ausflucht in sich als falsch erweisende Hoffnungen auf einen wohlmeinenden Gott oder eine zum Besseren fortschreitende Geschichte ab. Die trotzig-stolze Existenz im nackten Angesicht dieser unerbittlichen Situation ist alles, was uns bleibt, und muss dennoch zum Glück genügen.

Seine Last findet man immer wieder. Nur lehrt Sisyphos uns die größere Treue, die die Götter leugnet und die Steine wälzt. Auch er findet, dass alles gut ist. Dieses Universum, das nun keinen Herrn mehr kennt, kommt ihm weder unfruchtbar noch wertlos vor. Jedes Gran dieses Steins, jeder Splitter dieses durchnächtigten Berges be-

deutet allein für ihn eine ganze Welt. Der Kampf gegen Gipfel vermag ein Menschenherz auszufüllen. Wir müssen uns Sisyphos als einen glücklichen Menschen vorstellen. (Albert Camus, Der Mythos von Sisyphos, S. 128)

Camus selbst gelang es (im Gegensatz zu Sisyphos) nicht, dem Tod allzu viele Jahre abzutrotzen. Sein humanistisch engagiertes Leben, das sein Glück auch im Augenblick zahlreicher erfüllter Momente (in der sonnigen Natur, beim Schwimmen im Meer, beim Fußballspiel) fand, endete jäh bei einem Autounfall. Sein Glücksgebot richtet sich an alle, die der Überdruss an einem durch Routine langweilig gewordenen Leben zum Bewusstsein seiner Absurdität führt. Er verzichtet darauf, die Sinnlosigkeit des menschlichen Lebens ideologisch zu verbrämen oder übersinnliche transzendentale Lösungen der Sinnfrage zu akzeptieren, sondern plädiert dafür, seine Aufgabe im Vollzug einer absurden, weil unerfüllbaren Sinnsuche anzunehmen. Das ist sicher die illusionsloseste Variante, dem Leben und der Welt seinen Segen zu geben.

Die meisten Glücksfinder betrachten ihr Dasein als sinnhaft und wertvoll. Sie glauben an das Gute im Menschen und in der Welt. Aus einem Grundgefühl des Gut-aufgehoben-Seins heraus ist die Entscheidung zum Optimismus ihre Antwort auf die Fragilität des Menschlichen. Die Basis für ihre Überzeugung finden sie meist in der Vorstellung eines harmonischen Universums – entweder auf dem Hintergrund eines religiösen Glaubens an ein uns wohlgesinntes höheres Wesen oder im Vertrauen auf einen größeren geistigen Zusammenhang, der der Vernunft den Endsieg über alle Irrationalität bescheren wird, wie es Platon und den Philosophen des deutschen Idealismus von Kant über Fichte und Hegel bis zum frühen Schelling gemeinsam ist. Auch wenn die Welt noch nicht völlig perfekt ist, entwickelt sie sich zumindest in die richtige Richtung. Der Spielraum für die Suche nach einer ganzheitlichen Harmonie ist enorm; der Fokus kann sich vom Zoom auf einzelne Elemente des individuellen Lebens bis hin zum extremen Weitwinkel der Entwicklung der Menschheit oder des Kosmos richten. Der entschlossene Weltbejaher wird überall fündig.

Die sprachlichen Belege der weiten Verbreitung einer umfassenden Einverständniserklärung mit der Welt sind im heutigen Deutschland regional durchaus unterschiedlich ausgeprägt und in ihrer vielfältigen mundartlichen Verwirklichung von Fremden leicht zu übersehen. So drückt sich die unerschütterliche Zuversicht des Kölners als rheinischer Frohnatur in der keineswegs lückenlos faktisch belegbaren Behauptung «Et het noch immer jot jejange» aus. Dagegen leitet der Bayer gerne grantelnd die metaphysische Summe einer nicht immer individuell zufriedenstellenden, aber sich zumindest widerwillig ins philharmonische Gesamtbild einfügenden Unzulänglichkeit mit einem «Passt scho» ab. Beides käme einem kaum in den Sinn, würde man nicht zutiefst auf die Zukunft vertrauen oder die Welt nicht grundsätzlich als gelungen ansehen.

Um ein weltbejahender Glücksfinder zu sein, muss man nicht unbedingt glauben, dass man nur eine Frage an das Universum oder ein Gebet zum Himmel zu schicken braucht, damit alle Wünsche in Erfüllung gehen, doch ein Hang zum Übersinnlichen ist vielen von ihnen nicht fremd. Gelegentlich haftet dem ewigen Einverständnis auch etwas Märchenhaftes an. Der Grimm'sche Hans im Glück oder der immer recht tuende Vater bei Hans-Christian Andersen liefern anschauliche Beispiele ökonomisch naiver Menschen, die sich durch die durchgängig vorteilhafte Beurteilung vermeintlich schlechter Geschäfte letztlich als Experten des Glücks erweisen.

Beate ist nicht so unbedarft, aber sie richtet nach Fehlschlägen ihr Augenmerk unbeirrt auf den gemeinsamen Nenner, bei dem alles wieder aufgeht. Sie verliert auch in kritischen Lebenslagen nie den Mut und versucht, noch aus dem größten Schlamassel das Beste zu machen. Ihre Hoffnung auf eine zum Positiveren neigende Zukunft gibt ihr die Kraft für die Sisyphosarbeit im alltäglichen ebenso wie für außergewöhnliche Anstrengungen, die sie für die Erreichung ihrer Lebensziele auf sich nimmt.

CHANCEN UND RISIKEN FÜR GLÜCKSFINDER

Die Vorteile dieser Weltsicht sind offenkundig:

- Der Glücksfinder nimmt sein persönliches Schicksal freudig oder zumindest tapfer an. Und manchmal genügt bereits die optimistische Einstellung, um im Sinne einer sich selbst erfüllenden Prophezeiung einer Unternehmung zum Erfolg zu verhelfen. Auf der erprobten Stichhaltigkeit dieses Prinzips beruhen alle Ratgeber, die zum positiven Denken auffordern.
- Mindestens erhöht Zuversicht die Bereitschaft, überhaupt aktiv zu werden und damit den Sprung vom Grübler zum Handelnden zu vollziehen.
- Bereits das bloße Tätigsein verstärkt nicht nur die sympathisierende Geisteshaltung des Weltbejahers, indem es sie auf das Gute fokussiert und ihn von seinen Befindlichkeiten ablenkt, sondern schafft im Gegensatz zur reinen Kontemplation auch eine neue Umwelt, die weiteren Raum für kreative Einfälle liefert.

Möglichkeiten für ein glückliches Leben finden sich dann manchmal selbst unter widrigen Bedingungen. Die ehemalige Landesbischöfin der evangelisch-lutherischen Kirche und Ratsvorsitzende der evangelischen Kirche in Deutschland Margot Käßmann kann nach eigener Aussage trotz Krebserkrankung, Scheidung, Trunkenheitsfahrt und anschließendem Verlust ihrer Ämter «nie tiefer fallen als in Gottes Hand». Doch auch unter weniger problematischen Gegebenheiten hilft die Offenheit für das Positive, zufällig sich bietende Chancen zu erkennen und wahrzunehmen.

Sein durchweg unkomplizierter Zeitbegriff kommt dem Weltbejaher zugute:

- Er hängt der Vergangenheit nicht nach, nutzt die Gegenwart und blickt unverzagt in die Zukunft. Die Orientierung nach vorne entsteht aus der Überzeugung, dass sich schon alles zum Guten zusammenfügen wird, was im Augenblick noch schmerzhaft unpassend erscheint.

- Konsequente Optimisten sterben sogar zuversichtlicher in der Hoffnung auf ein kommendes, möglicherweise ewiges Leben oder zumindest auf eine positive Fortentwicklung der Menschheit.

- Für (im Wortsinne) hoffnungslose Glücksfinder wie Camus bleibt als entspannte Abgangsalternative immer noch ein letztes herzhaftes Lachen über die Absurdität des Lebens.

Die Fallstricke dieses Denkmodells liegen an anderer Stelle:

- Der Hoffnungsvolle will entschlossen an eine bessere Zukunft glauben und wird damit leicht zum unkritischen Fortschrittsgläubigen, der sein Augenmerk ausschließlich auf positive Entwicklungen richtet und diese vorbehaltlos in die Zukunft extrapoliert.

- Verringerte Kindersterblichkeit, technische und medizinische Errungenschaften und die daraus resultierende steigende Lebenserwartung sind ihm beredte Belege der Erfüllung seiner Erwartungen.

- Doch in der allgemeinen Euphorie einer einäugigen Begeisterung werden eigentlich abwendbare Gefahren der Technisierung ebenso wie sich abzeichnende Fehlentwicklungen leicht übersehen.

Der Berliner Bürgermeister Klaus Wowereit, der seine homosexuelle Orientierung mit den Worten «Ich bin schwul … und das ist gut so» mit erfrischender Offenheit in einen nicht näher ausgeführten harmonischen Kontext einbettete, war bei der Aufsicht über den Bau des neuen Berliner Flughafens wohl zu zuversichtlich und versäumte ein rechtzeitiges Gegensteuern bei Baumängeln und Kostenexplosion. Der weltbejahende Glücksfinder kann in solchen Fällen zum Sandmännchen werden, das den anderen mit dem besänftigenden Lavendelduft seiner Glücksversprechen noch einen ruhigen Schlaf beschert, wenn die Welt um sie herum bereits zusammenbricht.

Auch im Persönlichen kann der wohlgefällige Blick zu Schönfärberei und Selbstbetrug verleiten.

- Dann wird die Liebe überschwänglich als universales Prinzip vertreten, bleibt als solches aber abstrakt und kommt, wenn sie im konkreten Lebensvollzug eingefordert wird, nicht mehr zur Geltung.
- Als «Philharmoniker» ist der Weltbejaher gerne bereit, unliebsame Details dem großen Ganzen unterzuordnen und damit das Leid Einzelner auszublenden oder in Kauf zu nehmen.
- Die positive Ausstrahlung verkehrt sich in ihr Gegenteil, wenn man Unglück und tiefe Trauer anderer nicht mehr nachvollziehen kann oder will. Statt teilnehmendem Trost bleibt dann auf beiden Seiten nur isolierendes Unverständnis.

Beate ist sich dieser Gefahren mittlerweile bewusst. Früher war ihr die ablehnende Reaktion, die sie mit gutgemeinten Worten manchmal erntete, völlig unerklärlich. Sie hat gelernt, auf den richtigen Moment zu warten, in dem ihre Aufmunterung willkommen ist und dazu beiträgt, ihre Freunde wie sie selbst wieder auf das Positive auszurichten. An ihrer Grundorientierung hat das nichts geändert. Sie wüsste nicht, wie sie der Zerbrechlichkeit der Welt ohne die von ihr als tiefe Urerfahrung erlebte Gesamtharmonie des Universums begegnen sollte.

Philosophie der Weltbejahung finden Sie in:

Epiktet, *Handbuch der Moral*

Friedrich Nietzsche, *Die fröhliche Wissenschaft*

Alain, *Die Pflicht glücklich zu sein*

Ernst Bloch, *Das Prinzip Hoffnung*

Albert Camus, *Der Mythos von Sisyphos*

Vielleicht liegen Ihnen aber auch die Denkmodelle der misstrauischen Schwarzseher näher.

SCHWARZSEHER
BEWÄHRTES MISSTRAUEN

Was einen treffen kann, kann alle treffen.
Publilius Syrus, Sentenzen

Alle Straßen münden in schwarze Verwesung.
Georg Trakl, Grodek

Melanie findet täglich Bestätigungen für «Murphys Gesetz»: Nach ihrer Erfahrung wird alles schiefgehen, was nur schiefgehen kann. So überrascht sie weder, dass der Euro mit sämtlichen für ihn geschnürten Rettungspaketen von einer Krise in die andere schlittert («Was will man von diesen Spekulanten und dilettantischen Finanzpolitikern erwarten?»), noch, dass der Flughafen Berlin-Brandenburg nicht fertig wird («Gab es schon ein Großprojekt, das seinen Termin- und Kostenplan eingehalten hat?») oder dass bei allem eingeplanten Zeitpuffer der Rekordstau auf der Autobahn ein pünktliches Ankommen verhindert («Na klar, wenn ich einmal zur Hochzeit meiner Freundin will!»). Zu oft hat sie erlebt, dass die gewählten Parteien ihre Wahlversprechen nicht einhalten, um sich noch darüber aufzuregen. Selbst dass ihr Freund sich von ihr trennen will, hat sie kommen sehen. Schließlich sprechen die Scheidungsraten Bände über die Verlässlichkeit von Beziehungen.

Sie macht es sich aber auch selbst nicht gerade leicht. Versucht jemand, ihr einen Gefallen zu tun, so nimmt sie nur zögerlich oder gar widerstrebend an und vermutet versteckte Eigeninteressen des Wohltäters, die sie am Ende weitaus mehr kosten werden, als die Güte wert war. Wenn sich in ihrem beruflichen Umfeld etwas ändert, sie beispielsweise eine neue Chefin bekommt, dann freut sie sich nicht, ihren bisherigen Vorgesetzten, von dem sie sich ausgebeutet, schikaniert und tyrannisiert fühlte, loszuwerden, sondern sie weiß gleich: Besseres kommt selten nach. Was die Umwelt angeht, so ist sie sich sicher, dass alles in einer Katastrophe enden wird; offen ist lediglich, ob die Klimaveränderung, ein Virus oder eine atomare Verseuchung der Menschheit den Garaus machen wird. Ihre Freunde wundern sich manchmal, dass man mit einer solchen Einstellung überhaupt weiterleben mag, doch Melanie scheint mit ihrer misstrauischen Schwarzseherei erstaunlich gut umgehen zu können.

Arthur Schopenhauer (1788–1860) gilt als der Erfinder des systematischen philosophischen Pessimismus. Er hebt sich damit ab vom weinerlichen Weichling, der klagen gelernt hat, ohne zu leiden, mit kokettierendem Weltschmerz wortreich lamentiert und eigentlich nur ordentlich bedauert und getröstet werden möchte. «Ach, wie ist die Welt so schlecht!» Meistens trägt, wer darüber mit tränenerstickter Stimme jammert, zumindest durch seine Passivität ein gut Teil dazu bei, dass sie nicht besser wird. Hegt er doch insgeheim die Hoffnung, dass andere ihm sein Los ein wenig erleichtern oder ihm zumindest die angemessene Anteilnahme und Schonung zukommen lassen. Für Melanie sind das lächerliche Amateure. Ihre «professionelle» Schwarzseherei beruht wie bei Schopenhauer auf tiefster Überzeugung.

Der prägte gegen Leibniz den Satz von der «schlechtesten aller möglichen Welten», einer, die gerade eben noch funktioniert – wobei man daraus mehr Gemeinsamkeiten als Trennendes zwischen Optimisten und Pessimisten ableiten könnte, als das zuweilen geschieht. Jedenfalls müsste man, selbst wenn man diese Welt mit Leibniz für die beste aller möglichen hielte, sie nicht zwingend bejahen. Vielleicht ging es einfach nicht anders. Und falls tatsächlich nur eine einzige mögliche Welt zur Auswahl stand, wäre Leibniz' bestmögliche Welt mit Schopenhauers schlechtestmöglicher identisch. Das würde den Pessimismus noch verschärfen – denn eine bessere Welt könnte es dann gar nicht geben.

Voltaire (1694–1778) hatte spätestens nach dem 1775 (ausgerechnet am Allerheiligentag) die Christenheit erschütternden Erdbeben von Lissabon die Nase von Leibniz' gottesfürchtigen Klügeleien gestrichen voll. Den Erdstößen in der portugiesischen Hauptstadt waren eine Flutwelle und ein Großbrand gefolgt, die über 30 000 Opfer gefordert haben sollen. Die Harmonie des Universums war für Voltaire dahin. Er stellte die zynische Seite der Leibniz'schen Versuche, uns mit dem Leid zu versöhnen, in einer Parodie auf dessen Philosophie anschaulich heraus und zeichnete ein eindrucksvolles Bild davon, wie es seiner Meinung nach um diese «beste Welt» bestellt ist. Der gleichnamige einfältige Held seiner Erzählung *Candide* gerät auf seiner Reise durch die Länder der Erde von einer Katastrophe in die andere. Nach dem Lissabonner Desaster muss er miterleben, wie der Naturkatastrophe mit der massenhaften Verbrennung angeblich daran schuldiger Ketzer zahlreiche weitere Opfer von menschlicher Hand hinzugefügt werden. Die grausame Realität stand ihrer literarischen Schilderung nicht nach.

Voltaire ist sich sicher: Ihm wäre allemal eine bessere Welt eingefallen als eine, in der viele Unschuldige durch Natur und Mensch ums Leben kommen. Schon den Sündenfall und die daraus resultierende Ausweisung aus dem Paradies will er keinesfalls als zur Erkenntnis und Freiheit des Menschen notwendiges Übel akzeptieren.

Leibniz, der von Allem redet, lässt sich auch über die Erbsünde vernehmen; und da Jedermann, der ein System hat, Alles in seinen Plan zu bringen weiß, was damit im Widerspruch stehen könnte, so stellte er den Satz auf, dass der Ungehorsam gegen Gott und das daraus hervorgegangene schreckliche Unheil integrierende Teile der besten aller möglichen Welten, notwendige Ingredienzien jeder möglichen Glückseligkeit seien. […]

Wie! aus einem Orte des Wohllebens vertrieben werden, aus einem Orte, wo man ewig gelebt haben würde, wenn man nicht unglücklicher Weise einen Apfel gegessen hätte! Wie! im Elend elende und verbrecherische Kinder zeugen, die selbst alle Leiden erdulden und sie wieder auf andere vererben werden! Wie! alle Krankheiten ausstehen, allen Kummer und Verdruss erfahren, eines schmerzhaften Todes sterben und zur Erfrischung Ewigkeiten hindurch in der Hölle braten: das Alles sollte das beste Los sein, das uns beschieden werden könnte? Das ist doch wahrhaftig nicht allzu gut für uns, und inwiefern könnte es wohl gut für Gott sein? (Voltaire, Über den Satz: «Alles ist gut»)

Voltaire zeigte sich tief enttäuscht von der Leibniz'schen Weltdeutung und urteilte scharfzüngig über ihn, dass er wohl selbst nicht verstanden habe, was er wortreich niederschrieb. Sein weise gewordener Narr *Candide* lässt sich vom zur Witzfigur gewordenen optimistischen Philosophen Pangloss am Ende nichts mehr vormachen und beschränkt sich lieber darauf, seinen überschaubaren «eigenen Garten» zu bestellen, als der ihm unwiederbringlich abhandengekommenen Harmonie des Weltgeschehens nachzuspüren.

Für Schopenhauer, dem bereits als Jugendlicher die Defizite der Welt auffielen, ist sie ein «Ort der Buße, also gleichsam eine Strafanstalt»[40], in der wir für die Schuld unserer Geburt büßen müssen – wozu auch gehört, dass man sich seine Gesellschaft nicht aussuchen kann. Das auslösende Erlebnisbild von an ihre Sitzbank und ihre Nachbarn geketteten Galeerensträflingen hat beim jungen Arthur auf einer Reise in Toulon einen radikalen Eindruck hinterlassen und ihm seinen Glauben an einen wohlwollenden Gott geraubt.

In meinem 17ten Jahre, ohne alle gelehrte Schulbildung wurde ich vom Jammer des Lebens *so ergriffen wie Buddha in seiner Jugend, als er Krankheit, Alter, Schmerz und Tod erblickte. Die Wahrheit, welche laut und deutlich aus der Welt sprach, überwand bald die auch mir eingeprägten [...] Dogmen, und mein Resultat war, dass diese Welt kein Werk eines allgütigen Wesens sein konnte, wohl aber das eines Teufels, der Geschöpfe ins Dasein gerufen, um am Anblick ihrer Qual sich zu weiden [...].* (Arthur Schopenhauer, Handschriftlicher Nachlass)[41]

Als Belege für das unermessliche real vorhandene und nicht wegdiskutierbare Leid dienten Schopenhauer die Krankenhäuser, Gefängnisse, Sklavenunterkünfte und Schlachtfelder seiner Zeit.

Woher denn anders hat Dante den Stoff zu seiner Hölle genommen als aus dieser unserer wirklichen Welt? Und doch ist es eine recht ordentliche Hölle geworden. Hingegen als er an die Aufgabe kam, den Himmel und seine Freuden zu schildern, da hatte er eine unüberwindliche Schwierigkeit vor sich, weil eben unsere Welt gar keine Materialien zu so etwas darbietet. (Arthur Schopenhauer, Die Welt als Wille und Vorstellung)

Um augenscheinlich zu machen, dass die Welt alles andere als perfekt geraten ist, würde Schopenhauer dem überzeugten Optimisten heute wohl eine Führung durch rein profitorientiert arbeitende Alten- und Pflegeheime, zerbombte Städte in Syrien, Flüchtlingslager im Sudan, Fabriken in Bangladesch, Arbeiterbehausungen in China und Folterzellen in Guantanamo vorschlagen.

Wenn Schopenhauer das Verdienst zukommt, die professionelle Schwarzseherei philosophisch begründet zu haben, so konnte er sich doch auf vorgängige Weisheitslehren stützen. Er ließ sich vor allem vom indischen Denken des Brahmanismus und Buddhismus inspirieren. Zu den «vier edlen Wahrheiten» des

Letzteren gehört es, dass Leben nichts anderes als Leiden heißt – verursacht durch unser ruheloses Verlangen. Falls man als Pessimist auf eine spirituelle Grundlage nicht verzichten mag, kommt man als Buddhist dem anvisierten Ideal recht nahe.

Für Juden und Christen hat auch das biblische Buch *Kohelet* einiges für den Weltverneiner zu bieten. Für das meiste, wonach Menschen streben – Besitz, Luxus, Genuss, Wissen, Konkurrenzkampf, Erfolg –, hat der Prediger nur ein müdes Lächeln übrig: «Windhauch, Windhauch, das ist alles Windhauch».[42]

Das Leben scheint ihm insgesamt wenig Spaß zu machen:

Da preise ich immer wieder die Toten, die schon gestorben sind, und nicht die Lebenden, die noch leben müssen. Glücklicher aber als beide preise ich den, der noch nicht geworden ist, der noch nicht das schlimme Tun gesehen hat, das unter der Sonne getan wird. (Kohelet 4, 2–3)

Der konsequente Gedanke, es sei besser, gar nicht geboren zu sein, findet sich nicht nur in Sophokles' *Antigone*; er gehört zum Standardrepertoire misstrauischer Schwarzseher. Schopenhauer entwickelt als metaphysische Grundlage dafür seine Lehre vom Willen: Die Vorstellung einer Welt von Individuen in Raum und Zeit, wie wir sie wahrnehmen, ist in Wirklichkeit eine Illusion. Wir sind nur Werkzeuge eines allem Geschehen zugrundeliegenden, erst im Menschen zu einem Bewusstsein gelangenden, aber auch uns unbemerkt für seine Zwecke benutzenden Willens, der letztlich die Ursache allen Leids bildet.

Aus der Nacht der Bewusstlosigkeit zum Leben erwacht, findet der Wille sich als Individuum, in einer end- und grenzenlosen Welt, unter zahllosen Individuen, alle strebend, leidend, irrend; und wie durch einen bangen Traum eilt er zurück zur alten Bewusstlosigkeit. (Arthur Schopenhauer, Die Welt als Wille und Vorstellung)

Was während der begrenzten Existenz dieses Trugbilds zwischen Zeugung und Tod eines individuellen Lebens mit uns geschieht, ist ein unerquicklicher Abstieg ins Grauen.

Welch ein Abstand ist doch zwischen unserm Anfang und unserm Ende! Jener in dem Wahn der Begier und dem Entzücken der Wollust; dieses in der Zerstörung aller Organe und dem Moderdufte der Leichen. Auch geht der Weg zwischen beiden, in Hinsicht auf Wohlsein und Lebensgenuss, stetig bergab: die selig träumende Kindheit, die fröhliche Jugend, das mühselige Mannesalter, das gebrechliche, oft jämmerliche Greisentum, die Marter der letzten Krankheit und endlich der Todeskampf – sieht es nicht geradezu aus, als wäre das Dasein ein Fehltritt, dessen Folgen allmählich und immer mehr offenbar würden? (Arthur Schopenhauer, Parerga und Paralipomena)[43]

Eine solche Beschreibung des Daseins klingt wenig attraktiv. Ein erreichbares Glück – für die Menschen häufig das erklärte Ziel ihres Planens und Handelns – ist in der Welt gar nicht vorgesehen, wie Sigmund Freud (1856–1939) eindringlich bestätigt. Sie «streben nach dem Glück, wollen glücklich werden und so bleiben»[44], sitzen dabei jedoch lediglich dem angeborenen «Programm des Lustprinzips» auf, das sie aus den Quellen des Unbewussten heraus antreibt.

Dies Prinzip beherrscht die Leistung des seelischen Apparates von Anfang an; an seiner Zweckdienlichkeit kann kein Zweifel sein, und doch ist sein Programm im Hader mit der ganzen Welt [...]. Es ist überhaupt nicht durchführbar, alle Einrichtungen des Alls widerstreben ihm; man möchte sagen, die Absicht, dass der Mensch <glücklich> sei, ist im Plan der <Schöpfung> nicht enthalten. (Sigmund Freud, «Das Unbehagen in der Kultur», S. 376)[45]

Seine Unerreichbarkeit hindert uns paradoxerweise nicht, dem persönlichen Glück nachzujagen – zumindest nicht, solange wir diesen Fehlschluss nicht durchschauen. Dass diese Selbsttäuschung in den tiefsten Schichten unserer Körperlichkeit und unserer Psyche verankert ist, war Schopenhauer schon ohne Freud'sche Psychoanalyse klar.

Es gibt nur einen *angeborenen Irrtum, und es ist der, dass wir da sind, um glücklich zu sein. Angeboren ist er uns, weil er mit unsrem Dasein selbst zusammenfällt, und unser ganzes Wesen eben nur seine Paraphrase, ja unser Leib sein Monogramm ist: sind wir doch eben nur Wille zum Leben; die sukzessive Befriedigung alles unsres Wollens aber ist was man durch den Begriff des Glückes denkt.* (Arthur Schopenhauer, Die Welt als Wille und Vorstellung)

Der Widerspruch zwischen der Unzulänglichkeit der Welt und unserem Streben nach Glück nervt und plagt uns täglich. Die verstreuten trügerischen Highlights vermögen nicht, uns dauerhaft zufriedenzustellen. Enttäuschungen dieser Illusion sind unvermeidlich, aber nur wenige ziehen die radikalen Schlüsse des Schwarzsehers, obwohl es ausreichend Gelegenheit dazu gäbe. Wenn etwas schiefläuft, schieben wir meist die Schuld auf unsere Zeitgenossen oder die Umstände. Seltener erkennen wir unseren eigenen Beitrag zu unserem Unglück. Immer fühlen wir uns letztlich auf die eine oder andere Art um unser Glück betrogen, solange wir nicht die Suche danach als grundsätzlichen Irrweg erkennen.

Überdies aber hat uns bis dahin schon jeder Tag unsres Lebens gelehrt, dass die Freuden und Genüsse, auch wenn erlangt, an sich selbst trügerisch sind, nicht leisten was sie versprechen, das Herz nicht zufrieden stellen und endlich ihr Besitz wenigstens durch die sie begleitenden, oder aus ihnen entspringenden Unannehmlichkeiten vergällt wird; während hingegen die Schmerzen und Leiden sich als sehr real erweisen und oft alle Erwartung übertreffen. – So ist denn allerdings im Leben Alles geeignet, uns von jenem ursprünglichen Irrtum zurückzubringen und uns zu überzeugen, dass der Zweck unsres Daseins nicht der ist, glücklich zu sein. Ja, wenn näher und unbefangen betrachtet, stellt das Leben sich vielmehr dar, wie ganz eigentlich darauf abgesehn, dass wir uns nicht *glücklich darin fühlen sollen, indem dasselbe, durch seine ganze Beschaffenheit, den Charakter trägt von etwas, daran uns der Geschmack benommen, das uns verleidet werden soll und davon wir, als von einem Irrtum, zurückzukommen*

haben, damit unser Herz von der Sucht zu genießen, ja, zu leben, ge-
heilt und von der Welt abgewendet werde. (Arthur Schopenhauer,
Die Welt als Wille und Vorstellung)

Aus diesem tiefen Jammertal führen für Schopenhauer nur
wenige schmale Pfade des Entkommens: für einzelne Momente
die vielen bekannte meditative Entspannung in der Kunst- und
Naturbetrachtung, dauerhaft wohl nur in der auch Schopenhauer nicht gegebenen radikal-asketischen Entsagung von allen irdischen Genüssen und Ambitionen.

Auch für **Emil Cioran** (1911–1995) blieb die Welt ein Tal der
Tränen. Geplagt von zermürbender Schlaflosigkeit, gewöhnte
er sich bereits mit Anfang zwanzig auf seinen nächtlichen Spaziergängen durch das siebenbürgische Hermannstadt das miss-
trauische Schwarzsehen an. Aufgabe und Gegenstand seines
Nachdenkens konnte nur das Negative sein, denn: «Der Gedanke ist in seinem Wesen Zerstörung»:

Man denkt, man beginnt zu denken, um Bindungen zu zerrei-
ßen, um Verwandtschaften aufzulösen, um das Gerüst des «Wirk-
lichen» zu untergraben. (E. M. Cioran, «Erwürgte Gedanken» II,
S. 100)[46]

Cioran vertritt die Ansicht, dass die Welt nicht die Krea-
tion eines Wohltäters sein könne, eher die eines böswilligen
Schöpfers, dem ein guter Gott – falls es ihn überhaupt gibt –
höchstens ohnmächtig zusehen konnte. Vielleicht ist sie auch
nur (wie so viele gutgemeinte Vorhaben) «im Zustand des
Entwurfs» stecken geblieben, oder sie war bereits in der Entstehung ein Fehler.[47] Keinesfalls ist der Mensch die Krone
der Schöpfung, denn wir sind den Tieren nur in unserer Einbildung überlegen, und es gibt keinen Grund, die Vögel und
Insekten, die alles «seit jeher gelöst» haben, übertreffen zu
wollen. «Die Natur widerstrebt der Originalität, sie lehnt den
Menschen ab, verabscheut ihn.»[48]

Angeregt durch einen Zufallsbesuch im Naturwissenschaftlichen Museum an einem Regentag in Paris, entdeckt er die ungerechtfertigte Arroganz des aufrechten Ganges und prognostiziert die evolutionäre Zukunft des überheblichen Menschen mangels hoffnungsvollerer Alternativen als «Wiederveraffung».

Am Eingang der aufrechte Mensch; alle anderen Tiere gebückt, bedrängt, sogar die Giraffe trotz ihrem Hals, sogar das Iguanodon, so grotesk in seinem Willen, sich aufzurichten. Näher zu uns dieser Orang-Utan, dieser Gorilla, dieser Schimpanse; man sieht, dass sie sich vergebens gemüht haben, sich gerade zu halten. [...]

Wir wären, daran ist kein Zweifel, noch wie sie, ohne das Glück, das wir hatten, einen entscheidenden Schritt vorwärts zu machen. Seither mühen wir uns ab, alle Spuren unserer niedrigen Herkunft zu löschen: daher diese herausfordernde und besondere Miene des Menschen. Neben ihm, seiner Haltung, seiner Selbststilisierung wirken sogar Dinosaurier schüchtern. Da seine eigentlichen Missgeschicke erst beginnen, wird er Zeit haben, ruhiger zu werden. Alles lässt voraussehen, dass er zu einer ursprünglichen Phase zurückkehren, diesem Schimpansen, diesem Gorilla, diesem Orang-Utan wieder nahekommen wird, dass er ihnen wieder ähnlich sein wird, und dass es ihm mühsamer sein wird, sich in seiner vertikalen Haltung zu schaukeln. Vielleicht wird er sogar unter dem Druck der Müdigkeit gebückter sein als seine einstigen Gefährten. An der Schwelle des hohen Alters wird er wiederveraffen, denn man sieht nicht, was er Besseres tun könnte. (E. M. Cioran, «Paläontologie», S. 40)[49]

Für den Einzelnen ist die angedeutete körperliche und geistige Degeneration eine durchaus gängige Variante des natürlichen Alterungsprozesses. Die Menschheit insgesamt kann laut Cioran ebenfalls nur böse enden. Entweder zerstört sie sich selbst in Kriegen, oder – schlimmer – sie wird tragisch an ihrem eigenen Erfolg zerbrechen, gerade nachdem die Medizin endlich alle Krankheiten heilen kann.

Cioran empfindet es als wohltuend, sich das Bild der Skelette im Museum zu vergegenwärtigen, denn «sie bestätigen mich in meinem Glauben an die Leere, sie helfen mir, den Tag näher zu sehen, an dem ich die Obsession des Menschlichen, die furchtbarste aller Ketten, nicht mehr ertragen muss.»[50] Für ihn sind seine morbiden Meditationen ein Schritt zur Freiheit. Sie führen zur Aufhebung des uns sonst bestimmenden allgegenwärtigen Begehrens, in der er wie Schopenhauer den einzigen Ausweg sieht. Das lebenspraktische Ziel seines Philosophierens ist die Gewinnung der Unabhängigkeit durch vollkommene Illusionslosigkeit. «Es gibt nur ein Zeichen, das bestätigt, dass man alles verstanden hat: *grundlos* weinen.»[51]

Seltener als vielleicht erwartet schlagen Schwarzseher den Selbstmord vor, mit dem man sich diesem Elend auf vermeintlich elegante Weise zu entziehen geneigt sein könnte. Sicher, es gibt unter den Philosophen Beispiele wie Hegesias aus Kyrene im 3. Jahrhundert v. Chr. – eigentlich ein Glückssucher, der bei Unerreichbarkeit desselben zur Selbsttötung riet. Da er nur wenigen die Möglichkeit einräumte, ein dauerhaft schmerzfreies Leben zu führen, empfahl er in seinen Reden in Alexandrien zur Sicherheit den Selbstmord – mit derartig überzeugendem Erfolg, dass die örtlichen Behörden aufgrund einer drastischen Erhöhung der Suizidrate seine Vorträge verbieten mussten.

Differenzierter und eher abratend äußern sich Schopenhauer und Cioran. Der Selbstmord löst für Schopenhauer das grundsätzliche Problem des Getriebenseins nicht. Im Tod von eigener Hand erkennt er eine starke Manifestation des Willens, die diesen damit über das rein individuelle Dasein hinaus gerade nicht verneint, sondern ihn insgesamt bestärkt. Der Suizid stellt sich damit als eine «ganz vergebliche und törichte Handlung»[52] dar.

Der Selbstmörder will das Leben und ist bloß mit den Bedingungen unzufrieden, unter denen es ihm geworden. Daher gibt er keineswegs den Willen zum Leben auf, sondern bloß das Leben, indem er die einzelne Erscheinung zerstört. Er will das Leben, will des Leibes unbehindertes Dasein und Bejahung; aber die Verflechtung der Umstände lässt diese nicht zu, und ihm entsteht großes Leiden. [...]

Eben weil der Selbstmörder nicht aufhören kann zu wollen, hört er auf zu leben, und der Wille bejaht sich hier eben durch die Aufhebung seiner Erscheinung, weil er sich anders nicht mehr bejahen kann. Weil aber eben das Leiden, dem er sich so entzieht, es war, welches [...] ihn zur Verneinung seiner selbst und zur Erlösung hätte führen können; so gleicht in dieser Hinsicht der Selbstmörder einem Kranken, der eine schmerzhafte Operation, die ihn von Grund aus heilen könnte, nachdem sie angefangen, nicht vollenden lässt, sondern lieber die Krankheit behält. (Arthur Schopenhauer, Die Welt als Wille und Vorstellung)

Emil Cioran spielt häufig mit dem Gedanken an den Tod von eigener Hand, den er nicht verurteilt. Doch auch er sieht ein, dass die Selbsttötung ein Paradox enthält.

«Ich habe es satt, ich zu sein» wiederholt man sich, wenn man danach drängt, sich zu entrinnen; und wenn man sich unwiderruflich entrinnt, so will es die Ironie, dass man eine Tat begeht, in der man sich findet, in der man plötzlich ganz man selber ist. Das Schicksalhafte, dem man sich entziehen wollte, man verfällt ihm im Augenblick, in dem man sich tötet, da der Selbstmord nur der Triumph, das Fest dieser Schicksalhaftigkeit ist. (E. M. Cioran, «Begegnung mit dem Selbstmord», S. 53)[53]

Die Attraktivität, die diese Option auf Cioran ausübt, weicht dieser Erkenntnis nicht. Einer wie er, der «weder leben noch sterben kann», bleibt ewig von dem Gedanken an den Selbstmord besessen, ohne den Unsinn seiner Verwirklichung zu vergessen, und verharrt in dieser «doppelten Unmöglichkeit».[54] Ihm persönlich gelang es, die Spannung seiner unglücklichen Existenz auszuhalten, sie philosophisch auszuwerten und dabei ein hohes Alter zu erreichen. Manchmal genügt offenbar die Erwägung der Möglichkeit, um das Ziel der Tat annähernd zu erreichen und sich damit vor ihrer Ausführung zu schützen. Der Gedanke an den Selbstmord kann zum Überlebensmittel werden.

Es tut wohl, zu denken, dass man sich töten wird. Kein Thema ist beruhigender: sobald man sich ihm nähert, atmet man auf. Darüber zu meditieren, macht beinahe so frei wie die Tat selber. (E. M. Cioran, «Begegnung mit dem Selbstmord», S. 57)[55]

Lucius Annaeus Seneca, etwa gleichzeitig mit Christus geboren, musste sich 65 n. Chr. unfreiwillig selbst töten – auf Geheiß Kaiser Neros, als dessen Erzieher und Berater er im antiken Rom bereits vorher zahllose Anlässe fand, die mangelnde Verlässlichkeit eines erfolgreichen politischen Lebens zu reflektieren. Auf sein Ende hatte er sich daher lange philosophisch vorbereitet. Seneca hatte mit allem Irdischen weitgehend abgeschlossen und in seinem letzten erhaltenen Brief an seinen Schüler und Freund Lucilius darauf hingewiesen, dass man nach Einsicht in die Sinnlosigkeit der Suche nach den üblichen Glücksgütern erkennen müsse, «dass die am meisten Unglücklichen glücklich sind»[56], weil sie diese Illusionen hinter sich gelassen haben. Obwohl er als Stoiker zumindest an ein etwas blutleeres Glück des tugendhaften Lebens und der Einsicht in die Vernunft des Kosmos glaubte, liest sich seine *Trostschrift an Marcia* (eine römische Senatorentochter, die nach Jahren immer noch um ihren verstorbenen Sohn trauerte) in Teilen wie das Manifest eines ausgewachsenen Schwarzsehers.

Wie kann man doch seine eigenen und die allgemeinen Verhältnisse so vergessen? Sterblich bist du geboren, Sterbliche hast du zur Welt gebracht; du, ein morscher und hinfälliger Leib, und wiederholt von Krankheiten heimgesucht, glaubst in einem so schwächlichen Stoffe etwas Festes und Ewiges zu tragen? Dein Sohn ist gestorben, d. h. er ist an das Ziel gelangt, dem Alle zueilen, die du für glücklicher hältst, als deine Leibesfrucht. (Seneca, Trostschrift an Marcia)

Als Rat gibt er ihr und uns zu bedenken, dem Unglück seine

Schärfe zu nehmen, indem man es sich ständig präsent macht. Wenn wir vom Leid anderer erfahren, sollen wir uns vor Augen führen, dass uns das ebenso hätte zustoßen können.

«Ich habe nicht geglaubt, dass es geschehen werde.» Wie? du glaubst nicht, dass es geschehen werde, da du doch weißt, dass es bei Vielen geschehen kann, und siehst, dass es schon Vielen begegnet ist? [...]

Jener hat Kinder verloren; auch du kannst sie verlieren. Jener ist verurteilt worden; auch deiner Unschuld droht ein Schlag. Der Schrecken täuscht uns, er verweichlicht uns, wenn wir Etwas erleiden, wovon wir nie ahnten, dass wir es erleiden könnten. Wer [aber] in die Zukunft hinausschaut, der entzieht dem Übel, wenn es da ist, seine Kraft. (Seneca, Trostschrift an Marcia)

Ob diese Art des Zuspruchs Marcia wirklich getröstet hat, wissen wir nicht. Viele bleiben bei Schicksalsschlägen in der Frage befangen «Warum ich?», auf die der Pessimist nur die herzlos klingende Gegenfrage als Antwort hat: «Warum nicht?» Für den misstrauischen Schwarzseher ist die Kontemplation möglichen Unglücks nämlich tägliche Übung und notwendiger Bestandteil seiner Lebensbewältigung.

Martin Heidegger (1889–1976) bohrt philosophisch dicke Bretter und entwickelt in *Sein und Zeit* aus seiner Daseins-Analyse heraus die Sorge als grundlegende Existenzform des Menschen. Er zitiert zur Illustration die uralte Fabel des antiken Schriftstellers Hyginus, die den Menschen als ein Geschöpf schildert, das die «Sorge» in einer trübsinnigen Laune erschuf. Die allegorische Dame formte das erste Exemplar an einem Fluss aus einem Stück Lehm. Jupiter steuerte den Geist bei, und das Material lieferte die Erde, daher bekommen sie am Ende Seele beziehungsweise Körper. Zeit seines Lebens aber gehört dieses Wesen der «Sorge», und wir alle sind somit geborene Sorgenkinder.[57]

Nach Heidegger eilen wir uns selbst in unserem Denken immer schon sorgend voraus. Auch wenn wir dem Bewusstwerden unserer eigenen Endlichkeit gerne ausweichen, bestimmt sie unterschwellig doch unser ganzes Sein. Die grundlegende Angst des Menschen ist die vor dem Tod. Mit ihr müssen wir leben. Das Wissen um unsere Endlichkeit ist der Auslöser und Hintergrund für unser «Sorge-volles» Leben: «Die Sorge ist Sein zum Tode.» In dieser fundamentalen – im Alltagsgeschehen zusammen mit den uns umgebenden anderen geschäftigen Verdrängern meist vor uns selbst verheimlichten – Beunruhigung gründet unsere Existenzweise als Menschen, sie versteckt sich im «Be-Sorgen» des Nötigen ebenso wie in der «Für-Sorge» für den anderen.

In unserem alltäglichen (von Heidegger «vulgär» genannten) Zeitverständnis versuchen wir, die Endlichkeit zu verdrängen. Wir konstruieren uns nicht nur in der Physik eine unabhängig von uns vergehende, unendliche Zeit und wollen uns damit vormachen, dass auch unser eigenes Leben sich endlos fortsetzt. Gänzlich verbergen lässt sich der wahre Sachverhalt jedoch nicht, die Sprache verrät uns:

Warum sagen wir: die Zeit vergeht *und nicht ebenso* betont: sie *entsteht? Im Hinblick auf die reine Jetztfolge kann doch beides mit dem gleichen Recht gesagt werden. In der Rede vom* Vergehen *der Zeit versteht am Ende das Dasein mehr von der Zeit, als es wahrhaben möchte [...]. Die Rede vom Vergehen der Zeit gibt der «Erfahrung» Ausdruck: sie lässt sich nicht halten. [...] Das Dasein kennt die flüchtige Zeit aus dem «flüchtigen» Wissen um seinen Tod.* (Martin Heidegger, Sein und Zeit, S. 425)

Viele versuchen mehr oder weniger erfolgreich, die ahnungsvollen dunklen Vorzeichen zumindest oberflächlich zu ignorieren. Die Schwarzseher gestehen sich offen ein, dass in Wirklichkeit unser Leben vergeht, wenn wir vom Vergehen der Zeit «an sich» sprechen.

Auch auf die Ethik fällt mit der entsprechenden Beleuchtung ein schwarzer Schatten. Für **Theodor W. Adorno** (1903 – 1969) gibt es «kein richtiges Leben im falschen», wie er in der erzwungenen Emigration im von ihm misstrauisch beäugten Amerika in seinen «geringfügigen moralischen Betrachtungen» *(Minima Moralia)* schreibt. Wie auf dem Hintergrund der aktuellen Wohnraumsituation in den Ballungsgebieten argumentierend, zeigt er dies an der moralischen Zwickmühle des Hausbesitzers auf, der das Privateigentum an Wohnraum eigentlich für überholt hält (da es unweigerlich zum Objekt der Spekulation von Kapitalanlegern wird), sich andererseits zum Immobilienerwerb gezwungen sieht (um eigene Abhängigkeit zu vermeiden – wenn er es sich denn leisten kann). Die Geringschätzung des Eigentums führt «zur Destruktion, einer lieblosen Nichtachtung für die Dinge, die notwendig auch gegen die Menschen sich kehrt», während seine positive Bewertung nur «eine Ideologie für die, welche mit schlechtem Gewissen das Ihre behalten wollen», abgibt.[58] Beides ist unbefriedigend; eine saubere moralische Entscheidung lässt sich so nicht treffen.

Das tiefe Misstrauen, das Adorno gegenüber der Behauptung eines moralischen Fortschritts in der Geschichte hegt, basiert auf einer aus seiner Sicht fehlentwickelten Aufklärung.[59] Der ursprünglich lobenswerte Anspruch der im 18. Jahrhundert erhobenen philosophischen Aufforderung, die Vernunft zu gebrauchen, um sich aus überlieferten Dogmen zu befreien, ist nach Adornos Einschätzung einer unmenschlich gewordenen technologischen Zweckrationalität gewichen, die zu faschistischen Konzentrationslagern und stalinistischen Gulags geführt hat. Für Auschwitz einen tieferen Sinn zu behaupten, der uns mit den barbarischen Auswüchsen, für die es steht, versöhnen könnte, würde nur einem abgrundtiefen Zyniker einfallen. Dennoch scheinen immer wieder manche angesichts unbegreiflicher Gräueltaten einem kurzzeitig entlastenden Sinnfindungsreflex zu unterliegen, wenn etwa der Tod einer vergewaltigten und brutal misshandelten Inderin als «nicht umsonst» gedeutet werden soll, da endlich die zugrundeliegende Problematik des Frauenbilds in der indischen Gesellschaft ans Licht gezerrt wird. Wenn wir uns zum Besseren entwickeln wollten – sollte es da nicht Wege geben, die ohne unsägliches Leid und Tod von Menschen auskommen?

Aus der Warte des Schwarzsehers wird uns in der modernen Industriegesellschaft die von der Aufklärung versprochene Freiheit von der Kultur- und Werbewirtschaft längst nur noch vorgegaukelt. Die Bequemlichkeit, die wir uns geschaffen haben, lullt die Fähigkeiten unserer Vernunft ein. In einem Streitgespräch mit Arnold Gehlen entlarvt Adorno unsere schöne neue Welt der Institutionen, die uns Unangenehmes und Bedrohliches, aber auch die Verantwortung abnehmen, als einen Irrweg:

Ich habe eine Vorstellung von objektivem Glück und objektiver Verzweiflung, und ich würde sagen, dass die Menschen so lange, wie man sie entlastet und ihnen nicht die ganze Verantwortung und Selbstbestimmung zumutet, dass so lange auch ihr Wohlbefinden und ihr Glück in dieser Welt ein Schein ist. Und ein Schein, der eines Tages platzen wird. Und wenn er platzt, wird das entsetzliche Folgen haben. (Theodor W. Adorno, «Das autonome Subjekt»)[60]

Die biblische Heilsgeschichte ist für Adorno zur Unheilsgeschichte verkommen, die Menschheit bewegt sich eher auf die politische, kulturelle und moralische Katastrophe zu. In der sich daraus ergebenden Perspektive des Grauens wäre sich Adorno mit Cioran einig:

Man kann gewiss sein, dass das 21. Jahrhundert, das weit fortgeschrittener sein wird als das unsere, in Hitler und Stalin harmlose Sängerknaben sehen wird. (E. M. Cioran, «Erwürgte Gedanken» II, S. 101)[61]

Im persönlichen Leben fand Adorno seinen theoretischen Pessimismus darin bestätigt, dass er, der nach seiner Rückkehr aus dem Exil an die Frankfurter Universität anfangs als Ikone der Studentenbewegung gefeiert wurde, schließlich von ihr wegen angeblicher Praxisferne hart kritisiert und seine Vorlesung von den nackten Tatsachen ihn umringender barbusiger Studentinnen gesprengt wurde. Daraufhin zog er sich endgültig aus dem universitären Leben zurück.

Auch die so genannte «postmoderne» französische Philosophie trägt schwarzseherische Züge. Indem er das vernunftgläubige, aufklärerische Zeitalter der Moderne gedanklich hinter sich lässt, ruft **Jean-François Lyotard** (1924–1998) das «Ende der großen Erzählungen» aus und meint damit die Fortschrittsgeschichten der Menschheit, die für alle Zeiten diskreditiert seien. Eine dieser unglaubwürdig gewordenen «Metaerzählungen» versprach die «Bereicherung der gesamten Menschheit durch den Fortschritt der kapitalistischen Techno-Wissenschaft»[62]. Als überlieferte Geschichtsdarstellungen sind sie keine Mythen, haben aber wie diese «das Ziel, Institutionen, soziale und politische Praktiken, Gesetzgebungen, Ethiken, Denkweisen zu legitimieren. Aber im Unterschied zu den Mythen suchen sie die Legitimität [...] in einer einzulösenden Zukunft, das heißt in einer noch zu verwirklichenden Idee.»[63] Im Wahrheitsgehalt übertreffen sie die Mythen früherer Zeiten jedenfalls nicht: Die hochfliegenden Zukunftsversprechen einer durch grenzenloses Wachstum immer reicher werdenden Weltbevölkerung werden sich kaum einlösen lassen, und die technologische Forschung muss immer stärker dazu herangezogen werden, die Probleme auszubügeln oder zumindest zu lindern, die sie selbst erzeugt hat.
Der Sieg der kapitalistischen Techno-Wissenschaft [...] ist indes eine andere Art und Weise, das Projekt der Moderne zu zerstören, indem man vorgibt, es zu verwirklichen. Die Beherrschung der Objekte durch Subjekte, die durch die Wissenschaften und die zeitgenössischen Technologien erreicht wurde, wird weder von mehr Freiheit

noch von mehr öffentlicher Erziehung noch von größerem und besser verteiltem Wohlstand begleitet [...]. Als Beurteilungskriterium akzeptiert sie jedoch nur den Erfolg. Nun kann sie aber weder angeben, was der Erfolg ist, noch, warum er gut, richtig und wahr ist [...]. (Jean-François Lyotard, «Randbemerkungen zu den Erzählungen», S. 50)[64]

Wenn keiner mehr weiß, worin der Fortschritt besteht, verliert er seine rechtfertigende Funktion nicht nur für den Schwarzseher. Dann kann nicht mehr abgeleitet werden, dass die Gesellschaften des Westens in Wohlstand und Demokratie der höheren Lebensqualität zum Durchbruch verhelfen. Aus der Sicht ihrer Gegner werden diese ihren Gesellschaftsordnungen gegenüber mit ökonomischen und militärischen Mitteln zu Diktatoren eines scheiternden Modells.

Die Schwarz-Weiß-Malereien einer Aufteilung der Welt in «Schurkenstaaten» einerseits und einer «Allianz der Willigen» andererseits lassen außer Acht, wie eng diese Mächte miteinander verwoben sind. **Jean Baudrillard** (1929–2007) erläutert in seinem Aufsatz «Der Geist des Terrorismus», der nach den Anschlägen auf die Türme des World Trade Centers am 11.9.2001 entstand, dass wir das Böse in der Welt niemals überwinden können, weil es unlösbar mit dem Guten verbunden ist:

Wir glauben naiverweise, dass der Fortschritt des Guten, sein Erstarken in allen Bereichen (Wissenschaften, Techniken, Demokratie, Menschenrechte) einer Niederlage des Bösen entspricht. Niemand scheint begriffen zu haben, dass Gut und Böse gleichzeitig und innerhalb ein und derselben Bewegung erstarken. Der Triumph des einen bringt keineswegs die Auslöschung des anderen mit sich, viel mehr im Gegenteil. [...] Im Grunde genommen könnte das Gute das Böse nur dann besiegen, wenn es darauf verzichten würde, das Gute zu sein, da es gerade durch Aneignung des weltweiten Machtmonopols den Rückstoß einer proportional entsprechenden Gewalt auslöst. (Jean Baudrillard, Der Geist des Terrorismus, S. 18 f.)

Ein endgültiger Sieg des Guten könnte für den französischen Philosophen niemals errungen werden. Wir Menschen werden nicht nur mit zunehmend selbst verschuldeten Naturkatastrophen, sondern auch mit dem selbst erzeugten Leid des moralischen Übels dauerhaft leben müssen.

Baudrillard beschränkt sein Schwarzsehen nicht auf die riesenhaften politischen Gegenspieler der weltpolitischen Bühne. Er misstraut selbst dem ganz Kleinen. Die Naturwissenschaftler mussten erkennen, «dass jede mikroskopische Betrachtungsweise eine derartige Verfälschung des Objekts hervorruft, dass das Wissen darum gefährlich werden könnte»[65], und haben deshalb ihre Gewissheiten etwa bei Quantenphänomenen durch Wahrscheinlichkeiten ersetzt. Baudrillard treibt den Gedanken noch weiter: Er vermutet eine tückische Grundhaltung in den Gegenständen selbst, die uns das Leben schwer macht:

Vielleicht täuscht uns das Objekt, weil es unzufrieden damit ist, durch die Beobachtung entfremdet zu werden? Vielleicht erfindet es eigene Antworten und gibt nicht mehr nur die, die von ihm erwartet werden? Vielleicht will es absolut nicht analysiert und beobachtet werden und versteht all das als eine Herausforderung (was richtig ist), der es seinerseits auch mit einer Herausforderung begegnet? (Jean Baudrillard, Die fatalen Strategien, S. 98)

Diese mutmaßliche Irreführung lässt sich für ihn vor allem auf die Untersuchungsobjekte der Sozialwissenschaft, aber auch auf die Massenmedien übertragen, denn dort «verbergen sich die Ereignisse selber hinter dem Bildschirm»[66]. Die in den Fernsehnachrichten gezeigten Geschehnisse haben eher den Charakter einer animierten Simulation als den einer objektiven Repräsentation. Für Baudrillard werden wir in vielfältigen Lebensbezügen – statt, wie wir meinen, unsere Entscheidungsfreiheit als selbstbestimmte Subjekte auszuüben – durch die Objekte verführt und überlistet. Die sprichwörtliche «Tücke des Objekts» im Alltag verbirgt sich nicht nur in dem Hammer, der einem scheinbar ohne Einwirkung vom Tisch auf den Fuß gefallen ist. Weniger dramatisch, dafür durch ihre Verbreitung weitreichender könnte man neuesten Errungenschaften der Technik wie Smartphones, Tablet-Computern und Datenbrillen die Neigung unterstellen, uns mehr und mehr zu beherrschen, indem sie uns unsere Zeit rauben und uns abhängig machen, anstatt uns lediglich – wie versprochen – nützliche Helfer zu sein und unsere Wünsche zu erfüllen.

Dem Begehren des anderen entsprechen, sein Verlangen wie ein Spiegel abbilden, es sogar antizipieren: man kann sich kaum vorstellen, welche enttäuschende, vernichtende, verlockende und irreführende Kraft, insgesamt betrachtet, welch subtile Rache in dieser plötzlichen Verführung enthalten ist. (Jean Baudrillard, Die fatalen Strategien, S. 102)

Wie bei Cioran und Schopenhauer ist die Begierde – auch bereits die Begierde nach Wissen, Information und Kommunikation – der Auslöser für die leidvolle Desillusionierung, die wir letztlich erfahren müssen, wenn wir ihrem Sog leichtfertig nachgeben.

Der deutschstämmige und in die USA emigrierte Philosoph und Religionswissenschaftler **Hans Jonas** (1903–1993) plädiert in seinem *Prinzip Verantwortung*, das er ganz bewusst dem von ihm für gefährlich gehaltenen *Prinzip Hoffnung* Ernst Blochs entgegensetzt, für eine pessimistische Ethik der weitgehenden Zurückhaltung bei der Umsetzung des technisch Machbaren. Er misstraut auf der Grundlage seiner Erfahrungen mit der Menschheit allen positiven Zukunftserwartungen. Insbesondere die Versprechungen der Technik rät er mit Vorsicht zu genießen. Die Wissenschaftler und Ingenieure sind schnell dabei, alles, was möglich ist, auch in die Tat umzusetzen. Ihr Wissen über potenzielle Folgen entspricht dabei meist in keiner Weise den ins Unermessliche gewachsenen tatsächlichen Auswirkungen ihrer

Eingriffe in die Natur. Jonas formuliert aus dieser Einsicht heraus seinen «ökologischen Imperativ» gleich in mehreren Versionen:

Ein Imperativ, der auf den neuen Typ menschlichen Handelns passt und an den neuen Typ von Handlungssubjekt gerichtet ist, würde etwa so lauten: «Handle so, dass die Wirkungen deiner Handlung verträglich sind mit der Permanenz echten menschlichen Lebens auf Erden»; oder negativ ausgedrückt: «Handle so, dass die Wirkungen deiner Handlung nicht zerstörerisch sind für die künftige Möglichkeit solchen Lebens»; oder einfach: «Gefährde nicht die Bedingungen für den indefiniten Fortbestand der Menschheit auf Erden» [...]. (Hans Jonas, Das Prinzip Verantwortung, S. 36)

Das scheint auf den ersten Blick nicht zu viel verlangt, doch wir können es drehen und wenden, wie wir wollen, unser Handeln in einer komplexen Welt birgt immer Restrisiken, die sich als fatal erweisen können. Eine Beschränkung auf überschaubare und nachweisbar ungefährliche Eingriffe ist wenig realistisch.

Dem Schwarzseher scheint sein Misstrauen daher gut begründet. Tatsächlich finden sich leicht genügend Probleme, um die wir uns für die Zukunft sorgen könnten. Die von der Organisation *Edge* 2013 gestellte Frage: «Worüber sollten wir uns wirklich Sorgen machen?»[67] hat mehr als 150 qualifizierte Antworten zu bieten – darunter diejenigen von den Philosophen Daniel Dennet (Für einige Wochen ein Leben ohne Internet) und Thomas Metzinger (Eine explodierende Anzahl neuer illegaler Drogen). Erwähnt wird dort auch der Philosoph Nick Bostrom, der in Oxford lehrt. Er sieht Bio- und Nanotechnologie sowie Maschinen, die intelligenter als menschliche Wesen sind, als Hauptbedrohungen an. Jede Menge Material also für Pessimisten.

Die Schwarzseherei kann sich auf einzelne Felder wie die Religion oder die Moral fokussieren, größere Komplexe wie die Gesellschaft, Kultur oder Technik als Ganzes in den Blick nehmen oder den ganz großen Wurf wagen und die Natur- und Menschheitsgeschichte insgesamt mit Misstrauen betrachten. Negativlinge und optimistische Philharmoniker gehen gleichermaßen von metaphysischen Grundannahmen aus. Die misstrauischen Schwarzseher glauben an das Böse im Menschen und in der Welt und an eine zwangsläufig tragische Entwicklung der Geschichte, sodass letztlich alles zugrunde geht. Sie finden keinen vernünftigen Zusammenhang, der als sinnstiftende Grundlage der Welt dienen könnte, höchstens ein fundamentales Prinzip, das nichts Gutes erwarten lässt, wie Schopenhauers Wille oder Ciorans böser Schöpfer. Wenige von ihnen versuchen, sich einen Rest von Hoffnung zu bewahren, und beschränken ihre düstere Sicht nur auf die diesseitige Welt, nach der sie eine bessere jenseitige erwarten.

Misstrauisches Schwarzsehen kann eine Antwort auf Krise, Katastrophe, Todeserfahrung oder als unerträglich empfundene gesellschaftliche Verhältnisse sein: Der argwöhnisch Gewordene beschließt, nichts mehr zu erwarten und mit dem Schlimmsten zu rechnen. In einem unberechenbaren, leidgeprägten Umfeld mag sogar die Gewissheit des Todes ein schwacher, aber verlässlicher Trost sein. Dann ist die düstere Trübsicht eine nachvollziehbare Weltanschauung.

Nicht jeder Pessimist geht so weit, dass er es grundsätzlich für besser hielte, wenn die Welt nicht existierte und er selbst nicht geboren worden wäre, doch er bleibt auch in guten Zeiten auf der Hut gegen das eigene Schicksal. Melanie interpretiert selbst uneingeschränkt positive Erfahrungen als einen nur vorläufigen Zwischenstatus: «Bis jetzt ist es zwar noch gutgegangen, aber …» Sie schließt niemals aus, dass ihre Lage derjenigen ähnelt, die aus dem 10. Stock eines Hochhauses gefallen ist und gerade erst an der 7. Etage vorbeifliegt.

Nicht vielen wäre ein gelingendes Leben inmitten dieser Wüste der Finsternis möglich, aber einige Schwarzseher schaffen es, sich mit der unheilverheißenden Dunkelheit ihrer pessimistischen Erkenntnis zu arrangieren und sich darin recht komfortabel einzurichten. Melanie lebt ihre existenzielle Sorge nicht als ständige Verzagtheit, sondern schätzt sie als gleichmütig angenommene realistische Sicht der Dinge, die sie emotionslos vertritt. Bisweilen scheint sie sich sogar ein wenig spöttisch am Entsetzen ihrer Mitmenschen zu weiden, die sie mit ihren bissigen Kommentaren unvermittelt aus ihrer ahnungslosen Behaglichkeit reißt.

CHANCEN UND RISIKEN FÜR SCHWARZSEHER

Die Geisteshaltung der Schwarzseherin hat durchaus ihre Vorteile:

- Sie fällt nicht leicht auf leere Glücksversprechen herein, denen andere mit enormem Einsatz hinterherjagen, um manchmal erst am Lebensende die Täuschung zu durchschauen und dann den Trümmern ihres Lebensentwurfs erst fassungslos, dann resigniert gegenüberzustehen.
- Ständig erwartete, durch Vorstellung vorweggenommene Desillusionierungen sind leichter verkraftbar und können ein hilfreiches Korrektiv für eingeschlagene Irrwege darstellen.
- Und wenn es einmal doch nicht ganz so schlimm kam wie befürchtet, erlebt selbst die Pessimistin eine kurzzeitige, dafür sehr reale Freude.

Man könnte geneigt sein, Melanie zu unterstellen, dass sie der Hoffnung auf Glück doch nicht endgültig abschwört, sondern ihr lediglich nicht zu viel Raum geben möchte, um nicht enttäuscht zu werden. Nur um auf der sichereren Seite zu bleiben, verschriebe sie sich pragmatisch einem «defensiven Pessimismus»[68], der sich durch gedankliche Vorwegnahme besser auf negative Ereignisse einstellt. Vielleicht vermutet man gar, sie verfalle einem «magischen Denken», das daran glaubt, dass vorausgesehene Katastrophen nicht eintreten. Doch das würde bedeuten, dass sie es mit dem Schwarzsehen nicht wirklich ernst meint und heimlich doch auf Besseres hofft, was wiederum den Einlass für Enttäuschungen umso weiter öffnet. Wenn man unter dem eigenen Mangel an Daseinsfreude leidet und erwartet, andere könnten einem die Lust aufs Leben von außen herbeischaffen, dürfte diese Hoffnung in den seltensten Fällen erfüllt werden.

Diese Einschätzungen tun Melanie unrecht. Sie unterliegt diesem Scheinpessimismus nicht. Sie weiß, dass die Voraussicht höchstens helfen kann, sich psychisch und durch geeignete Maßnahmen auf drohendes Unheil einzustellen und den unangenehmen Überraschungseffekt zu vermeiden, der zu unüberlegten Reaktionen verleitet.

Die tatsächlichen Gefahren liegen eher an anderer Stelle:

- Das Misstrauen, das sie anderen Menschen entgegenbringt, kann ebenso wie eine Passivität des «Da lässt sich ja doch nichts verbessern» schnell zur selbsterfüllenden Prophezeiung werden.
- Durch das Herunterschrauben von Erwartungen schöpft sie ihre Talente und Potenziale womöglich aus Vorsicht nicht aus.
- Der Versuch, imaginierten Verhängnissen durch Einschränkungen des Beziehungskreises oder stärkere Kontrolle zu entgehen, könnte im Extremfall in zwanghaftem Vermeidungsverhalten enden. Dann führte das Schwarzsehen zu Isolation und Risikoscheu.

Melanie sieht die Welt anders: Nur ein konsequent durchdachter und gelebter Pessimismus bietet ihr durch den schwarzen Schleier hindurch die Chance, eine abgeklärte Miene gegenüber der Welt nicht bloß zur Schau zu stellen, sondern innerliche Gelassenheit zu bewahren und ihren Freunden ohne aufgesetzte gute Laune ehrlich zu begegnen. Melanie hilft es, immer mit dem Schlimmsten zu rechnen, der «*worst case*» ist der «*first case*» der Szenarien, die sie sich ausmalt. Das konkrete geistige Durchspielen von Negativem ist ihre wirksame Methode, Angst vor dem Unbekannten zu bewältigen. Sie fühlt sich sicherer, wenn sie sich auf das Unvermeidliche einstellt und eventuelle Vorkehrungsmaßnahmen treffen kann. Jede positivere Weltsicht verachtet sie als naiv und illusionär; deren Anhänger kann sie nur belächeln oder bemitleiden.

Falls Sie sich den Misstrauischen zugeneigt fühlen:
Arthur Schopenhauer und Emil Cioran sind in vielen ihrer Werke die konsequentesten Schwarzseher.
Weitere Hinweise finden Sie in:
Ludwig Marcuse, *Philosophie des Unglücks*

LEBENSKÜNSTLER
BEDÜRFNISSE ALS ORIENTIERUNG

Ganz gewiss braucht man um so weniger, je befreiter man ist. Der Weise demonstriert es täglich, und der Dumme auch. Nur zu atmen, zu wissen, dass man lebt, ist das nicht herrlich? ... Ergib dich! flüstern die stillen, leisen Stimmen. Über Bord mit dem Gepäck!

Henry Miller, Schweb still wie der Kolibri

Philosophen und andere Menschen, die sich an den verschiedensten Formen der Lust orientieren, werden gerne als «Hedonisten» bezeichnet. Das griechische Wort *hêdonê*, das meist mit «Lust» übersetzt wird, kann allerdings genauso gut «Freude», «Vergnügen», «Behagen», «sinnlicher Genuss» oder «Wohlbefinden» bedeuten, was in manchen Ohren dann gleich schon weitaus anständiger klingt. Hedonisten vertreten die Ansicht, dass das Streben nach Lust (oder Freude, Vergnügen …) alles menschliche Handeln und Verhalten entscheidend bestimmt oder vernünftigerweise bestimmen sollte. Das war's aber schon mit den Gemeinsamkeiten, denn was den größten Spaß an der Freud' garantiert, darüber sind sie uneins. Hedonisten treten dementsprechend in überraschend unterschiedlichen Varianten auf: als unbarmherzige Asketen, genügsame Genießer oder als geschmäcklerische Ästheten bis hin zum ausschweifenden Lüstling. Die Übergänge sind fließend. Dieser Schwierigkeit eingedenk, lassen sich dennoch zwei grundsätzliche Untergruppen identifizieren, von denen die einen die Lustbilanz durch Mäßigung steigern wollen, die anderen durch Raffinesse. In diesem Kapitel wenden wir uns der ersten Fraktion, den bedürfnisorientierten Lebenskünstlern, zu. Sie versuchen herauszufinden, was wir wirklich zu unserem Glück brauchen und was nur überflüssigen Ballast darstellt, und machen das Ergebnis ihrer Untersuchungen zum Maßstab ihres Lebens.

Egon schöpft die Möglichkeiten des Konsums, die ihm sein Einkommen böte, bei weitem nicht aus. Er lehnt es ab, jeder neuen Mode hinterherzulaufen und sein mühsam erarbeitetes Geld für Dinge auszugeben, die ihm nichts bedeuten. Am Ende des Monats sind seine Taschen niemals leer. Manche seiner Kollegen meinen, er lebe «unter Niveau». Dabei ist er durchaus kein Kostverächter. Er wählt die Zutaten seines Lebensstils nur sehr bewusst: Die Basis seiner Alltagsfreuden besteht aus leicht erfüllbarem Grundbedarf. Er wohnt nicht spartanisch, aber einfach in einer erschwinglichen Wohnung, die dank ihrer verkehrsgünstigen Lage Arbeit und Freizeitangebote gut erreichbar macht. Das Mobiliar ist zweckmäßig, eine Designer-Liege sucht man vergeblich. Markenkleidung kauft er lediglich, wenn er sich davon bessere Qualität und längere Haltbarkeit verspricht. Sein Speiseplan enthält mehr Gemüse der Saison als Exotisches; Fleisch gibt's eher selten, dann aber vom Bio-Metzger. Zu besonderen Anlässen kann Egon es aber auch mal krachen lassen und sich und seinen Gästen ein opulentes Mahl oder einen erlesenen Kulturgenuss gönnen. Dann spielt Geld (fast) keine Rolle. In den Ruin stürzt er sich damit nicht, denn zur Gewohnheit wird ihm Verschwendung kaum werden. Seine Grundausrichtung zielt auf ein genügsames, aber keineswegs asketisches Leben.

Weitaus rigoroser war da **Diogenes von Sinope** (ca. 400 – 325 v. Chr.), der nicht einmal eine Wohnung brauchte, sondern in Korinth in einer ausrangierten Tonne Unterschlupf fand, wenn er nicht ohnehin als Wanderlehrer unterwegs war. Er suchte immer wieder nach einfacheren Möglichkeiten, seine Bedürfnisse zu erfüllen, und nahm die Devise «*Simplify your life*» ernster als jeder andere. Als er sah, dass ein Junge am Brunnen das Wasser mit der Hand zum Mund führte, erkannte er, dass sein Becher überflüssig war, und warf ihn kurz entschlossen weg.

Oberstes Ziel war ihm seine innere und äußere Unabhängigkeit, die er unter allen Umständen zu bewahren trachtete und von der er zahlreiche Proben ablegte. Mit seinem kompromisslosen, oft provokativen Verhalten versprach er seinen Mitbürgern zwar beträchtlichen Unterhaltungswert, machte sich aber nicht gerade beliebt. Er stieß auf offene Ablehnung und riskierte manchmal sogar Kopf und Kragen. Als Alexander der Große, vom zweifelhaften bis heimlich bewundernden Ruf des Philosophen angezogen, ihn in einem Hain bei Korinth aufsuchte und ihm anbot, ihm jeden Wunsch zu erfüllen, kommandierte Diogenes nur, dass er zur Seite treten und ihm nicht die Aussicht verstellen solle: «Geh mir aus der Sonne!» Ein flotter Spruch gegenüber einem gewiss nicht für Unterwürfigkeit und aggressionslose Zurückhaltung bekannten erfolgreichen Eroberer – das war mutig und hätte leicht schiefgehen können. Doch Alexander war beeindruckt und meinte, wenn er nicht schon seinen Traumjob als erfolgreicher Feldherr und Herrscher gefunden hätte, es sein «Plan B» wäre, Diogenes nachzueifern.

Seine bescheidenen Bedürfnisse befriedigte der Philosoph in aller Öffentlichkeit auf dem Marktplatz, was damals schon in Bezug auf das Speisen verpönt war, vielmehr noch – daran hat sich wenig geändert – bei der Sexualität, die er sowohl mit Prostituierten als auch solo vor aller Augen auslebte und dabei bedauerte, dass der Hunger nicht mit Reiben des Bauches genauso leicht zu stillen sei. Die sich für kultivierter haltenden Mitmenschen nahmen ihm diese Schamlosigkeiten übel und bezeichneten ihn abfällig als Hund («kyon»). Dieses nicht nett gemeinte Etikett akzeptierte er als Ehrentitel – der auch seinen Nachfolgern, den *Kynikern*, ihren Namen gab. Von seinem Tod liefern die gespaltenen Lager seiner Anhänger und Kritiker widersprüchliche Berichte: Einmal soll er – selbstbestimmt – durch Anhalten des Atems gestorben sein, ein andermal – in übertriebener Einfachheit – am Verzehr eines rohen Ochsenfußes oder – tragikomisch und stilgerecht als Hundephilosoph – bei der Verteilung eines Polypen an Straßenköter, die ihn (offenbar weniger genügsam als er) dann selbst angriffen und zerfleischten.

Diogenes veranschaulichte seine Philosophie durch sein Verhalten und hinterließ nichts Schriftliches, doch Lukian von Samosata (ca. 120–180 n. Chr.) spricht auch für ihn, wenn er seine Figur des Kynikers wie folgt für das einfache Leben argumentieren lässt:

Ihr möchtet alles genießen, was es irgendwo gibt, nicht nur, was in eurer Nähe ist, denn euer Land, euer Meer genügt euch nicht, sondern ihr importiert eure Genüsse vom Ende der Welt. Immer schätzt ihr ausländische Artikel höher als einheimische, teure höher als billige, schwer zu beschaffende höher als leicht zu beschaffende. Mit einem Wort: Ihr zieht es vor, euch in Sorgen und Mühsal zu stürzen, statt sorgenfrei zu leben. Denn die vielen kostspieligen Voraussetzungen eures Glücks, auf die ihr so stolz seid, lassen sich nur durch viel Kummer und Sorge erwerben. Betrachte bitte das Gold, das du so heiß begehrst, betrachte das Silber, betrachte die teuren Häuser, betrachte die hoch eleganten Kleider, betrachte alles, was dazu gehört: Wie viel Mühe kostet das alles, wie viel Sorgen, wie viel Gefahren, ja, wie viel Blut, wie viele Todesfälle, wie viele Verluste von Menschenleben (denn manch einer geht deswegen auf hoher See unter, und manch einen ereilt auf der Suche nach solchen Dingen oder bei ihrer Herstellung ein tragisches Schicksal), ja, man kämpft erbittert um solche Dinge, man lauert sich gegenseitig auf, der Freund dem Freund, der Sohn dem Vater, die Gattin dem Gatten. (Lukian, Der Kyniker)[69]

Der jährlich wiederkehrende Vorweihnachtseinkaufsstress auf der Suche nach originellen Geschenken ist ein harmloses Symptom dieser Fehlorientierung; die Selbstausbeutung, die sich mancher auferlegt, um im Rennen um die Statussymbole vom neuesten Smartphone über Designermode bis zur Oberklasselimousine ganz vorne mit dabei zu sein, schon ein gravierenderes. Und der Preis für seine gesteigerten Ansprüche, den der Konsument selbst mit physischen und psychischen Anstrengungen zahlt, verblasst gegenüber den ausbeuterischen und allzu häufig lebensbedrohlichen Arbeitsbedingungen, unter denen textile und elektronische Luxusgüter in Asien produziert werden. Ein an wesentlichen Bedürfnissen orientiertes Leben strebt danach, sich und anderen dieses Leid zu ersparen.

Ihrerseits werden die meisten an der Armutsgrenze oder darunter sich Abplagenden aufgrund des unfreiwilligen Charakters ihrer Situation der kompromisslosen kynischen Lebensform des freiwilligen Verzichts wohl nicht viel Positives abgewinnen können. Dennoch finden sich zuweilen aktuelle Nachfolger des Diogenes selbst in diesen Reihen: So berichtet die *Zeit* vom 14. Februar 2013 über den Straßensänger Micha im fränkischen Hof, der – auf jegliche staatliche Hilfen verzichtend – unter einfachsten Bedingungen mit seiner Gefährtin in einer unbeheizten Wohnung haust, das wenige, das er braucht, mit seinem Straßengesang beschafft und dabei einen glaubhaft glücklichen Eindruck vermittelt.

Nicht alle, die sich an ihren Bedürfnissen orientieren, sind unbarmherzige Asketen. Der genügsame Genießer schränkt sich nur ein, um seine Bedürfnisse leicht und häufig erfüllen zu können und damit zwar unabhängig zu bleiben, aber gleichzeitig ein Maximum an Angenehmem zu erfahren. Mit dieser Strategie erhofft er sich Autarkie und Genuss in Einklang zu bringen.

Das Aushängeschild dieser Art des Hedonismus ist der Grieche **Epikur** (341–271 v. Chr.), der im Jahr 306 vor unserer Zeitrechnung in Athen seine «Schule des Gartens» als philosophische Lehranstalt und Lebensgemeinschaft gründete. In den von ihm erhaltenen Schriften stellt er die Lust (oder je nach Übersetzung wieder: Freude, Vergnügen ...) uneingeschränkt ins Zentrum seiner Werte und beruft sich dabei auf unsere Natur.

Dafür, dass die Freude das höchste Ziel unseres Lebens ist, liegt der Beweis darin, dass die lebenden Wesen von Geburt an daran Gefallen finden, dagegen dem Schmerz naturgemäß und unbewusst sich widersetzen. (Epikur, Fragmente, 21, S. 98)[70]

Was uns Menschen gleich allen Lebewesen von Anfang an in die Wiege gelegt ist, kann keine schlechte Leitlinie sein. Warum sollten wir uns nicht daran ausrichten? Schließlich bietet die Welt eine leicht verfügbare Palette von sinnlichen Annehmlichkeiten, die für Epikur alles Wertvolle vollständig umreißt:

Ich weiß nicht, was ich noch als Gutes ansehen soll, wenn ich die Freuden des Geschmacks, die Freuden der Liebe, die Freuden des Gehörs, schließlich die Erregungen beim Anblick einer schönen Gestalt abziehe. (Epikur, Fragmente, 22, S. 98)[71]

Damit hätten heute neben bodenständigen Köchen wie Jamie Oliver und schnörkellosen Musikern wie Bruce Springsteen wohl auch attraktive Models beiderlei Geschlechts grundsätzlich Chancen, in den erlauchten Kreis der Jünger aufgenommen zu werden. Epikur war kein Kind von Traurigkeit, deshalb wurde ihm früh, beispielsweise von seinen stoischen Gegnern, unterstellt, er fröne der Völlerei und Sinnenlust. Richtig ist daran nur, dass Epikur neben der Lust andere Werte kaum gelten lassen will. Ruhm und Ansehen sind ebenso wie die Tugend lediglich dann für ihn schätzenswert, wenn sie zur Freude beitragen. Sein Vergnügen konzentriert sich jedoch auf die *basics* und ist meilenweit von jeder Ausschweifung entfernt.

Als Menschen sind wir von Lust und Schmerz bestimmt, die wir direkt und unmittelbar wahrnehmen. Unsere Empfindung ist ein unbestechliches Messinstrument, das unmissverständlich anzeigt, was uns zu- oder abträglich ist. Grundvoraussetzung für das Erleben von Lust ist zunächst die Abwesenheit von Schmerz. Diese dauerhaft zu gewährleisten, muss daher das oberste Gebot sein. Dazu kann es notwendig sein, sich einer gesunden Lebensführung zu befleißigen und auf unzuträgliche Genüsse zu verzichten. Das lässt sich leicht einsehen:

Für Leute, die zu überlegen fähig sind, birgt der wohlgefestigte Zustand des Leibes und die feste Zuversicht, dass er so bleibt, die höchste und sicherste Freude. (Epikur, Fragmente, 26, S. 99)[72]

Zu viele Gedanken sollte man darüber hinaus an seine Gesundheit nicht verschwenden, denn was einem ebenso leicht den Spaß am Leben verderben kann wie physische Pein, ist die Furcht, die Epikur für eine durch Verwirrung ausgelöste Unruhe der Seele hält. Ängstigen kann man sich vor vielem, wer sollte das besser wissen als wir Deutschen, die weltweit als Experten diffuser und unbegründeter Angst gelten? Der alte Grieche diagnostiziert in seinen *Fragmenten* und *Hauptlehrsätzen* vier Hauptbeunruhiger seiner Zeit – die Furcht vor der Unberechenbarkeit der strafenden Götter, vor dem Tod und vor unerträglichen Schmerzen sowie die Sorge um das Lebensnotwendige – und verschreibt entsprechende philosophische Gegenmittel:

- Von den Göttern haben wir nichts zu befürchten, sie leben in ihrer eigenen Welt und kümmern sich nicht um uns Menschen.
- Der Tod geht uns nichts an, wir erleben ihn nicht, solange wir leben, und wenn wir gestorben sind, spüren wir ebenfalls nichts mehr.
- Schmerzen sind entweder aushaltbar oder kurz. Wenn ihre Ursache uns nicht gleich umbringt, führen sehr heftige Schmerzen schnell zur Bewusstlosigkeit.
- Worüber sollten wir uns ernsthaft sorgen? Das Gute ist leicht zu beschaffen, Hunger und Durst sind mit einfachen Mitteln zu stillen, nur die Bedienung von Luxusbedürfnissen bereitet uns Mühe und erfordert erheblichen Aufwand.

Durch seine Analyse verschiedener Kategorien von Bedürfnissen festigt Epikur seine Ansicht vom wahren Vergnügen als Freiheit von Schmerz und Sorge. Wenn man die leibliche Unversehrtheit und den Seelenfrieden zum Maßstab nimmt, lassen sich die Begierden leicht sortieren. Weniges ist lebensnotwendig oder zur Erhaltung der Gesundheit erforderlich, zum Glücklichsein brauchen wir nicht viel mehr und schon gar keine unnatürlich erzeugten Genüsse. Wenn der Schmerz gestillt ist und die Wogen der inneren Unruhe geglättet sind, haben wir das Entscheidende bereits erreicht. Die Freude kommt dann von selbst.[73] Mehr sollten wir seiner Meinung nach nicht vom Leben erwarten.

Wenn wir seine Ratschläge beherzigen, verspricht Epikur uns die Aussicht auf einen nie endenden Wellness-Tag – wenn auch nicht mit der kostenintensiven dienstbeflissenen Umsorgtheit durch gute Geister, die viele damit verbinden. Wie in der Saunalandschaft spielen in Epikurs Garten dagegen Freundschaften eine nicht unerhebliche Rolle – gemeinsam genießt es sich einfach besser, und gerade unter schwierigen Lebensbedingungen sind Freunde ein wahrhaftes Bedürfnis. Der beständige Austausch unter Gleichgesinnten, die sich gegenseitig in ihrer Haltung des kontrollierten Konsumverzichts bestärken, ist dabei noch wichtiger als die sprichwörtlichen «Freunde in der Not», die man ohnehin am leichtesten findet, wenn man sechs Richtige im Lotto hat.

Epikur ermahnt uns zum klugen Umgang mit unseren Wünschen und die Abwägung der zu erwartenden Folgen. Nicht jeder Spaß hält auf Dauer, was er auf den ersten Blick verspricht. Das eine oder andere Vergnügen sollte man lieber auslassen, wenn ein dickes Ende nachkäme. Selbst Schmerzen sind nicht immer zu vermeiden – ein unangenehmer Zahnarztbesuch zur rechten Zeit kann peinigende Nächte ersparen. Doch Verzicht und unliebsamer Zwang werden von Epikur niemals übertrieben oder gar zum abhärtenden Selbstzweck erhöht: Die Zielrichtung der dauerhaften Lustmaximierung bleibt fest im Blick.

Auch die Selbstgenügsamkeit halte ich für ein großes Gut, doch nicht, damit wir uns unter allen Umständen an wenigem genügen lassen, sondern damit wir uns mit wenigem zu begnügen vermögen, wenn wir nicht viel haben; wir sind überzeugt, [...] dass alles Natürliche sehr leicht, das Überflüssige und Sinnlose aber schwer zu beschaffen ist. Einfache Suppen bereiten den gleichen Genuss wie ein üppiges Mahl, wenn erst einmal das Entbehren nicht mehr als Schmerz empfunden wird; Brot und Wasser bereiten den höchsten Genuss für jemand, der sie zu sich nimmt, wenn er Hunger und Durst hat. (Epikur, Brief an Menoikeus, S. 57 f.)[74]

Eine an den natürlichen Notwendigkeiten ausgerichtete Ernährung ist nicht nur der Gesundheit zuträglich. Sie erhöht den Genuss von Leckereien nach längerer Abstinenz – ein Effekt, den Fromme aus der Fastenzeit kennen. Nicht zuletzt mildert die Gewöhnung an ein einfaches Leben die Furcht vor einem finanziellen Abstieg, der den Verlust eines hohen Lebensstandards (beispielsweise aufgrund von Arbeitslosigkeit) für manchen zum unerträglich scheinenden Schicksalsschlag macht. Epikurs Lustorientierung ist alles andere als ein Zuckerschlecken am Dauerlutscher, zu dieser Haltung gehört intensives Training und ein abgeklärtes Einschätzungsvermögen.

Wenn ich nun erkläre, dass die Freude das Ziel des Lebens ist, dann meine ich damit nicht die Lüste der Schlemmer noch die Lüste, die im Genießen selbst liegen, wie gewisse Leute glauben, die meine Lehre nicht verstehen, sie ablehnen oder böswillig auslegen. [...] Denn nicht häufige Trinkgelage und festliches Schmausen, auch nicht der Verkehr mit schönen Knaben und Frauen, noch der Genuss von leckeren Fischen und was sonst eine üppige Tafel bietet, schafft ein freudvolles Leben; Freude schafft vielmehr nüchternes Überlegen, das die Ursachen alles Verlangens und Meidens aufspürt und den leeren Glauben austreibt, aus dem die größte

Verirrung der Seelen entspringt. (Epikur, Brief an Menoikeus, S. 58)[75]

In diesen Worten klingt bereits an, dass sich Epikur von Beginn an böswilliger Fehlinterpretationen seiner Kritiker erwehren musste. Friedrich Nietzsches Charakterisierung in der *Fröhlichen Wissenschaft* trifft dagegen den Nagel auf den Kopf: «[...] es gab nie zuvor eine solche Bescheidenheit der Wollust». Nietzsche sieht an anderer Stelle[76] kaum mehr als einen «Unterschied des Temperamentes» zwischen Diogenes und Epikur. Beide erkennen den Zusammenhang zwischen immer kultivierteren Genussmöglichkeiten und den damit erkauften Quellen der Unlust. Während der Kyniker aus dieser Einsicht heraus den Weg wählt, sich vollkommen von der Kultur, in der er lebt, zu distanzieren, sich ihren Forderungen weitestgehend zu entziehen und sich gegen die Verachtung, die ihm entgegenschlägt, abzuhärten, reduziert ein Anhänger des Epikur seinen Konsum auf den Anteil, der leicht erreichbar ist, und gewinnt damit ebenfalls ein hohes Maß an Unabhängigkeit.

Wenn man davon spricht, dass sich diese Lebenskünstler an Bedürfnissen orientieren, lohnt es sich, genauer hinzusehen, was damit genau gemeint ist. Schon Epikur wusste, dass wir neben der Gesundheit, Nahrung und Wohnung auch der Freundschaft bedürfen. Abraham A. Maslow (1908–1970) lehrte Psychologie an der Harvard-Universität. Er schichtet in seiner Theorie der menschlichen Motivation eine anschauliche Pyramide der Bedürfnisse auf.[77] Die Basis bilden dabei aufeinander aufbauende Mangelbedürfnisse, deren Nichterfüllung unmittelbar erhebliche negative Konsequenzen für das Individuum hat. Sie beginnen mit dem Sockel der *physiologischen Bedürfnisse,* die zur Aufrechterhaltung unserer Körperfunktionen notwendig sind – wie Nahrung, Flüssigkeit und Vitamine, wärmende Kleidung und Unterschlupf. Darauf setzen *Sicherheitsbedürfnisse* nach

Schutz und Geborgenheit auf, die auch Verlässlichkeit und Konstanz beinhalten. Die nächste Schicht bilden *soziale Bedürfnisse* nach Zugehörigkeit und Liebe; darüber legt Maslow *Geltungsbedürfnisse* nach Achtung und Wertschätzung. Auf die Spitze der Pyramide setzt er die *Selbstverwirklichung,* die er als Wachstumsbedürfnis beschreibt. Dem Psychologen ist eine frühkindliche umfassende Befriedigung *aller* grundlegenden Bedürfnisse wichtig, denn oft kommt es vor, dass Menschen den Mangel an sozialen Erfolgserlebnissen durch physiologisch wirkende Maßnahmen zu beheben versuchen und zu viel essen, trinken oder Sex haben, obwohl es ihnen eigentlich an Zuwendung, Anerkennung und Liebe fehlt.

Die bedürfnisorientierten Lebenskünstler tappen nicht in diese Falle. Ihr reflektierter Umgang mit ihren Freuden verhindert das. Obwohl sie auf geistige Werte wie Freiheit, Unabhängigkeit und Selbstbestimmung zielen, bleiben sie sich der Bedeutung der körperlichen Grundlage aus Schmerz und Lust äußerst bewusst. Sie achten darauf, ihren Grundbedarf durch einen durchdachten Umgang mit den eigenen Gelüsten auf ein solides, unaufwendig und uneingeschränkt erfüllbares Maß zu beschränken, und versprechen sich davon leichten und sicheren Genuss ohne Reue.

Epikur wurde trotz seines von seinen Anhängern dokumentierten zurückhaltenden und besonnenen Wesens von Anfang an als Lüstling diffamiert. Dahinter steckte vor allem die Befürchtung, dass ein moralisches Zusammenleben der Menschen auf der Basis unserer Bedürfnisse und der Freude an ihrer Befriedigung nicht begründet werden könne. Den Beweis des Gegenteils nahmen ab dem Ende des 18. Jahrhundert die «Utilitaristen»[78] in Angriff, die die Nützlichkeit als entscheidendes Bewertungskriterium der sittlichen Qualität einer Handlung postulierten. Ihr Prinzip zur Beurteilung von Handlungen besagt, dass überall das größtmögliche Glück (gemessen in von der Moral unabhängigen Werten wie Freude, Gesundheit, Schönheit, Bildung) für die größtmögliche Zahl von Menschen anzustreben sei. **Jeremy Bentham** (1748–1832), einer der utilitaristischen Urväter, knüpft dabei nahtlos an Epikurs Lustlehre an:

Die Natur hat die Menschheit unter die Herrschaft zweier souveräner Gebieter – Leid und Freude – gestellt. Es ist an ihnen allein aufzuzeigen, was wir tun sollen, wie auch zu bestimmen, was wir tun werden. Sowohl der Maßstab für richtig und falsch als auch die Kette der Ursachen und Wirkungen sind an ihrem Thron festgemacht. Sie beherrschen uns in allem, was wir tun, was wir sagen, was wir denken: jegliche Anstrengung, die wir auf uns nehmen können, um unser Joch von uns zu schütteln, wird lediglich dazu dienen, es zu beweisen und zu bestätigen. Jemand mag zwar mit Worten vorgeben, ihre Herrschaft zu leugnen, aber in Wirklichkeit wird er ihnen ständig unterworfen bleiben. Das Prinzip der Nützlichkeit *erkennt dieses Joch an und übernimmt es für die Grundlegung jenes Systems, dessen Ziel es ist, das Gebäude der Glückseligkeit durch Vernunft und Recht zu errichten.* (Jeremy Bentham, Eine Einführung in die Prinzipien der Moral und der Gesetzgebung)[79]

Aus diesen Überlegungen leitet Bentham seine ethische Grundformel ab: In moralischen Konfliktfällen soll man die Handlung wählen, die nach bestem Ermessen dazu tendiert, das Glück für die Mitglieder der Gemeinschaft zu vermehren. Der englische Jurist, der über die Grundlagen der Ethik und des Rechts philosophiert, kommt zu dem Schluss, dass man die moralische Richtigkeit einer Handlung regelrecht ausrechnen kann, wenn man alle Folgen nach ihrem Beitrag zum Wohlergehen der Menschheit einbezieht. Dabei soll der einzelne direkt Betroffene hinsichtlich «der Intensität, der Dauer, der Gewissheit oder Ungewissheit, und der Nähe oder Ferne einer Freude oder eines Leids» betrachtet werden, wobei jeder – ganz demokratisch – ungeachtet seines Geschlechts oder seiner gesellschaftlichen Stellung gleich viel zählt und sogar die Tiere gemäß ihrer Leidensfähigkeit berücksichtigt werden. Auch die mittelbaren positiven und negativen Effekte werden danach in den Lustkalkül mit einbezogen. Die Bewertung rechnet man auf die Anzahl der insgesamt Tangierten hoch, und schon weiß man, welche Aktion dazu neigt, «das größte Glück der größten Zahl» hervorzubringen.[80]

Das Verfahren klingt zwar aufwändig, aber eigentlich nicht sonderlich kompliziert. In der Praxis ist es dennoch kaum befriedigend hinzubekommen; einmal, weil man in der Verflochtenheit der Gesellschaft gerne indirekt Betroffene und nicht ganz offensichtliche Nebenwirkungen übersieht, zum anderen, weil Vergleiche zwischen den hervorgerufenen Glücksgefühlen schon innerhalb einer Person problematisch sind – um wie viel mehr erst zwischen unterschiedlichen Menschen. Was der eine als schnöden länglich-halbrunden Schokokeks wahrnimmt, verehrt der andere als «die längste Praline der Welt».

Trotz dieser Problematik hält **John Stuart Mill** (1806–1873) Geringschätzern der prosaischen utilitaristischen Moralphilosophie entgegen, dass in der Ethik eine Orientierung an anderem als dem greifbaren Glück der Bedürfnisbefriedigung sogar unglaubwürdig, unsinnig und unter Umständen gefährlich sei. (Eine Ansicht, der man im Hinblick auf die verheerenden Untaten, die im Namen hehrer Ideale begangen wurden und werden, einiges abgewinnen kann.)

Es ist sicherlich edel, seinem eigenen Anteil an Glück oder auch nur der Aussicht darauf gänzlich entsagen zu können; aber eine solche Selbstaufopferung muss dennoch einem Zweck dienen; sie ist kein Selbstzweck. Und wenn uns gesagt wird, dass ihr Zweck nicht Glück, sondern Tugend – etwas Besseres als Glück – ist, dann frage ich, ob der Held oder der Märtyrer auch dann noch zu seinem Opfer bereit wäre, wenn er nicht überzeugt wäre, dass es andere vor ähnlichen Opfern bewahrt. Wäre er auch dann noch dazu bereit, wenn er glaubte, dass seinen Mitmenschen aus seinem Verzicht auf Glück kein anderer Nutzen erwüchse, als dass sie sein Schicksal teilten und ebenfalls auf Glück verzichteten? (John Stuart Mill, Der Utilitarismus, S. 28)

Wer uneigennützig im Leben auf Freude verzichtet, verdient dafür nur dann Lob, wenn andere dafür mehr davon haben. Was nicht unterm Strich zu einer Vermehrung des Glücks beiträgt, ist nicht viel wert. Die eigenen oder fremden Bedürfnisse geringzuschätzen, um als besonders tugendhaft zu gelten, führt zu unsinnigem, nicht zur Nachahmung empfohlenen Verhalten. Säulenheilige verdienen nicht Bewunderung, sondern Kopfschütteln.

Mill unterscheidet wie Epikur zwischen höheren und niederen Freuden und nimmt seinen philosophischen Ahnherrn vor seinen Verleumdern in Schutz: Sie zeichneten lediglich ein Zerrbild des Menschen, wenn sie dessen Lüste auf Tierisches reduzierten.

Der Gedanke, dass das Leben (wie sie sagen) keinen höheren Zweck habe als die Lust, kein besseres und edleres Ziel des Wollens und Strebens, erscheint ihnen im äußersten Grade niedrig und gemein; als eine Ansicht, die nur der Schweine würdig wäre, mit denen die Anhänger Epikurs ja schon sehr früh verächtlich gleichgesetzt wurden; und zeitgenössische Vertreter der Lehre werden gelegentlich zum Gegenstand nicht weniger höflicher Vergleiche von Seiten ihrer deutschen, französischen und englischen Gegner.

Auf Angriffe dieser Art haben die Epikureer stets geantwortet, dass nicht sie, sondern ihre Ankläger es sind, die die menschliche Natur in entwürdigendem Lichte erscheinen lassen, da die Anklage ja unterstellt, dass Menschen keiner anderen Lust fähig sind als der, deren auch Schweine fähig sind. […]

Es ist besser, ein unzufriedener Mensch zu sein als ein zufriedenes Schwein; besser ein unzufriedener Sokrates als ein zufriedener Narr. Und wenn der Narr oder das Schwein anderer Ansicht sind, dann deshalb, weil sie nur die eine Seite der Angelegenheit kennen. (John Stuart Mill, Der Utilitarismus, S. 14 f.)

Neben der Quantität stellt die Qualität eines Vergnügens für Mill einen entscheidenden Bewertungsmaßstab dar. Menschen, deren Grundbedürfnisse befriedigt sind, entwickeln den Wunsch nach Betätigung ihrer geistigen Fähigkeiten, die ihre eigenen Genüsse mit sich bringt, und wollen auf diese nicht mehr verzichten. Höhere Freuden sind diejenigen, die von denen gewählt werden, die beides erfahren haben. Das klingt wiederum nach einem klaren Kriterium, allerdings könnten die persönlichen Präferenzen hier noch unterschiedlicher ausfallen als im Physiologischen – und das macht den intersubjektiven Vergleich sicher nicht leichter.

In manchen Situationen scheint der Utilitarismus sogar für unsere Intuitionen extreme Fehlurteile hervorzubringen. So könnte man sich nach dem Prinzip des größten Glücks der größten Zahl fragen, warum man nicht einen gesunden Organspender für fünf lebensgefährlich Erkrankte opfern sollte, indem man jeweils eine Niere, die Lunge, die Leber und das Herz den Bedürftigen zukommen ließe.[81] Erst die Einbeziehung langfristiger gesellschaftlicher Folgen wie die wachsende Verunsicherung der Bevölkerung wäre aus utilitaristischer Sicht ein K.-o.-Kriterium für solche Überlegungen. Da sträuben sich bei manchem die Nackenhaare. Im Fall einer Katastrophe mit Massen von Sterbenden und Verletzten, denen nur begrenzte medizinische Ressourcen gegenüberstehen, ist eine Abwägung gemäß der Nützlichkeit dagegen nicht nur einleuchtend, sondern auch gang und gäbe. So gehen Mediziner im Krieg und bei Massenunfällen nach dem Prinzip der Dreiteilung («Triage») vor und versorgen vorrangig weder die Leichtverletzten noch die Unrettbaren, sondern diejenigen, bei denen ihre Hilfe zum Überleben notwendig ist.

Der 1946 geborene australische Philosoph **Peter Singer** versucht, die bedürfnisorientierte Moral des Utilitarismus auf zeitgenössische Probleme – wie die Bekämpfung der Armut auf der

Welt oder den Umgang mit Tieren – anzuwenden, und macht sich mit seinen von manchen als unangenehm fordernd empfundenen Schlussfolgerungen nicht immer beliebt.[82] Angesichts des frappanten Gefälles zwischen Notleidenden und Wohlhabenden schlägt er vor, jeder Vermögende solle 10 Prozent seines Einkommens für die Armen dieser Welt spenden.

Warum sollten Vermögensabgaben immer nur zur Stützung maroder Banken herangezogen werden? Für Egon ist die utilitaristische Beurteilung der Nützlichkeit von Handlungen eine nachvollziehbare und praktikable moralische Leitlinie. Er richtet sein Tun nicht nur an den eigenen Bedürfnissen aus, sondern auch an denen der anderen und sucht nach bestem Wissen und Gewissen an einer Gesellschaft mitzuwirken, in der für alle ein Plus an Glück drin ist.

Diesseits aller moralischen Überlegungen geht der uns bereits als Hinterfrager aufgefallene **Michel de Montaigne** (1533–1592) das Leben lockerer als Diogenes und Epikur an, indem er als praktische Antwort auf sein theoretisches Zweifeln seine persönlichen Vorlieben zur Richtschnur seines Umgangs mit sich selbst und seiner Gesundheit macht.

Ob gesund oder krank, habe ich mich immer willig von den Gelüsten leiten lassen, die sich in mir regten. Ich räume meinen Wünschen und Neigungen großen Einfluss ein. Ich liebe es nicht, Übel durch Übel zu heilen; ich verabscheue die Heilmittel, die beschwerlicher sind als die Krankheit. Mit Nierenstein geschlagen sein und dazu noch mit dem Verbot, sich dem Austernschmaus hinzugeben, das sind zwei Übel für eines. Die Krankheit zwickt uns auf einer Seite, die Verordnung auf der andern. Da wir doch immer Gefahr laufen, uns zu verrechnen, laufen wir sie lieber im Gefolge der Freuden. Die Welt tut das Gegenteil und achtet nichts für nützlich, was nicht beschwerlich ist: alles Leichte ist ihr verdächtig. Meine Lust nach verschiedenen Dingen hat sich von selber recht glücklich nach dem Befinden meines

Magens bequem und eingerichtet. Die Schärfe und Gewürztheit der Brühen mundete mir, als ich jung war; als sich seitdem mein Magen dagegen verwahrte, pflichtete ihm mein Geschmack unverzüglich bei. Der Wein schadet den Kranken: er ist das erste, was meinem Gaumen widersteht, und mit einem unüberwindlichen Widerwillen. Alles, was ich mit Unlust zu mir nehme, ist mir schädlich, und nichts ist mir schädlich, was ich mit Lust und Hunger genieße; nie ist mir Nachteil aus einem Beginnen erwachsen, das mir großes Vergnügen bereitete. Und so habe ich meinem Vergnügen gar großzügig vor allen ärztlichen Ratschlüssen den Vortritt gegeben. (Michel de Montaigne, Essais: Von der Erfahrung, S. 861 f.)

Ein solcher bedürfnis- und empfindungsorientierter Umgang mit Krankheiten verlangt allerdings auch, dass wir unserem Körper gegenüber Geduld aufbringen. Wir sollten den jeder Unpässlichkeit eigenen Lebenszyklus von Entstehung, Entfaltung, Höhepunkt, Abklingen und Vergehen nicht zu beschleunigen suchen. Montaigne will «den Krankheiten Durchlass gewähren» und glaubt, dass sie dann weniger hartnäckig und von kürzerer Dauer sind, wenn sie nicht behandelt werden. Bei einer harmlosen Erkältung mag das angehen, aber gibt es nicht schwere Infektionen, bei denen Abwarten nicht angesagt wäre? Dem steht Montaignes tiefes Misstrauen in die ärztliche Kunst entgegen: «Wie viele sind nicht weniger daran gestorben, indes sie drei Ärzte auf dem Hals hatten?» Die Medizin hat seit Montaignes Zeiten unwidersprochen Fortschritte gemacht. Zu der Vermutung, dass sie weiterhin zu Übertreibungen neigt, gibt andererseits nicht nur die enorme Anzahl orthopädischer Operationen Anlass, sondern auch die Inflation neuer medikamentös zu behandelnder Diagnosen im psychischen Bereich. Am Ende empfiehlt Montaigne bei solch undurchsichtiger Angelegenheit die Orientierung an dem, was einem angenehm ist:

Ist es eine leckere Arznei, so nehmt sie; ihr gewinnt damit immer so viel gegenwärtige Lust. Ich werde mir weder über den Namen noch

über die Farbe Gedanken machen, wenn sie köstlich und wohlschme-
ckend ist. Der Genuss zählt zu den wesentlichsten Dingen, die wir ge-
winnen können. (Montaigne, Essais: Von der Erfahrung, S. 864)

Kinder sind jedenfalls immer noch eher für den süßen Husten-
sirup zu begeistern als für den bitteren Salbeitee. Kaum jemand
wird aber einen solch laxen Umgang mit Arzneimitteln, wie ihn
Montaigne vorschlägt, generell gutheißen.

Die natürlichen Empfindungen zum alleinigen Maßstab für
unsere Gesundheit zu machen würde selbst Egon zu weit gehen, aber auch auf diesem Gebiet sucht er aus sich selbst heraus
zu spüren, was ihm guttut und was sein Körper benötigt. Mit
Montaignes selbstaufmerksamer Grundausrichtung ist Egon
vorbehaltlos einverstanden. Möglichst immer nur eine Sache zu
einer Zeit verrichten und dabei auch bei der Sache zu bleiben
entspricht auch seinem Gusto.

Wenn ich tanze, so tanze ich; wenn ich schlafe, so schlafe ich; ja,
selbst wenn ich mich einsam in einem schönen Garten ergehe und
meine Gedanken für einige Zeit mit fremden Dingen umgegangen
sind, lenke ich sie für einige Zeit wieder auf meinen Spaziergang zu-
rück, auf den Garten, auf die Wonne dieser Einsamkeit und auf mich.
Die Natur hat mütterlich darauf geachtet, dass das, was sie uns zu
unserer Notdurft tun heißt, uns auch zur Lust sei, und beruft uns
dazu nicht nur durch die Vernunft, sondern auch durch die Begierde:
es ist unrecht, ihre Gebote zu verstümmeln. (Michel de Montaigne,
Essais: Von der Erfahrung, S. 875)

Den natürlichen Impulsen dürfen wir laut Montaigne gerne
vertrauen und nachgeben. Egon findet bei ihm die Bestätigung,
dass es dabei nicht nur auf Betätigung ankommt: Aktivität und
ihre greifbaren Ergebnisse zum alleinigen Wertmaßstab unserer
Handlungen zu machen vergisst, dass es letztlich um eine befriedigende naturgemäße Lebensführung geht.

Wir sind große Toren: Er hat sein Leben müßig verbracht, sagen
wir; ich habe heute nichts getan. – Wie? Hast du nicht gelebt? Das

ist nicht nur die wichtigste, sondern auch die rühmlichste deiner Be-
schäftigungen. […] Unser großes und herrliches Meisterwerk ist:
richtig leben. Alle anderen Dinge, Herrschen, Schätzesammeln, Bau-
en, sind höchstens nur Anhängsel und Beiwerke. […] Nur kleine See-
len, die unter der Last der Geschäfte erliegen, sind nicht imstande, sie
rein und ganz von sich abzuschütteln, sie liegen zu lassen und wieder
aufzunehmen. (Michel de Montaigne, Essais: Von der Erfahrung,
S. 875)

Die Muße gehört auch für Egon zu seinen Grundbedürfnissen.
Um ihretwillen verzichtet er sowohl auf Mehreinkommen durch
Mehrarbeit als auch auf ausgedehnte Shoppingtouren. Selbstbestimmte Zeit, die nicht randlos mit Tätigsein ausgefüllt werden
muss, ist ihm wichtiger. Er kommt in diesen ruhigen Momenten
zu sich selbst. Montaigne bewegt sich bereits an der Grenze zum
Genießer, er ist der offenkundige Beweis für den fließenden
Übergang zwischen diesen Typen. Seine Grundorientierung des
überlegten Umgangs mit Freuden und Leiden steht jedoch noch
ganz in bester epikureischer Tradition.

Ich gebiete meiner Seele, Schmerz und Lust mit gleich ruhigem und
gleich festem Blick zu betrachten, doch heiter den einen und ernst die
andere, und bestrebt, so viel an ihr ist, den Schmerz zu stillen und
die Lust zu mehren. Der rechte Blick für das Gute bringt auch den
rechten Blick für das Üble. Der Schmerz hat in seinem sachten Be-
ginne etwas, dem man nicht ausweichen soll, und die Lust in ihrer
letzten Übersteigerung etwas, das es zu meiden gilt. […] Wer aus
diesen zwei Quellen schöpft, wo, wann und so viel ihm nötig ist, er sei
ein Volk, ein Mensch oder ein Tier, der ist glückselig zu nennen. Aus
der ersten muss man zur Arznei und aus Notwendigkeit spärlicher
schöpfen; aus der andern aus Durst, doch nicht bis zur Trunkenheit.
(Michel de Montaigne, Essais: Von der Erfahrung, S. 877)

Tugend besteht für Montaigne darin, sich «mit wachsender
Vernunft» an den uns von Kindheit her gegebenen Impulsen
der Schmerzvermeidung und des Lustgewinns auszurichten. Er

ist selbstkritisch genug, um seine eigenen Unzulänglichkeiten in solch überlegter Bedürfnisbefriedigung zu erkennen:

Es ist unanständig, ungerechnet dass es der Gesundheit, ja selbst dem Genuss abträglich ist, so heißhungrig zu essen, wie ich es tue: ich beiße mich in meiner Hast oft in die Zunge und zuweilen in die Finger. Als Diogenes einst ein Kind traf, das so aß, gab er seinem Erzieher eine Ohrfeige. (Michel de Montaigne, Essais: Von der Erfahrung, S. 873)

Von Diogenes persönlich hätte Montaigne vielleicht sogar noch als Erwachsener eine handgreifliche Zurechtweisung akzeptiert. Dessen asketisches Leben hätte er sicher nicht führen wollen, doch in der Ausrichtung auf natürliche Bedürfnisse bleibt er seiner Tradition nahe.

Der Bedürfnisorientierte stellt die menschlichen Notwendigkeiten ins Zentrum seiner Überlegungen und sucht einfache und tragfähige Wege zu deren dauerhafter Befriedigung. Er nimmt dabei die eigenen Lust- und Unlustempfindungen ernst. Von ihnen ausgehend steht dem Lebenskünstler ein breites kontinuierliches Spektrum zur weiteren Ausgestaltung zur Verfügung.

- In einer extremen Form versucht er als Asket weitgehende Unabhängigkeit durch radikale Reduktion seiner Bedürfnisse zu gewinnen.
- Als gemäßigterer Nachfolger des Epikur beschränkt er sich auf leicht zu erfüllende wesentliche Grundbestandteile des Glücks, die ihm ein angenehmes Leben ohne allzu großen Aufwand ermöglichen, und ihm dabei ausreichenden Raum für Muße und Selbstverwirklichung lassen.
- Mit dem geschmeidigeren Montaigne beginnt er, die Genüsse zu schätzen, ohne sich von ihnen abhängig zu machen.

Voraussetzung aller Varianten ist, dass er sich seiner Bedürfnisse bewusst ist, dass sie für ihn klar erkennbar und relativ konstant sind. Dazu gehört, dass er in der Lage ist, sich über ihre Berechtigung Rechenschaft abzulegen, sie nach den eigenen Wertmaßstäben zu bewerten, sie in eine einsichtige hierarchische Ordnung zu bringen und zu priorisieren.

CHANCEN UND RISIKEN FÜR LEBENSKÜNSTLER

Wem dies gelingt, dem hat die bedürfnisorientierte Weltsicht einiges zu bieten:

- Sie macht unabhängig von Moden und anderen Quellen der Fremdbestimmung, da sie sich immer wieder an das subjektive Empfinden rückbindet und sich damit der eigenen echten Bedürfnisse versichert, statt von außen eingeredeten oder aufgezwungenen Zielen nachzujagen. Mit Ersatzbefriedigungen ist sie nicht abzuspeisen.
- Sie kann sogar eine praktikable Richtschnur für moralisches Verhalten abgeben.
- Die Kunst des bedürfnisorientierten Lebens erfordert ein hohes Maß an Achtsamkeit – vor allem im Umgang mit sich selbst. Sie gewährt jedoch durch Weglassen von Überflüssigem Muße und Auszeiten. Bewusstes Erleben und eine größere Chance zur Selbstverwirklichung sind die Belohnung.

Risiken zeigen sich bei einer zu starken Einschränkung der Freude auf körperliches Wohlbefinden und seelische Störungsfreiheit:

- Unbequemlichkeiten können dann zum Hindernis für Engagement werden.
- Epikur wird nicht müde, den korrigierenden Wert der Freundschaft zu betonen, denn wenn individualistische Tendenzen die Oberhand gewinnen und das Sozialverhalten darunter leidet, kann dies leicht zu einem sich aufschaukelnden Wechselspiel von frei gewählter Isolation und sozialer Ausgrenzung führen.

- Die Reflexion über echte Notwendigkeiten kann bei einer zu starken Selbstkontrolle sogar ihr ursprüngliches Genussziel aus dem Blick verlieren. Selbstkasteiung, Geiz und lustfeindliche Askese sind dann die Extremformen einer rigorosen Einschränkung.
- Sogar die ethische Orientierung an den Bedürfnissen hat ihre Tücken. Eine utilitaristische Moral, die nur die positiven und negativen Folgen Betroffener vergleicht und aufsummiert, verliert intuitiv geltende Werte wie Menschenwürde und Gerechtigkeit leicht aus den Augen und kann bei unkritischer Anwendung zu geradezu menschenverachtenden Entscheidungen führen.

Egon wandelt meist sicher auf dem schmalen Grat der bedachten Bedürfnisorientierung. Wenn es darauf ankommt, ist er nicht knauserig, aber er gönnt sich von seiner soliden Basis gesicherter Grundbedürfnisse aus nur das, was ihm wirklich Spaß macht. Daher ist er nicht bei jedem *Event* dabei, den man erlebt haben «muss». Viele von den tausend Orten, die man laut einschlägiger Ratgeber vor seinem Tod unbedingt besuchen sollte, wird er nie zu Gesicht bekommen – und sie ebenso wenig vermissen. Ganz gemäß Epikurs Weisheit «Lebe im Verborgenen»[83] hat er einen spärlichen Facebook-Account mit einer lächerlichen Anzahl von «Freunden» – kein Netzwerk, aber wenige angenehme und verlässliche reale Freundschaften, die er unangestrengt und ohne Hintergedanken pflegt. Über seine Zukunft macht er sich wenig Sorgen, denn was er zum Glück benötigt, kann er sich leicht beschaffen. Manche werfen ihm vor, seine Talente und seine Energie nicht vollständig auszuschöpfen, um beispielsweise noch ein paar Karriereschritte zu machen. Er bleibt lieber in der zweiten Reihe, da er nichts mehr scheut als das Getriebensein von Ambitionen, die er nicht als seine eigenen zu erkennen vermag. Es geht ihm nicht schlecht damit.

Lesetipps für Bedürfnisorientierte:
Georg Luck, *Die Weisheit der Hunde*
Epikur, *Philosophie der Freude*
John Stuart Mill, *Der Utilitarismus*
Michel de Montaigne, *Essais, Von der Erfahrung*

Eine Variante zum bedürfnisorientierten Lebenskünstler finden Sie im vergnügungslustigen Genießer, eine Alternative im pflichtbewussten Moralpraktiker.

GENIESSER
LUST AM VERGNÜGEN

Könnten wir nicht in frohem Genuss
Harmlos vergnügliche Tage spinnen,
Lustig das leichte Leben gewinnen?

Friedrich Schiller, Die Braut von Messina

Auf den ersten Blick mag es widersinnig scheinen, die Genügsamkeit mit dem Genuss in einer Linie aufzureihen, denn die entsprechenden Lebensgestaltungen unterscheiden sich zumindest in ihren Extremen deutlich und von außen leicht erkennbar. Und doch ähneln sich diese lustfreundlichen Untergruppen in ihrem wesentlichen inneren Ziel: der Maximierung des Angenehmen. Die konkrete Ausgestaltung dieser gemeinsamen Ausrichtung bietet allerdings weiten Spielraum. Als glamouröse Geschwister der bedürfnisorientierten Lebenskünstler praktizieren die vergnügungslustigen Genießer eine gänzlich andere Manier, mit ihren Bedürfnissen umzugehen. So heischen sie auch begierig nach einer eigenständigen Würdigung.

Genießer verachten die freiwillige Selbstbeschränkung. Statt sich asketisch zu kasteien, fragen sie sich: Warum sich nicht der vollen Vielfalt erfreuen, die die Natur hervorbringt, und sie noch kreativ ergänzen? Der Garten des Epikur mit dem dort praktizierten, auf die Seelenruhe ausgerichteten und auf das Nötige reduzierten Dahindümpeln mutet ihnen wie ein Hospiz für Lebende an. Sie schlagen die Warnung vor der Abhängigkeit vom Überflüssigen in den Wind und schütteln den Vorwurf der Dekadenz mit einem Schulterzucken ab. Ihr Lebensentwurf folgt konsequent den Prinzipien der Verfeinerung, Kultivierung und

Steigerung. Dabei bauen sie auf vorhandenen Bedürfnissen auf, erweitern sie, schmücken sie aus oder erfinden sich gleich neue.

Sie entsprechen damit – im Gegensatz zu allen falschen Unterstellungen gegen Epikur – viel häufiger dem Bild, das wir mit dem etwas aus der Mode gekommenen Begriff des «Epikureers» verbinden: ein vielen vertrauter Zeitgenosse mit von Gaumenfreuden zeugenden Pausbäckchen und sprichwörtlichem Weinkonsum sowie den dazu passenden Versuchen, weiteren sinnlichen Genüssen durch intensives (wenn auch zuweilen unwillkommenes) Flirten näherzukommen.

Differenzen zwischen den Hedonisten betreffen eben auch die Bewertung äußerer Attraktivität. Achtete Epikur das Schöne gering, wenn es nicht zu dauerhafter Freude Anlass geben konnte (er hätte es wohl bei stummer Bewunderung über den Anblick einer wohlgeformten jungen Dame belassen, um nachfolgenden Ärger zu vermeiden), so stellen die lustbetonten Ästheten Anmut über alles und erliegen ihrer Versuchung nur zu gern.

Juki gönnt sich gerne den einen oder anderen Luxus, ohne maßlos verschwenderisch zu sein. Er ist sich (manchmal schmerzlich) bewusst, sich nicht alles leisten zu können, doch er liebt es, die Kataloge hochklassiger Markenproduzenten durchzublättern oder den Auslagen ihrer Schaufenster in der Prachtstraße einen Besuch abzustatten. Und wenn es sein Budget erlaubt, greift er gerne zu. Kommt er vom Shoppen mit Dingen nach Hause, die seine (von ihm so bezeichnete) «Lebensabschnittsgefährtin» als überflüssig oder zumindest jetzt gerade nicht zwingend notwendig erachtet, und bringt ihm das eine Rüge ein, so behauptet er nonchalant: «Ich brauch's einfach.» Wirklich einfach sind Jukis Bedürfnisse wohl kaum, eher vielschichtig und weitgefächert: elegante Kleidung, erlesene Speisen, exquisite Weine, Theater, Konzerte … Einen Designeranzug weiß er ebenso zu schätzen wie ein Diner beim Sternekoch oder die ganz große Oper. Hauptsache, es hat Stil.

Was ist schon Übersteigerung und was noch Bedürfnis? Der in Polen geborene **Leszek Kolakowski** (1927–2009) stellt diese Unterscheidung in einer (von einem Marxisten wie ihm) unerwarteten Weise generell in Frage.

Die Bedürfnisse und Begierden der Menschen kennen, wie wir wissen, keine Grenzen, und deshalb ist eine «objektive» und universell gültige Definition des Luxus, so scheint es, unmöglich. Was Luxus ist oder nicht ist, das erweist sich erst im Bezug auf die jeweilige Zivilisation, auf die historischen Bedingungen, auf ein bestimmtes Land oder eine soziale Klasse. (Leszek Kolakowski, Mini-Traktate über Maxi-Themen: Vom Luxus, S. 82)

Was von so vielen Kontexten abhängig ist, kann vielleicht nur subjektiv vom Einzelnen für sich in seiner Situation definiert werden. Kolakowski weist Lustkritiker an gleicher Stelle darauf hin, dass die vielgeschmähten und für moralische Verderbnis und Verbrechen verantwortlich gemachten Begierden gleichzeitig das Motiv für unzählige unser aller Leben erleichternde Erfindungen waren. Die Versuche, sie auszurotten, steuerten dagegen zahlreiche Kapitel zur Leidensgeschichte des Menschen bei.

Warum die Gelüste dann nicht lieber mit offenen Armen in Empfang nehmen, sie hegen und pflegen? Juki ist stets ungekannten Genüssen auf der Spur, wovon die Großstadt, in der er lebt, einige zu entdecken hat und ständig neue dazuerfindet. Ihr pulsierender künstlerischer Boden ist sein ideales Terrain, denn die Kreativen schaffen unermüdlich Reize für Sinne und Geist. Das Angebot ist unerschöpflich.

Auch Jukis Liebesbeziehungen sind etwas Besonderes. Er schwelgt im Spiel der Eroberung. Erfolgsgekrönte Versuche werden bei einem romantischen Kerzenscheindiner mit Champagner und Musik zelebriert. Anfangs haben die daraus entstandenen Bindungen sich im Alltag schlecht bewährt und deshalb nicht sehr lange gehalten. Seine jetzige Partnerin kritisiert zwar gelegentlich seine Einkaufsexzesse, die meisten seiner Vorlieben und Genüsse teilt sie allerdings schon erstaunlich lange – vielleicht wird er mit den Jahren gesetzter, oder sie passen einfach optimal zueinander. Gemeinsam erleben sie erotische wie kulturelle Highlights noch intensiver.

Einen antiken Vorläufer findet Juki in **Aristipp** aus Kyrene (um 435–350 v. Chr.), einem Sokrates-Schüler und Zeitgenossen des Diogenes, der ihn abschätzig einen «königlichen Hund» nannte, denn Aristipp verkehrte am Hof des Tyrannen Dionysios. In dieser Titulierung schwang – bei aller Ablehnung der Abhängigkeit von einem Mäzen – ein Hinweis auf die gemeinsame «hündische» Bedürfnisorientierung mit. Auch für Aristipp und seine Schule der Kyrenaiker können unserer Wahlfreiheit ausschließlich die eigenen Empfindungen als Richtschnur dienen. Aristipps Bedürfnisse gingen allerdings weit über Diogenes' minimalistisches Einfachstleben hinaus. Und Dionysios bot ihm die einträgliche Geldquelle zu deren Finanzierung.

Die Fähigkeit zum Genuss erklärt Aristipp kurzerhand zum höchsten Glück des Menschen und zur einzigen Tugend, die er gelten lassen will. Lustgewinn heißt das von ihm ausgerufene Ziel, wobei die Lust des Augenblicks als einzig wirkliche angesehen wird und keine Vertröstungen duldet. Versprechungen zukünftiger Genüsse sind ihm zu unsicher. Der Hähnchenschenkel in der Hand ist ihm allemal lieber als die Taube auf dem Dach, die sich nachher vielleicht doch nur als magerer Spatz entpuppen könnte. Körperliche Freuden sind nach Aristipp den geistigen vorzuziehen – sie wirken stärker und direkter. Die Vernunft erfüllt ihre Aufgabe am besten, wenn sie uns Hilfestellung beim Genießen leistet, anstatt uns dreinzureden. Über Lustempfindungen hinaus können wir kein weiteres Glück erwarten, daher sollte ein Vergnügen, das uns unverhofft begegnet, niemals ausgeschlagen, sondern freudig begrüßt und als willkommenes Geschenk angenommen werden.

Das Trachten nach Reichtum, das Aristipp von seinen Philosophenkollegen vorgeworfen wird, ist für ihn keinesfalls Selbstzweck. Er ist sich lediglich bewusst, dass Besitz es erheblich erleichtert, zu häufigen Annehmlichkeiten und intensiven Lustmomenten zu gelangen. Geld macht nicht glücklich, wohl aber das Vergnügen, das man sich damit verschaffen kann. Diogenes meinte, dafür müsse er sich viel gefallen lassen, aber das fiel dem flexiblen Aristipp nicht schwer: «Er wusste sich mit Glück in Ort, Zeit und Person zu schicken und jede Rolle den jeweiligen Umständen gemäß zu spielen. Daher fand er auch mehr als die andern den Beifall des Dionysios, da er jeder Lage stets die beste Seite abzugewinnen wusste.»[84]

Von seinem launenhaften und wenig zimperlichen Gönner hatte Aristipp offensichtlich einiges zu erdulden. So wurde er einmal von ihm angespuckt, was ihn jedoch nicht im geringsten aus der Ruhe brachte. «Wie? sollen denn die Fischer es sich gefallen lassen, vom Meerwasser überspritzt zu werden, um einen Gründling zu fangen, und ich soll es nicht über mich ergehen lassen, mit Speichel bespritzt zu werden, um ein Fischgericht zu bekommen?»

Die maritime Analogie half ihm, den Vorfall als Lappalie abzutun. Diese abgeklärte Haltung, in der sich Aristipp bei allen Ausschweifungen treu blieb, verlangte sogar seinem Konkurrenten Platon Anerkennung ab: «Du bist der einzige, dem es gegeben ist, im Prachtgewand und in Lumpen aufzutreten.» Eine Spur von Ironie verhüllt dabei kaum Platons Neid, denn Aristipp hatte es echt drauf, für seine Philosophie bezahlt zu werden. Auf eine Bitte an Dionysios um Geld antwortete dieser: «Aber du hast mir ja doch erklärt, der Weise werde nie in Verlegenheit geraten.» – «Nur erst heraus mit dem Geld», fiel ihm Aristipp ins Wort, «dann wollen wir über diese meine Äußerung weiter reden.» Als er darauf das Geld erhalten hatte, sagte er: «Du siehst, ich bin nicht in Verlegenheit geraten.»

Aristipp verstand es bei aller Lustorientierung, auch mit seinem Verlangen spielerisch umzugehen und sich nicht zu seinem Sklaven zu machen. Er wollte nicht verzichten, sondern der Lust entgegenkommend gebieten, ohne ihr zu unterliegen, und lieferte anschauliche Beweise seiner inneren Unabhängigkeit von äußeren Reizen. Dionysios ließ ihm einst drei weibliche Schönheiten vorführen mit der Aufforderung, sich eine auszuwählen; da führte er alle drei weg mit den Worten: «Auch dem Paris hat es keinen Segen gebracht, einer den Vorzug zu geben.» Doch führte er sie nur bis in die Vorhalle und ließ sie dann laufen.

Diese Lässigkeit machte Aristipp – bei allen propagierten und praktizierten sexuellen Ausschweifungen – nicht zum Abhängigen seiner Begierde. Wie ein wahrhafter Zen-Mönch predigte er das «Nicht-Anhaften», denn nicht das Vergnügen, sondern nur die Fixierung erzeugt Sucht. Als beim Eintritt in das Haus einer Dirne einer seiner jungen Begleiter errötete, sagte er: «Nicht im Eintritt liegt das Bedenkliche, aber nicht wieder loskommen können, das ist's!»

Seiner Überzeugung nach sind die meisten lautstarken Lustverächter lediglich Heuchler. Sie erklären die Zurückhaltung wortreich zur Tugend und versagen sich dabei ihre Genüsse in Wahrheit nur aus Geldmangel oder Geiz. Warf ihm jemand seine Verschwendung für die Freuden der Tafel vor, so sagte er: «Würdest du das nicht kaufen, wenn du es für drei Obolen bekämst?» Und auf die bejahende Antwort fuhr er fort: «Ich bin also nicht so lustbegierig wie du geldgierig.»

Ein Aristipp unterdrückt seine Triebe und Wünsche nicht, sondern schätzt sie als Glücksbringer und beschafft sich die notwendigen Mittel zu ihrer Befriedigung, ohne dabei sich selbst zu verlieren.

Der facettenreiche **Montaigne**, an dem wir schon zweifelmutige und bedürfnisorientierte Züge entdeckten, hat ebenso etwas für das Genießen übrig und erweist sich als Experte des gepflegten Vergnügens. Das Leben ist ihm einfach zu kurz, um sich zu versagen, was es zu bieten hat.

Darum steht es auch nur denen an, sich des Sterbens nicht zu grämen, die sich des Lebens freuten. Man muss es haushälterisch genießen; ich genieße es doppelt so sehr wie andere, denn das Maß des Genusses hängt vom Maße der Hinneigung ab, die wir ihm zuwenden. Vor allem zu dieser Stunde, da ich spüre, wie kurz noch dem meinen die Zeit bemessen ist, will ich es an Gewicht steigern; ich will seine schnelle Flucht durch meinen schnellen Zugriff aufhalten und durch die Wachheit, mit der ich es nütze, die Eile ausgleichen, mit der es von mir geht; je kürzer die Zeit, die ich das Leben noch besitze, desto tiefer und voller will ich es besitzen. (Montaigne, Essais: Von der Erfahrung, S. 878)

Die gesteigerte Wahrnehmung, das tiefe Spüren und Erfahren der schönen Momente, ausgelöst durch das Bewusstsein der Vergänglichkeit, erfordert wache Aufmerksamkeit. Sie wird unterstützt durch Reflexion, das Nach- und Vordenken über erlebte und zu erwartende Genüsse.

Die andern fühlen die Süße eines Wohlbefindens und eines Glücks; ich fühle sie gleich ihnen, doch nicht im Vorbeigehen und Dahingleiten. Man muss sie vielmehr ergründen, auskosten und wiederkäuen. […] Damit selbst der Schlaf mir nicht so fühllos entgleite, habe ich es ehedem gern gesehen, wenn man ihn mir störte, damit ich einen Schimmer von ihm erhasche. Ich sinne bei mir selber über eine Freude nach, ich rahme sie nicht ab, ich gehe in ihre Tiefe und bringe meine Vernunft, die griesgrämig und überdrüssig geworden ist, dahin, sie aufzunehmen. Finde ich mich in einer gemächlichen Stimmung? reizt mich irgendein Genuss? so lasse ich ihn nicht von den Sinnen allein einheimsen, ich lasse meine Seele daran teilnehmen, nicht um darin aufzugehen, sondern um sich mitzufreuen, nicht um sich darin zu verlieren, sondern um sich darin zu finden; […]. (Montaigne, Essais: Von der Erfahrung, S. 878 f.)

Das Selbst soll sich in diesen Glücksmomenten spiegeln und sie dankbar aufnehmen. Sich den Schlaf aktiv unterbrechen zu lassen, um seine Wohltat wahrzunehmen, würde Juki zu weit gehen; er kennt jedoch das wohlige Gefühl, in der Nacht aufzuwachen und nach einem Blick auf die Uhr erleichtert zu entdecken, dass noch Stunden des süßen Schlummers zur Verfügung stehen. Zum Genießen der einfachsten körperlichen Empfindungen kann der Geist durch sein Auskosten und Nachschmecken vertiefend beitragen. In diesem bewussten Erleben kann er viel über sich selbst erfahren.

Gekonnter Genuss kann eine ernsthaft betriebene Angelegenheit sein, doch auch das Spiel gehört dazu. Selbst in angespannter Lage erfrischt eine sorglose Auszeit und macht bereit zu neuen Heldentaten. Montaigne bewundert einen ausgewiesenen Feldherrn wie Scipio gerade in den Momenten, in denen er nach der Überlieferung zwischen den Schlachten am Strand Muscheln sammelt oder mit einem Gefährten Blindekuh spielt. «Und nichts zeichnet Sokrates mehr aus als dies, dass er als alter Mann die Zeit findet, sich das Tanzen und Saitenspiel lehren zu lassen, und sie für wohl verwendet hält.»[85] Auch schnell vergängliche unbeschwerte Muße- und Musenstunden in einem sonst fordernden Leben werden durch ihre Begrenztheit eher aufgewertet als entwertet. Und falls man (wie er) die Veranlagung dazu hat, darf man sie ruhig «ein wenig festlicher und dankbarer» aufnehmen, selbst wenn nicht mehr als schieres Vergnügen dahintersteckt.

Ich selbst, der ich mich rühme, die Annehmlichkeiten des Lebens so begierig zu ergreifen, ich finde darin, wenn ich so recht scharf hinsehe, nahezu nichts als Wind. Aber wie denn? wir sind in allem eitel Wind. Und der Wind, weiser als wir, liebt doch sein Sausen und Brausen und begnügt sich mit dem, was seines Berufes ist, ohne sich Bestand und Dauer zu wünschen, die nicht sein Teil sind. (Montaigne, Essais: Von der Erfahrung, S. 874)

Ist das Leben nicht ohnehin «eitel»? Dem Verehrer der Lust

ist der Genuss das vielleicht einzig Erfreuliche in einem sonst wenig trostspendenden Dasein, das man sich gerade deshalb keinesfalls versagen sollte. Es ist eine hohe Kunst, solche glücklichen Momente durch die gekonnte Ausrichtung fröhlicher Feste selbst zu initiieren, insbesondere, da sich die vielfältigen möglichen Annehmlichkeiten untereinander in die Quere kommen können. Der belesene Montaigne berichtet von einem Platon-Schüler, der selbst musikalische Untermalung von seinem Festmahl verbannte, damit das unterhaltsame Gespräch besser zur Entfaltung komme und nicht gestört werde. Andere legten besonderen Wert auf die Auswahl der Gäste.

Varro verlangt dies von einem Gastmahl: Menschen zu versammeln, die von schönem Äußerem und angenehm im Gespräch seien, weder stumm noch geschwätzig, dazu Reinlichkeit und Feinheit der Speisen und des Ortes und heitere Witterung. Eine gute Bewirtung bei Tische ist ein Fest von nicht geringer Kennerschaft und Lustbarkeit: weder die großen Feldherrn noch die großen Philosophen haben diese Übung und diese Kunst verschmäht. (Montaigne, Essais: Von der Erfahrung S. 873)

Womöglich nimmt Juki nur aufgrund dieses Zusammenhangs die ungeliebte Türsteher-Barriere beim Besuch seiner In-Discos in Kauf: Sie garantiert ihm ein Erscheinungsbild des Publikums, das seinen Stil-Ansprüchen genügt, und bei seinem trendigen Äußeren hört er das kehlige «Du kommst hier nicht rein» eines abweisenden Muskelprotzes ohnehin selten. In der inflationären Flut inszenierter *Events* mag ihm meist aber wohl nur ein schwacher Abklatsch ausgefeilter antiker Festkultur geboten werden.

Die Franzosen gelten nicht von ungefähr gemeinhin als die Genießer unter den Völkern. Kein Wunder also, dass auch ein anderer Franzose das Loblied vom Genuss ohne Reue singt. **Julien Offray de La Mettrie** (1709–1751) beschäftigte sich zunächst als Arzt mit den körperlichen Leiden der Menschen, bevor er sich als aufklärerischer Philosoph der Verordnung von Freuden verschrieb. Das erweckte nicht jedermanns Zustimmung – er wurde aufgrund seiner Veröffentlichungen verfolgt und fand glücklicherweise ab 1747 (ebenso wie der auf ihn eifersüchtige Voltaire) Asyl am Hof Friedrichs des Großen, wo er sich als unterhaltsamer Gesellschafter erwies, gerne mal den Pausenclown gab und dafür Narrenfreiheit genoss. Wie sein Landsmann Montaigne schätzt er die Lüste trotz ihrer Kurzlebigkeit; Unangenehmes begegnet uns ja oft genug.

Wenn auch die Sinnesfreuden schon ihrem Wesen nach von zu kurzer Dauer und zu geringer Häufigkeit sind, um einen dauernden Zustand wie die Glückseligkeit ausmachen zu können, so sollten wir sie doch wenigstens als Augenblicke des Glücks betrachten; Augenblicke, die man nicht entbehren kann, ohne der Palette der Freuden, die das Leben bietet, die schönsten Farben zu nehmen, und ohne den vielen kleinen Wunden, die dem Herzen immer wieder geschlagen werden, den einzigen Balsam zu versagen, der ihnen Linderung und Heilung bringt. (Julien Offray de La Mettrie, Über das Glück oder das höchste Gut)

Auch in prosaischeren Formen mag er das Vergnügen nicht geringschätzen. Entwickelt man nicht Verständnis oder gar Sympathie für die wiederholt medienkundig gewordenen erotischen Eskapaden einschlägig bekannter Prominenter aus Showbusiness und Sport, wenn man liest, wie La Mettrie eine Lanze für den Lüstling bricht und dessen soziale Vorzüge herausstellt?

Obwohl für die meisten Menschen sinnliche Lust und Glück nicht zusammenfallen, gibt es doch einige begnadete, denen jene ein so starkes Bedürfnis ist, dass sie wirklich glücklich sind, wenn sie sexuell ganz ihrem Temperament gemäß leben können (unglücklich und sehr bedauernswert allerdings, wenn sie daran gehindert sind). Wenn sie auf ihre Weise glücklich sind, glücklich allein durch die sinnliche Lust, dann auch, wenn um sie herum Ausschweifung, Tollheit und Chaos herrschen. Wie soll ich das beweisen? Die Zeit vergeht ihnen wie im

Fluge, denn sie empfinden lebhaft und wälzen keine schweren Gedanken. Man findet sie bei allen Festlichkeiten und Vergnügungen. Sie sind dort geradezu Verkörperungen der guten Laune, bringen Heiterkeit in eine jede Gesellschaft, selbst in die der ernstesten Männer. (Julien Offray de La Mettrie, Über das Glück oder das höchste Gut)

Diese Heiterkeit nennt La Mettrie «die Währung des Herzens», die intellektuelle Fähigkeiten auf angenehme Weise zu ersetzen vermag. Für ihn gehören Anstand und Sitte nicht zu unserer Natur, sie sind höchstens «Ornamente, nicht Fundamente der Glückseligkeit.»[86] Selbst wenn sie nur der Lust und ihren Genüssen dienen, leben die «charmanten Lasterhaften» meist glücklicher als ihre tugendhaften Verächter. Und sie könnten auch gar nicht anders, denn sie suchen ihr Wohlergehen dort, wo sie es aufgrund ihrer «organismischen Ausstattung» nur finden können.

Der Großtürke würde sich in der Einsamkeit des Gelehrten langweilen. Nicht Bücher, sondern Mädchen sind das, was er braucht. Ein Philosophenfürst dagegen würde auch im verlockendsten Serail nur gähnen. (Julien Offray de La Mettrie, Über das Glück oder das höchste Gut)

Bedürfnisse sind individuell offenbar sehr verschieden. La Mettries Lehre bewertet die Arten der Lust nicht; er kennt nur Abstufungen, die sich vor allem in der Dauer und Intensität ihrer Wirkung bemessen. Die angenehmen Gefühle erstrecken sich von der Freude des Augenblicks über die länger währende Lust bis hin zur beständigen Glückseligkeit.

Diejenigen, die aufgrund ihrer Veranlagung nicht anders können, fordert La Mettrie, der sich als gelernter Arzt der Macht der Natur bewusst ist, zum reuelosen Ausleben ihrer Neigungen auf, denn dies sei der einzige ihnen offenstehende Weg zum Glück.

Mögen die Orgasmen, die dich bei Nacht wie bei Tag in höchster Lust zerschmelzen lassen, auf deine Seele die gleiche wohltuende Wirkung haben wie auf deinen Leib. Wenn du schließlich diese Quelle

erschöpft hast, so wende dich anderen zu: Trink, iss, schlafe, schnar-
che, träume! Und wenn du bisweilen zu denken anfängst, so denke
stets an schöne Dinge: entweder an das gegenwärtige Vergnügen oder,
wenn du einen planenden Verstand hast, an die Wünsche, die du dir
zukünftig erfüllen wirst! (Julien Offray de La Mettrie, Über das
Glück oder das höchste Gut)

Für den naturwissenschaftlich geprägten Mediziner ist das
Wohlbefinden vor allem von einer gelungenen individuellen
Konstitution von Leib und Seele abhängig, auf die wir selbst weniger Einfluss haben, als wir glauben. Wenn dann noch «Schönheit, Wissen, Geist, Talent, Charme, Ehren, Wohlstand, Gesundheit, Vergnügungen, Ansehen» dazukommen, ist das Glück des
Genießers perfekt.

Dem Leben der Lust werden in La Mettries vergnügungslasti-
ger Logik alle moralischen Maßstäbe untergeordnet. Die Tugend
entspricht nicht unserer Natur, daher ist alles erlaubt, was fröhlich und beliebt macht. Aufrichtigkeit und Ehrlichkeit sind im
Zweifel fehl am Platze und können nur schaden. Schmeicheleien
und Schönfärberei gehören dagegen zum legitimen Handwerkszeug des Genießers.

Lassen wir uns auf unangenehme Dinge erst gar nicht ein! Sagen
wir dieser Frau nicht, dass sie Schuppen auf den Augen hat, und jener,
die sich für schön hält, nicht, dass sie eine Vogelscheuche ist! Sagen
wir jenem Narren nicht, dass die Schiffe dort nicht ihm gehören, und
den Untertanen nicht, dass es ihre eigene Unterwürfigkeit ist, die ihr
Leid und den Despotismus der Tyrannen hervorbringt! Erklären wir
den Hofleuten alles mögliche, nur nicht die Sklaverei ihres Daseins!
Bezeichnen wir die hohen Herren niemals als Knechte, und machen
wir die Knechte glauben, dass sie glücklicher seien als ihre Herren!
Kurz, übertünchen wir die düsteren Farben im Gemälde des Lebens
mit frischen und heiteren! Je dunkler der Untergrund, desto mehr
Blumen sind vonnöten, und aus Mangel an natürlichen müssen es
künstliche sein. Ein angenehmer Irrtum wird mehr geschätzt als hun-

dert traurige Wahrheiten. (Julien Offray de La Mettrie, Über das Glück oder das höchste Gut)

La Mettrie ergreift gegenüber der Mehrheit seiner Philosophenkollegen vehement Partei für die Genussmenschen und reiht sich selbst an ihrer Seite ein. Der freudlosen Strenge der Moralapostel setzt er Heiterkeit, Milde und Freundlichkeit entgegen. Das Körperliche ist ihm näher als das Seelenheil. Zum Menschsein gehört es, Freude und Leid zu empfinden und diese Empfindungen nicht zu bekämpfen oder zu unterdrücken, sondern sie als unserer Natur entsprechendes Entscheidungskriterium zu akzeptieren, da wir sonst unser Glück verfehlen.

Ein Franzose unserer Tage, **Michel Onfray** (*1959), plädiert für eine Philosophie, «die auf die Tugenden der sinnlichen Sprache, auf die Schönheiten der poetischen Analyse setzt und die ästhetische Empfindung als Vehikel der Erkenntnis und des Wissens vorzieht.»[87] In seiner distinguierteren Form der Lustorientierung stellt er das Bewusstsein als Werkzeug unserer Menschlichkeit, das uns von der animalischen Bedürfnisbefriedigung zu den wahren Freuden führt, gegenüber der reinen Körperlichkeit in den Vordergrund.

Wissen, dass man genießt – das ist das Merkmal der menschlichen Gattung in ihrem Verhältnis zur Lust. Und das Wissen setzt ein Spiel mit dem Bewusstsein voraus, eine Aussicht auf den Genuss und das Bewusstsein, das man davon hat: das Gehirn wirkt wie ein Filter, der die Lust entschlüsselt, ihr ihre Fülle und ihre intellektuelle Form gibt. Die kopflose Lust kann nicht ästhetisch sein. (Michel Onfray, Der sinnliche Philosoph, S. 153)

Der wahre Hedonismus erfüllt sich für Onfray mittels bewusster Sinneswahrnehmung im «Willen, einzigartige Formen hervorzubringen, das Reale in Empfindungen zu verwandeln, die Welt als Vorwand für Schönheit, Vortrefflichkeit und Lust zu begreifen.»[88]

Der *Dandy* ist seit dem 19. Jahrhundert ein Wesen, das solche Ästhetik zum Zentrum seines Daseins macht. Schönheit, möglichst auch Reichtum, äußere Anerkennung, Erregung von Bewunderung sind die Inhalte seines Lebens. Der Schriftsteller Oscar Wilde, die vielleicht bekannteste Verkörperung dieses Typus, haderte noch auf dem Sterbebett in einem Pariser Hotel mit der Hässlichkeit der Raumausstattung. Als letzte Worte werden von ihm kolportiert: «Meine Tapete und ich fechten ein Duell bis zum Tode. Einer von uns beiden muss gehen.» Der Stil steht über allem, selbst dem Ableben. Der Dichter Charles Baudelaire beschreibt den *Dandy* als eine Figur, die nichts anderes zu tun habe, «als die Idee des Schönen in ihrer Person zu kultivieren, ihre Leidenschaft zu befriedigen, zu empfinden und zu denken.»[89] Er vergisst nicht, eine Schattenseite dieser Ästhetik anzudeuten: den Mangel an Einfühlung in andere.

Die besondere Schönheit des Dandys liegt vor allem in dem Ausdruck der Kälte, der dem unerschütterlichen Entschluss entstammt, sich nicht rühren zu lassen; als glimme da ein Feuer, das sich höchstens andeutet, das zwar auflodern könnte, sich dessen jedoch enthält. (Charles Baudelaire, Der Dandy)

Der dänische Philosoph **Sören Kierkegaard** (1813–1855) hatte trotz seiner etwas gebeugten Statur selbst vieles von einem *Dandy*.[90] Bei seinen flanierenden Spaziergängen durch Kopenhagen trug er ein Stöckchen, kleidete sich gerne nach der neuesten Mode und trug Anzüge in erstaunlichen Farben. Kierkegaard war zwar im Grunde seines Herzens in seiner Religiosität ein Fundamentalist, der ein Christentum in Armut und bedingungsloser Hingabe anmahnte, sich selbst jedoch den hohen Ansprüchen des von ihm geforderten bedingungslosen Glaubens nicht gewachsen fühlte. Er besaß aber eine erstaunliche Fähigkeit, sich in unterschiedliche Lebens- und Denkformen einzufühlen. In einer für seine Zeit außergewöhnlichen psychologischen Tiefe entdeckte und beschrieb er unter wechselnden Pseudonymen Seiten an sich, die bei den meisten der «Verdrängung» anheimgefallen wären, bevor es diesen Begriff überhaupt gab. Bewegt von einer Mischung aus überzogenen ethischen Ansprüchen, Schwermut, sexueller Zwiespältigkeit, religiösem Märtyrerwahn und kompromisslosem Ästhetentum, entsagte er einer bürgerlichen Ehe und löste seine Verlobung nicht zuletzt auch deshalb, weil er in den romantischen Briefen, die er seiner Regine schrieb, seine schriftstellerische Ader entdeckte und diese Begabung als eine Bestimmung erkannte, die durch nichts beeinträchtigt werden dürfe. Die Geschichte dieser unglücklichen Liebe lieferte ihm die Grundlage zahlreicher Werke, in denen er seine möglichen Motive aus unterschiedlichsten Blickwinkeln bespiegelt.

In *Entweder-Oder* gibt er unter mysteriöser Verschleierung seiner Identität einen Einblick in die Innenwelt eines «Ästhetikers», wie er seinen vergnügungslustigen Genießer nennt. Dessen Ziel ist nicht der schnöde Broterwerb, denn «zu arbeiten, um leben zu können, das kann ja nicht die Bedeutung des Lebens sein: denn es liegt doch ein Widerspruch darin, dass die unablässige Herbeischaffung der Bedingungen die Antwort auf die Frage sein soll nach der Bedeutung dessen, was dadurch bedingt wird.» Erst wer nicht arbeiten muss, kann das Leben genießen. Wie an vielen anderen Stellen verhilft die ausgefeilte Dialektik dem Argument zu seinem Recht. (Kierkegaard war als Student stolz auf seine berüchtigte Fähigkeit, alle mit seinen komplizierten Gedankengängen zu verwirren.)

Eine gute Portion Narzissmus ist in der Geisteshaltung des Ästhetikers unverkennbar, der sich selbst für das interessanteste und unergründlichste aller Studienobjekte hält.

Rätselhaft muss man nicht allein andern sein, sondern auch sich selbst. Ich studiere mich selbst; bin ich dessen müde, so rauche ich zum Zeitvertreib eine Zigarre und denke: Gott der Herr weiß, was er eigentlich mit mir gemeint hat, oder was er aus mir machen will. (Sören Kierkegaard, Entweder-Oder)

Dieser Einstellung fehlt jede Akribie. Man macht sich nicht verrückt, lässt den lieben Gott einen guten Mann sein und genießt es, zu sehen, was aus einem wird, getreu dem Motto «Es gibt viel zu tun – warten wir's ab». Der beste Freund des Ästhetikers ist das Echo, und zu melancholischer Selbstbespiegelung können die Reize der Umwelt vielfältige Anlässe liefern.

Die Sonne scheint so schön und freundlich in mein Zimmer, in dem nächsten steht das Fenster offen. Auf der Straße ist alles still, es ist Sonntag-Nachmittag. Ich höre deutlich eine Lerche, welche draußen in einem der Nachbargehöfte ihre Triller schlägt, dem Fenster gegenüber, wo das hübsche Mädchen wohnt. Weit, weit von hier, aus einer abgelegenen Straße höre ich einen Mann Krabben ausrufen. Die Luft ist so warm, und dennoch ist die ganze Stadt wie ausgestorben. – Da gedenke ich meiner Jugend und meiner ersten Liebe – als ich mich sehnte. Jetzt sehne ich mich nur nach meiner ersten Sehnsucht. Was ist Jugend? Ein Traum. Was ist Liebe? Des Traumes Inhalt. (Sören Kierkegaard, Entweder-Oder)

Die Träumereien des Genießers sind nicht immer heiter, aber selbst sein Kummer ist ihm ein Vergnügen. Seine Traurigkeit wird ihm zur innigen Vertrauten, die ihm selbst in Arbeit und Freude immer wieder begegnet. «Meine Schwermut ist die treueste Geliebte, die ich kennengelernt! Was Wunder, dass ich sie wieder liebe?»

Auch Kierkegaard bringt die unmoralische Seite eines ausschließlich an seinem Vergnügen Interessierten ans Licht. Im «Tagebuch des Verführers», das sich gemäß der Rahmenerzählung von *Entweder-Oder* in den «Papieren des Ästhetikers» findet (und – wer weiß? – vielleicht von diesem stammt), berichtet ein junger Mann die Geschichte seiner kunstreichen und perfiden Verführung eines nichtsahnenden Mädchens. Mit allen Mitteln seiner Einfühlung, Intelligenz und Verstellungskünste schleicht er sich geradezu in ihre Psyche, verlobt sich mit ihr, macht sie in sich verliebt (ja, in dieser Reihenfolge) und bringt sie dazu, sich ihm nach «freiwilliger» Auflösung der Verlobung hinzugeben. Nachdem er dieses sein ursprüngliches Ziel erreicht hat, lässt er sie unmittelbar fallen. Sein Interesse galt nicht ihr, nur dem Spiel und der gelungenen Manipulation. Der Genuss lag in der Planung, kunstvollen und immer begleitend bewusst gemachten und gekosteten Durchführung – und in der bleibenden Erinnerung an diese Episode.

Kierkegaard war kein solcher gewissenloser Verführer, aber er spürte diese dunkle Seite in sich und verlieh ihr beredte Worte. Er selbst versuchte in vielen seiner Schriften und in seinen Tagebucheintragungen, seine eigene Aufhebung der Verlobung mit Regine moralisch zu rechtfertigen. Er litt zeitlebens vielleicht mehr als sie (die einen anderen heiratete) an dieser unerfüllten Liebe und nutzte diese von ihm selbst offengehaltene Wunde als Quelle seiner Inspiration. Er starb exakt, als das von seinem Vater ererbte Vermögen aufgebraucht war und er sich dem Zwang ausgesetzt gesehen hätte, sich nach einem Lebensunterhalt umzusehen, da seine Arbeit als philosophischer Schriftsteller eher ein Verlustgeschäft darstellte – auch dieser Abgang hat Stil.

Vergnügungslustige Genießer sind nicht immer ungefährlich. In ihrer Extremform ordnen sie ihrem Vergnügen alles andere unter. Dann werden Menschen nicht nur psychisch missbraucht, sondern auch physisch zerstört oder wie bei Nero erhebliche Teile Roms für ein ästhetisches Erlebnis in Schutt und Asche gelegt. Der radikalste Götzendiener der Lust, der die Philosophie für sich in Anspruch nimmt, ist wohl der **Marquis de Sade** (1740–1814). Bei ihm fallen endgültig alle moralischen Grenzen des Genusses. In der *Philosophie im Boudoir* lässt er seine Figur Dolmance argumentieren, dass jede Grausamkeit zur individuellen Luststeigerung erlaubt sei.

Was scheren uns [...] die Schmerzen unseres Nächsten? Fühlen wir sie mit ihnen? Nein; im Gegenteil, wir haben bewiesen, dass sie in uns eine köstliche sinnliche Erregung hervorbringen. [...] Aus welchem Grunde sollten wir ihm einen Schmerz ersparen, der uns niemals eine Träne kostet, wohingegen doch sicher ist, dass dieser Schmerz uns einen großen Lustgewinn bringt? (Marquis de Sade, Die Philosophie im Boudoir, S. 122 f.)

Mit pseudoaufklärerischen Hinweisen auf eine strikt auf die Lust ausgerichtete Natur des Menschen, die von der Moral und dem Mitleid als einer Erfindung des Schwächeren befreit werden müsse, plädiert er für eine «Kultur», die sich in immer ausgefeilteren Grausamkeiten ausdrückt. In seinen philosophischen Erzählungen und Romanen schildert er detailliert Verbrechen wie Brandstiftung, Vergewaltigung und Mord, die ausschließlich um der sexuellen Lusterregung willen verübt werden.

La Mettrie würde de Sade wohl als jemanden, der aufgrund seiner psychischen Konstitution nicht anders kann, in Schutz nehmen. Er sieht selbst ein vollkommen rücksichtsloses Leben als glücksfähig an.

Wer mit dem Verbrechen in solcher Vertrautheit lebt, dass Laster für ihn Tugenden sind, wird, wenn er nicht unter einem schlechten Gewissen leidet, glücklicher sein als der, der eine an sich positive Handlung bereut und sich damit um deren Lohn bringt. [...] Was aber würden wir von denen sagen, die mit Hilfe der Lust, die sie aus Lastern, ja sogar aus abscheulichsten Verbrechen gewinnen, ihre eigene Glückseligkeit auf den Trümmern der Glückseligkeit anderer errichten? [...] Überhaupt nichts anderes! (Julien Offray de La Mettrie, Über das Glück oder das höchste Gut)

Mit einer solchen Orientierung, zu der ein ordentliches Quantum Gewissenlosigkeit und starke Nerven gehören, darf man nicht erwarten, sich Freunde zu machen, dafür schafft man sich umso mehr Feinde, die das nicht ungestraft hinnehmen wollen. Nur davor warnt La Mettrie den Übeltäter, der ansonsten, wenn es ihm gelänge, seine Schuldgefühle abzulegen, prinzipiell außerhalb der Gesellschaft ein unsoziales Glück genießen könnte.

Alsdann bleibe ich in der Tat dabei, dass du als Vatermörder, als Blutschänder, als Dieb, als ruchloses und niederträchtiges Objekt des berechtigten Abscheus aller anständigen Menschen dennoch glücklich sein wirst. Denn welches Unglück, welchen Kummer können Taten, so übel und schrecklich sie auch sein mögen, verursachen, wenn sie (gemäß meiner Hypothese) in der Seele des Verbrechers nicht die geringste Spur des Verbrechens hinterlassen? Allerdings, wenn du am Leben bleiben willst, musst du dich vorsehen. Die politische Ordnung ist nicht so konziliant wie meine Philosophie. Sie hat die Justiz etabliert, und ihr zu Diensten stehen Henker und Galgen. Sie musst du mehr fürchten als dein Gewissen und die Götter. (Julien Offray de La Mettrie, Über das Glück oder das höchste Gut)

Den Namensgeber des Sadismus selbst hat seine Veranlagung immer wieder ins Gefängnis gebracht und ihm damit mehr Lust am Aufschreiben als am Ausleben seiner Neigungen verschafft. Echte Sadisten sind selten, doch die Lust am Leiden anderer ist tatsächlich vielen gar nicht so fremd. In einer vergleichsweise harmlosen Variante beweisen dies bereits die Zuschauerzahlen von Ekelsendungen wie z. B. dem *Dschungelcamp*, ebenso wie das verbreitete Faible für Verbrechen im Krimi. Die Faszination des Bösen lebt von diesem zweifelhaften Vergnügen. Die (teilweise in aller Öffentlichkeit verübten) Verbrechen der Nazis und ihrer Mitläufer zeigen ebenso wie Folterexzesse in Terror-Gefängnissen, wie schnell Menschen bereit sind, Gewalt zu tolerieren und sich daran zu weiden oder sogar daran zu beteiligen. Es war nie besonders schwierig, Personal zu finden, das zur Quälerei gerne bereit ist, wenn es ihm aufgrund seiner Machtposition ermöglicht und in einem gesellschaftlich sanktionierten Kontext erlaubt wird.

Für **Friedrich Nietzsche** (1844–1900) gehört die zelebrierte Grausamkeit «zur ältesten Festfreude der Menschheit».⁹¹ Die Lust am Anblick Gequälter rechtfertigte man lange damit, dass die Götter an Opfern und Märtyrern Gefallen fänden. Auch bei harmloseren Bosheiten geht es dem Täter nicht vorrangig um das Leiden der anderen, sondern um den eigenen Genuss daran, der dann allerdings den mitfühlenden Blick auf den anderen verstellt. «Schon jede Neckerei zeigt, wie es Vergnügen macht, am andern unsere Macht auszulassen».⁹² Die Lust selbst ist weder gut noch böse; eventuell damit verbundene Unlust eines anderen macht den Menschen laut Nietzsche nur im Hinblick auf mögliche Strafe oder Rache Sorgen.

Wir weisen das gerne weit von uns, aber dass auch unser Spaß vielfach auf dem ausgeblendeten und damit billigend in Kauf genommenen Leid anderer aufgebaut ist, ist bei den Arbeitsbedingungen, unter denen unsere elektronischen Unterhaltungsgeräte, unsere schicke Kleidung und unsere kulinarischen Leckereien wie Kaffee und Schokolade hergestellt werden, mit wenig Recherche aufzudecken – ganz zu schweigen von den Lebens- und Sterbeumständen der Tiere im Zeitalter des massenhaften Fleischkonsums. Die Bezogenheit auf das eigene Vergnügen verbirgt sich für Nietzsche sogar im Mitleid.

Das Mitleid hat ebenso wenig die Lust des andern zum Ziele, als, wie gesagt, die Bosheit den Schmerz des andern an sich. Denn es birgt mindestens zwei (vielleicht viel mehr) Elemente einer persönlichen Lust in sich und ist dergestalt Selbstgenuss: einmal als Lust der Emotion, welcher Art das Mitleid in der Tragödie ist, und dann, wenn es zur Tat treibt, als Lust der Befriedigung in der Ausübung der Macht. (Friedrich Nietzsche, Menschliches, Allzumenschliches)

Auch wenn man sich über die wahren Motive gerne täuscht, kann die individuelle Lust so zum Wohlergehen des anderen beitragen, denn nicht zwangsläufig ist das Genießen egoistisch und asozial: Freundschaften waren schon für Epikur eine Quelle der

Freude; das Spiel mit anderen bereitete Montaigne Vergnügen. Nietzsche sieht die Lust geradezu als Grundlage des gelingenden Miteinanders.

Aus seinen Beziehungen zu anderen Menschen gewinnt der Mensch eine neue Gattung von Lust zu jenen Lustempfindungen hinzu, welche er aus sich selber nimmt; wodurch er das Reich der Lustempfindung überhaupt bedeutend umfänglicher macht.

Vielleicht hat er mancherlei, das hierher gehört, schon von den Tieren her übernommen, welche ersichtlich Lust empfinden, wenn sie miteinander spielen, namentlich die Mütter mit den Jungen. Sodann gedenke man der geschlechtlichen Beziehungen, welche jedem Männchen ungefähr jedes Weibchen interessant in Ansehung der Lust erscheinen lassen und umgekehrt. Die Lustempfindung auf Grund menschlicher Beziehungen macht im allgemeinen den Menschen besser; die gemeinsame Freude, die Lust, mitsammen genossen, erhöht dieselbe, sie gibt dem einzelnen Sicherheit, macht ihn gutmütiger, löst das Misstrauen, den Neid: denn man fühlt sich selber wohl und sieht den andern in gleicher Weise sich wohlfühlen. Die gleichartigen Äußerungen der Lust *erwecken die Phantasie der Mitempfindung, das Gefühl, etwas Gleiches zu sein.* (Friedrich Nietzsche, Menschliches, Allzumenschliches)

Ein Essen zu zweit, eine Feier mit Freunden, Spiel und Sport, Musizieren, Gespräche, Flirts – die Beispiele für solche gemeinsamen Lustempfindungen finden sich zuhauf. Insbesondere zum erfüllten Sexualleben gehören meist mindestens zwei, die sich gegenseitig die höchsten Wohlgefühle verschaffen. Genießer gelten damit als Anwärter auf den Titel der besten Liebhaber, wenn sie ihre und die Lust des anderen durch die Begegnung steigern.

Thomas Nagel (*1937), in Belgrad geborener amerikanischer Philosoph, schildert, wie auf einer Party ein moderner Romeo und eine Julia sich zunächst in verschiedenen Spiegeln wahrnehmen, sich dabei vom anderen angezogen fühlen, bis sie erkennen, dass auch der andere vom Anblick des Gegenüber erregt ist, was zu immer neuen Stadien der sexuellen Anziehung führt. Dieses Sichspiegeln im andern als wechselseitiges, sich überlagerndes Wahrnehmen, Wahrgenommenwerden und Sich-selbst-dabei-Wahrnehmen sieht Nagel als das Paradigma der sexuellen Begegnung. Ihre Grundstruktur «beinhaltet das Verlangen, dass der Partner dadurch erregt wird, dass er mein Verlangen nach seiner Erregung bemerkt.»[93]

Der Philosoph **Robert Nozick** (1938–2002), ein weiterer Landsmann Nagels, der dem Klischee des prüden Amerikaners mit den Worten des Kenners widerspricht, beschreibt sinnfällig die Erregung, die nur das Zwischenmenschliche bieten kann:

Manchmal konzentrieren wir uns beim Liebesakt auf die winzigsten Bewegungen, das zarteste Streifen eines Haars, das langsame Wandern der Fingerspitzen oder der Nägel oder der Zunge über die Haut, die geringste Veränderung oder das Einhalten an einem Punkt. (Robert Nozick, Vom richtigen, guten und glücklichen Leben)[94]

Die Momente des Innehaltens sind für ihn die intensivsten des Liebesspiels. Das Warten auf das, was als Nächstes geschieht, schärft die Wahrnehmung aufs äußerste. Das gegenseitige Wissen um die Spannung und die Fokussierung auf die Empfindungen des anderen erhöhen den Reiz weiter.

Zu wissen, dass die eigenen besonderen Arten der Lust bekannt sind und akzeptiert werden, bei ihnen so lange zu verharren, wie man will, ohne dass man zu einem anderen Stadium oder einer anderen Erregung weiterhastet, vom anderen die Erlaubnis und die Einladung zu bekommen, sich zu räkeln und miteinander zu spielen – gibt es so etwas wie körperliche Liebe, die zu langsam geht? –, auf diese Weise gesagt zu bekommen, dass man Lust verdient und ihrer würdig ist, kann einem einen tiefen Seufzer entlocken. (Robert Nozick, Vom richtigen, guten und glücklichen Leben)

Das lustvolle Stöhnen wird bei Nozick zum Wohllaut des

wechselseitigen Vergnügens, der das tiefste Einverständnis mit sich, dem anderen und einer Welt, in der solcher Genuss möglich ist, zum Klingen bringt.

Wer den Begriff der Lust möglichst weit fassen will, dem spannt der 1953 geborene **Wilhelm Schmid** in seiner *Philosophie der Lebenskunst* eine ganze Palette der Lüste auf, die er einer im umfangreichsten Sinne verstandenen «Kunst der Erotik» anheimstellt:

Vergessen blieb angesichts der Dominanz des Sex, dass es noch andere und vielfältigere Lüste als die isolierte Lust des Geschlechts gibt: Lüste der Sinne, also des Sehens, Hörens, Riechens, Schmeckens, Tastens und Spürens, die ein inniges, intimes Genießen gestatten; Lüste des Denkens und der Reflexion, die sich in der Distanz der Abstraktion vollziehen; Lüste des Träumens und der Phantasie, in denen das Selbst fern ist von jedem Kalkül; Lüste der Erinnerung, die das gelebte Leben zu wiederholen erlauben; Lüste der Lektüre und des Gesprächs, die die Weite des Lebens zwischen Einsamkeit und Geselligkeit erfahrbar machen; Lüste des Lachens in allen Variationen, die Körper, Seele und Geist zugleich in Vibrationen versetzen; Lüste des bloßen Seins, die sich der Muße und Gelassenheit verdanken; Lüste des nomadischen Seins, die aus der vielfältigen Begegnung mit Anderen und Anderem resultieren. (Wilhelm Schmid, Philosophie der Lebenskunst, S. 336 f.)

Die erotische Neigung kann für Schmid zum sinnstiftenden allumfassenden und grundlegenden Motiv werden, das ein Leben noch zu retten vermag, wenn alles andere an Bedeutung verloren hat. Sie zu einer Kunstform zu erheben bedarf ausgefeilter Präsentation und kluger Anwendung.

Bestandteil der Kunst der Erotik ist die Inszenierung der Lüste, sind die Rituale, die um die Lüste herum errichtet werden, das Dekorum, der Schleier und die Verkleidung, durch die hindurch sie nur zu erahnen sind, die Rhetorik, die weniger über sie redet als vielmehr beredt über sie schweigt, die kalkulierte Verzögerung ihres Gebrauchs in der Zeit, die dem Subjekt erlaubt, allmählich in sie hineinzugleiten und nicht in einer plötzlichen Explosion sie zu verpuffen, schließlich das Wissen darüber, dass der Umgang mit den Lüsten sich der Askese bedienen kann, um ihren Genuss zu intensivieren. (Wilhelm Schmid, Philosophie der Lebenskunst, S. 337)

Dem Genießer kann so vieles zur Lust gereichen. Kultivierte Bedürfnisse können auch durch Bildung, Spiel und Kunst befriedigt werden. Das intensive Auskosten wird zu einer bewusst wahrnehmenden und wertschätzenden Geisteshaltung, die sich gegenüber fast allem einnehmen lässt.

Juki genießt seine Gesundheit, sein gutes Aussehen, alles, was er sich mit seinem Geld leisten kann, sein Verliebtsein, aber ebenso seine Geschäfte und beruflichen Erfolge. Erleben ist ihm dabei wichtiger, als darüber zu reden, denn das kann leicht den Zauber zerstören und zum faden Ersatz des Eigentlichen werden. Auch für ihn ist das Leben nicht ein dauernder Höhenflug, auch er kennt Misserfolge, Widrigkeiten und depressive Verstimmungen. Doch er ist immer wieder in der Lage, sich selbst aus diesem Sumpf zu ziehen, indem er sich auf die Suche nach neuen Annehmlichkeiten macht und dabei rasch fündig wird. So wird selbst eine Grippe zum fast schon willkommenen Anlass für den exotischen Tee, das wohltuende Erkältungsbad, den ausgiebigen Schlaf und die alten Filme im Nachmittagsprogramm.

Der Vergnügungslustige sucht überall nach dem Schönen in der Welt und entdeckt es immer auch für andere mit, die er gerne teilhaben lässt. Er findet es in der Natur wie in der Kunst und an sich selbst, indem er sich als *Dandy* (oder sie sich als Gesamtkunstwerk aus Figur, Kleidung, Frisur und Make-up) als Objekt der eigenen Ästhetik stilisiert.

Zum Genießer kann man veranlagt sein, aber Genießen ist eine Kunst, die Erfahrung, Konzentration und Muße benötigt.

Genießer glauben an den besonderen Augenblick, der aufmerksam wahrgenommen und bewusst erlebt wird. Detailverliebte Planung erhöht die Vorfreude. Das Spiel mit dem zeitlich begrenzten Aufschub eines Bedürfnisses gestatten sie sich jedoch nur, falls es der Intensitätssteigerung dient. Der angenehme Nachgeschmack und der bleibende Eindruck wirken lange nach.

CHANCEN UND RISIKEN FÜR GENIESSER

Wer sich am Vergnügen ausrichtet, wandelt auf einem schmalen Grat:

- Wenn er innerlich unabhängig von einzelnen bestimmten Annehmlichkeiten bleibt, kann er immer Neues entdecken und wird nicht verzweifeln, falls eine geplante Lustbarkeit sich nicht verwirklichen lässt.
- Wenn er in seinen Lüsten nicht Abwechslung, sondern Tiefe sucht, kann das zu höherem Glück (etwa in einer dauerhaften Beziehung), aber auch zu Obsessionen führen.
- Er schätzt die Freuden, die die Lust uns bereitet, über alles und ist meist gegen moralische Vorhaltungen immun. Den richtigen Pegel kann er nur in sich selbst finden.
- Genießer sind vielleicht die ehrlicheren Menschen. Sie geben offen zu, sich selbst zum Maß aller Dinge zu machen – was andere sich nicht eingestehen und doch im Verborgenen tun. Macht, Anerkennung und Ruhm werden von ihnen nur erstrebt, weil sie auf ein individuelles Bedürfnis zurückgeführt werden und damit ganz persönlich Lust und Vergnügen bereiten. Die Welt an sich beinhaltet keinerlei Wert, außer dem, den sie ihr durch die eigene Wertschätzung geben – und woran sollte sich diese ausrichten, wenn nicht an ihnen selbst und ihren ureigensten Wünschen?
- Der reflektierte Genuss ist mit seiner Wertschätzung des Le-

bens und seiner besonderen Augenblicke einer der Wege zum Glücklichsein. Genießer versuchen, das Beste aus ihrem Leben zu machen, achten auf sich selbst und die schönen Dinge der Welt und entkommen so häufig dem Sog des Alltags und der Getriebenheit des Ehrgeizigen.

Leider ist die Welt keineswegs darauf ausgelegt, uns von sich aus immer weitere Facetten des leicht erreichbaren Genusses darzubieten. Künstliche Bedürfnisse erzeugt die Werbemaschinerie dagegen zuhauf. Nicht nur daraus ergeben sich die Gefahren der ausschließlichen Orientierung am Vergnügen:

- Sie liegen in der immer neuen Entwicklung unersättlicher geschmäcklerischer Vorlieben und einer entstehenden Abhängigkeit davon, die bei Enttäuschung zur tiefen Verzweiflung führt.
- Die Ablehnung alles Unangenehmen hat den Charakter einer Weigerung, erwachsen zu werden und sich den Widrigkeiten des Lebens zu stellen. Sie kann dazu führen, dass der Genießer in kindlichen Verhaltensmustern den Notwendigkeiten kluger Lebensführung ausweicht, den Zahnarztbesuch zu lange aufschiebt oder sich wieder nicht auf die anstehende berufliche Herausforderung vorbereitet.
- Unter ungünstigen Umständen entsteht schnell die Neigung, mit Stimmungsaufhellern und Glücksdrogen einen Verlust an Wirklichkeit der Unlust der Realität vorzuziehen.
- Nicht zuletzt kann die besondere Aufmerksamkeit gegenüber sich selbst zur Achtlosigkeit gegen Mitmenschen führen und zur wachsenden Bereitschaft, moralische Bewertungen ästhetischen unterzuordnen. Und wem es völlig skrupellos ausschließlich um die eigene Lust geht, der wird zum triebgesteuerten Wüstling.

Juki bleibt (meist) anständig. Er schafft es (manchmal mit unge-
liebter Anstrengung, aber immerhin), seinen Alltag zu bewältigen und ihm immer wieder kleine Freuden abzugewinnen. Darüber hinaus kostet er aus, was ihm das vergnügungsreiche Leben
in der Großstadt zu bieten hat, und bekommt dort eine Menge
Futter für seine Phantasie. Seine Partnerin und seine Freunde
schätzen seinen Ideenreichtum und folgen gerne seinen originellen Vorschlägen zur Freizeitgestaltung. Ohne Schönheit, Kultur
und Genuss wäre ihm das Leben unerträglich.

Literaturhinweise für den vergnügungslustigen Genießer:
Julien Offray de La Mettrie, *Über das Glück oder das höchste Gut*
Michel de Montaigne, *Essais, Über die Erfahrung*
Michel Onfray, *Der sinnliche Philosoph*
Kai Buchholz, *Sex*

PFLICHTBEWUSSTE
PRAKTIZIERTE MORAL

**Man sieht es, dieser gute Mann ist zu ehrlich, um klug
zu sein, er kennt seine Pflicht besser als seine Zeit.**
Ludwig Börne, Aphorismen und Miszellen

Während Lebenskünstler und Genießer zuallererst von ihrem
eigenen Wohlbefinden ausgehen, beziehen Pflichtbewusste von
Anfang an das Wohlergehen ihres Mitmenschen in ihre Hand-
lungsentscheidungen ein. Der andere kann dabei als abstrakte
Allgemeinheit (die Gesellschaft, die Menschheit) auftreten, sich
aber ebenso gut im konkreten Gegenüber manifestieren, mit
dem man in enger persönlicher Beziehung steht.

Ursprünglich soll das Wort «Pflicht» gar nicht viel mehr als
«Gemeinschaft» bedeutet haben, aber heute schmeckt es nach
unliebsamem Zwang und führt bei manchen zu allergisch anmu-
tenden Abwehrreaktionen. In einem gesellschaftlichen Biotop,
das die individuelle Selbstverwirklichung predigt und das Auskosten der Genüsse schätzt, ist Pflichtbewusstsein nicht sexy.
Die Vermehrung dieses Lebensmodells ist aufgrund der ständigen Einbuße an Attraktivität nicht mehr gesichert. Der pflichtbewusste Moralpraktiker könnte zur bedrohten Art werden.

Dabei hätte jeder gerne einen wie Fidel zum Freund. Er
ist ein verlässlicher Mensch, dem ein einmal gegebenes Versprechen als heilig gilt und der darum nur zusagt, was er unbedingt zu erfüllen bestrebt ist. Er hält Verabredungen pünktlich
ein, obwohl er aus den unüberhörbaren Gesprächen in öffentlichen Verkehrsmitteln den Eindruck gewinnt, dass das Handy
nur erfunden wurde, um sich für Verspätungen entschuldigen

zu können. Fidel bedenkt, dass der andere auch bei einem angekündigten Verzug warten muss. Wenn man Fidel zu seiner Einschätzung oder um Rat fragt, wird er einen auch angesichts unangenehmer Wahrheiten nicht belügen. Als treue Seele kümmert er sich mit frappierender Selbstverständlichkeit um Freunde und Freundinnen – gleich ob sie die Grippe erwischt hat und er Lebensmittel für sie einkauft oder ob sie unter Liebeskummer leiden und bei ihm immer ein offenes Ohr finden – und besucht regelmäßig seine Mutter im Pflegeheim, obwohl sie ihn nur noch selten erkennt.

Pflichtbewusste halten sich an unverbrüchliche Grundsätze und setzen klare Prioritäten, die nicht immer zu ihren Gunsten ausfallen. Während der zu Unrecht der Verführung der Jugend angeklagte Sokrates (um 470–399 v. Chr.) im Athener Gefängnis festgehalten wird, versucht sein Freund Kriton (im nach ihm benannten platonischen Dialog) ihn bei einem Haftbesuch zur Flucht zu überreden. Beide wissen, dass ein Todesurteil zu erwarten ist. Kriton erinnert Sokrates an seine Frau und seine Kinder. Doch der Philosoph gehorcht nicht der Stimme seines Freundes, der sein Leben retten will. Obwohl das Urteil gegen ihn ungerecht ist, fühlt er sich den Institutionen von Recht und Ordnung verpflichtet und ehrt sie durch sein Verbleiben in der Zelle und seinen späteren Tod durch den Giftbecher. Für seine moralische und politische Überzeugung opfert er sein Leben.

Sogar hohe Ämter bekleidende Römer waren von dieser kompromisslosen Haltung äußerst beeindruckt und versuchten, sie sich zu eigen zu machen – beispielsweise **Marcus Tullius Cicero** (106–43 v. Chr.), der am Ende seiner Karriere ein drei Bücher umfassendes Werk *Von den Pflichten* verfasste, um seinen Sohn Marcus in Briefform auf den rechten Weg zu bringen. Die Aufgaben des Menschen ergeben sich für ihn aus seiner Natur, die auf das moralisch Gute ausgerichtet sei. Darum bestehe ein naturgemäßes Leben darin, sich in den vier Kardinaltugenden Klugheit, Tapferkeit, Gerechtigkeit und Besonnenheit zu vervollkommnen.

Die praktischen Schlüsse, die Cicero aus diesen allgemeinen Überlegungen zieht, dürften selbst für Fidel nicht leicht nachvollziehbar sein. Dass er sich nie fragt, was sein Land für *ihn* tun kann, sondern stets, was *er* zum Nutzen seines Landes beitragen kann (ein Gedanke, der von US-amerikanischen Präsidenten dankbar aufgegriffen und ihren Bürgern in Krisenzeiten gerne ans Herz gelegt wird), mag ja noch angehen; dass er dabei so weit geht, dass er die Liebe zum Vaterland über die Kindes-, Eltern- und Freundesliebe hebt, ist weniger einsichtig. Der Staat darf jedes Opfer fordern: «Welcher anständige Mensch würde zögern, dafür zu sterben, wenn er ihm damit nützen könnte?»[95] Selbst in der Freiwilligenarmee würden ihm da nicht alle widerspruchslos folgen.

Cicero überschätzt vielleicht die Neigung der Menschen zum Heroismus, aber er ist nicht gänzlich weltfremd. Lebensklug unterscheidet er zwischen «durchschnittlichen» Pflichten, die man von jedem verlangen kann, weil sich einfach so gehört, und «vollkommenen» Pflichten, die über das normale Maß weit hinausgehen.[96] Und er kennt die Probleme der Abwägung, die sich aus dem Wunsch nach Pflichterfüllung ergeben. Zum einen ist nicht jede Pflicht absoluter Selbstzweck:

So braucht man also die Versprechen nicht zu halten, die für die, denen man sie gab, nutzlos sind; und wenn sie einem mehr schaden, als sie dem nützen, dem man sie gab, so steht es nicht im Widerspruch zur Pflicht, das Wichtigere dem Unwichtigeren vorzuziehen. (Cicero, Von den Pflichten, I, 32, S. 22)

Zum anderen müsse man auch zwischen Pflichten aus unterschiedlichen Tugendbereichen abwägen. So seien Pflichten der Gemeinschaft wichtiger als solche der Erkenntnis. Cicero glaubt das durch die These zu beweisen, dass ein zur Einsamkeit verurteilter Forscher sich umbringen würde. Das mag für einen kommunikationsfreudigen medienpräsenten Wissenschaftler wie Ranga Yogeshwar gelten, aber Archimedes hätte sich möglicherweise gefreut, wenn ihm zumindest zeitweise mal keiner seine Kreise gestört hätte.

Die Tugend der Tapferkeit beweist man für Cicero in militärischen Großtaten ebenso wie in politischer Betätigung. Wer nicht eine besondere wissenschaftliche Begabung vorweisen kann, sollte gesellschaftlich aktiv werden, dabei aber nicht nach Ruhm und Reichtum streben und nur für das Gemeinwohl agieren[97] – hehre Maßstäbe für jeden Politiker. Beim römischen Konsul und Senator Cicero zweifelten zumindest seine Gegner, ob er ihnen selbst immer genügte.

Ciceros Beschreibung des pflichtgemäßen Handelns stellt das rationale Denken in den Vordergrund. Man muss sich «freihalten von Unbesonnenheit und von Nachlässigkeit und darf nichts tun, wofür man keinen einleuchtenden Grund angeben kann»[98]. Die Begierden müssen der Vernunft unterworfen werden. Cicero gibt die Parole aus, die Triebe unter Kontrolle zu halten, nicht ohne Überlegung loszulegen und in der Ausführung Sorgfalt walten zu lassen. Ihm ist klar, dass das nicht der reine Spaß ist; aber es geht um Größeres:

Denn die Natur hat uns nicht so hervorgebracht, dass wir zu Spiel und Scherz geschaffen scheinen, vielmehr zu ernsten Dingen und zu Bestrebungen, die wichtiger und anspruchsvoller sind. An Spiel und Scherz jedoch darf man sich zwar erfreuen, aber so wie an Schlaf und an den übrigen Arten der Ruhe erst dann, wenn man den wichtigen und ernsten Pflichten genügt hat. (Cicero, Von den Pflichten, I, 103, S. 52 f.)

Erst kommen die Obliegenheiten, dann das (gemäßigte) Vergnügen. Die eigentliche Belohnung der Pflichterfüllung liegt schon in ihr selbst, wie Cicero in seinen *Fünf Büchern über das höchste Gut und Übel* behauptet. Das fällt nicht immer leicht zu

glauben, wenn damit in bestimmten Situationen sogar die Selbsttötung zur Pflicht werden kann.

Der Mensch, in welchem das Naturgemäße überwiegt, hat die
Pflicht, im Leben zu bleiben; bei wem aber das Naturwidrige über-
wiegt oder dies später zu erwarten ist, dessen Pflicht ist es, aus dem
Leben zu scheiden. Daraus erhellt, dass auch der Weise mitunter die
Pflicht hat, aus dem Leben zu scheiden, obgleich er glücklich ist, und
der Tor die Pflicht, im Leben zu bleiben, obgleich er elend ist. (Cicero,
Fünf Bücher über das höchste Gut und Übel (§ 60))

Der Pflichtbewusste kann sich (gerade auch unter extremen
politischen Verhältnissen) Umstände vorstellen, in denen ein
Überleben nicht die höchste Priorität genießt. Das gilt gleichermaßen für den bereits erwähnten **Lucius Annaeus Seneca**
(um Christi Geburt–65 n. Chr.), der aus seinem Vertrauen auf
die Ordnung des Kosmos ableitet, dass man seiner Pflicht gehorchen und seine Aufgaben erfüllen müsse. Nachdem er als ge-
rühmter Schriftsteller und Redner den Neid des empfindlichen
Kaisers Caligula erregt hatte und nur um Haaresbreite dessen
berüchtigter willkürlicher Grausamkeit entging, wurde er vom
Nachfolger Claudius nach Korsika verbannt. Anstatt sein Los zu
beklagen, versuchte er aus dem Exil – unter Aufbietung all seiner
literarischen Fähigkeiten – mit einer Trostschrift seine Mutter
aufzurichten.

Von der Kaiserin Agrippina rehabilitiert, wurde Seneca die
Erziehung des elfjährigen Nero übertragen – wahrlich kein
leichter Job bei solch einem Bürschchen. Da konnte selbst ein
Weiser wie er auf die Dauer nicht viel ausrichten. Zeitweise hatte
Seneca jedoch bedeutenden Einfluss auf die politischen Entscheidungen Roms, bekleidete höchste Ämter und wurde fürst-
lich dafür entlohnt. Immerhin verursachten seine Mahnungen
zum tugendhaften Leben offenbar noch nach seinem Rückzug
aus der aktiven Politik Nero ein schlechtes Gewissen. Der konn-

te das auf die Dauer nicht ertragen und zwang ihn mit dem Vorwurf, an einer Verschwörung zum Staatsstreich beteiligt gewesen zu sein, Selbstmord zu begehen. Auch dieser Schuldigkeit kam Seneca eindrucksvoll nach. Im Verlauf einer langen und qualvollen Sterbeprozedur schickte er rücksichtsvoll seine Ehefrau aus dem Zimmer, um ihr den Anblick seines Leidens zu ersparen. Dadurch überlebte sie, die ursprünglich gemeinsam mit ihm in den Tod gehen wollte. Tacitus hat voller Bewunderung in seinen *Annalen* über diesen ruhmvollen Tod berichtet.[99]

Rücksichtnahme unter Hintanstellung eigener Befindlichkeiten wird bei Seneca zum zentralen Bestandteil der Pflichtethik. Die abschreckenden Beispiele seiner genusssüchtigen Herrscher vor Augen, will er sich auf Lustempfindungen als Wegweiser nicht verlassen:

Lust und Schmerz treten immer gleichzeitig ihre Herrschaft an. Du siehst doch, in welch üble und schädliche Abhängigkeit jemand gerät, den Begierden und Schmerzen, diese unbeständigsten und unbändigsten Zwingherren, abwechselnd knechten. Da darf es nur einen Ausweg geben: Unabhängigkeit gewinnen! (Seneca, Vom glückseligen Leben)

Glücklich will Seneca nur den nennen, «der weder Wünsche hegt noch Furcht empfindet.»[100] Mit dem Einüben solcher Empfindungslosigkeit zahlt der Stoiker einen hohen Preis, um in einem Leben voller Ängste in einer Welt der Willkürlichkeit und Unabwägbarkeiten eigene emotionale Stabilität zu gewinnen und damit ein verlässlicher Rückhalt für Familie und Freunde zu sein. Gegen jede Orientierung an Annehmlichkeiten, die er als gefährliche Verweichlichung interpretiert, redet er seinem Freund Lucilius, der ihm sein Leid klagt, offen und ohne falsches Mitleid ins Gewissen und mahnt ihn zur alleinigen Ausrichtung an der Tugend.

Ein Blasenleiden hat dich beunruhigt, sehr betrüblich lautende Briefe sind eingelaufen, die Bedrängnisse nehmen kein Ende, und

näher zugesehen, hast du für dein Leben gefürchtet. Wie? Du wuss-
test nicht, dass du dir alles dies wünschtest, als du dir ein hohes Al-
ter wünschtest? Alles dies sind unvermeidliche Dinge im Leben, wie
Staub, Schmutz und Regen auf einer langen Reise. (Seneca: Briefe
an Lucilius, Sechsundneunzigster Brief)[101]

Wir hatten bereits in einem früheren Kapitel gesehen, dass
Seneca auch eine Neigung zum misstrauischen Schwarzsehen
nicht fremd ist. Seine pessimistische Erwartungshaltung verspricht wenig Aussicht auf angenehme Stunden. Das Leben ist
kein Ponyhof, sondern eine Bewährungsprobe für moralische
Helden, wie er im Kasernenhofton lautstark verkündet:

Aber leben, mein Lucilius, ist eben nichts anderes als Kriegsdienst
tun. Diejenigen also, die umhergeworfen werden und unter Mühsal
und Beschwerlichkeit aufwärts und abwärts gehen und die gefähr-
lichsten Unternehmungen wagen, sind tapfere Männer und die ersten
im Lager; diejenigen dagegen, die sich einer faulen Ruhe, während
andere sich anstrengen, reichlich hingeben, sind Turteltäubchen, in
Sicherheit auf Kosten ihrer Ehre. (Seneca: Briefe an Lucilius,
Sechsundneunzigster Brief)[102]

Die aufrüttelnden martialischen Worte haben ihr Ziel sicher
nicht verfehlt. (Wenn es gegen das Böse geht, kann der Anruf
der Pflicht gelegentlich selbst einen friedfertigen *Hobbit* hinter
dem gemütlichen Ofen hervorlocken.) Bei alldem ist die innere
Haltung und die Motivation zum ehrenhaften Handeln Seneca
wichtiger als das tatsächliche Ergebnis, das oft genug dem Zufall
anheimgegeben ist. Entscheidender ist es, sich selbst allabend-
lich Rechenschaft abzulegen, sich bei Fehlleistungen zu ermahnen und sich so zum Besseren zu erziehen. Seneca kann mit
dieser Praxis als der Vater der Gewissenserforschung gelten. Der
aufrichtige Vergleich mit dem eigenen Idealbild entmutigt den
Pflichtbewussten nicht, sondern spornt ihn zu weiterer moralischer Vervollkommnung an.

Ein veritabler römischer Kaiser, **Marc Aurel** (121–180 n. Chr.), fühlte sich philosophisch wie Seneca zu den Stoikern hingezogen. In seinem Vater fand er ein Vorbild, das ihm zeigte, was tugendhafte Pflichterfüllung in diesem Amt bedeutet:

Nach den heftigsten Kopfschmerzen sah man ihn frisch und kräftig zu den gewohnten Geschäften eilen. Geheimnisse pflegte er nur äußerst wenige und nur in seltenen Fällen zu haben und nur um des gemeinen Wohles willen. Verständig und mäßig im Anordnen von Schauspielen, von Bauten, von Spenden an das Volk und dergleichen mehr, zeigte er sich als ein Mann, der nur auf seine Pflicht sieht, um den Ruhm aber sich nicht kümmert, den seine Handlungen ihm verschaffen können. (Marcus Aurelius Antoninus Augustus, Meditationen I, 16)

Diesem Ideal nachzueifern wird auch für den Sohn zur Leitlinie. Marc Aurel kennt bis hin zum Tod kein Erbarmen vor den Widrigkeiten des Feldlagers. Er zwingt sich, dort für Rom weit mehr Zeit zuzubringen, als ihm, dem eher philosophisch Interessierten, lieb ist. Seine Ermahnungen gelten vor allem ihm selbst.

Darauf darf Dir Nichts ankommen, ob Du vor Kälte klappernd oder im Schweiß gebadet Deine Pflicht tust; ob Du dabei einschläfst oder des Schlafes überdrüssig wirst; ob Du dadurch in schlechten oder in guten Ruf kommst; ob Du darunter das Leben einbüßest oder sonst Etwas leiden musst. Denn auch das Sterben ist ja nur eine von den Aufgaben des Lebens. Genug, wenn Du sie glücklich lösest, sobald sie Dir vorliegt. (Marcus Aurelius Antoninus Augustus, Meditationen VI, 2)

Das Dasein zeigt sich Marc Aurel als Auftrag, den es zu erfüllen gilt. Kaiserliche Annehmlichkeiten sind hier fehl am Platze. Auch eine edle Geburt und die herausgehobene Stellung als Herrscher duldet keine Ausflüchte. Alles, was anderen Menschen auszuhalten möglich ist, verlangt Marc Aurel sich selbst ebenso ab.

Wenn Dir begegnet, was zu ertragen nicht Deine Bestimmung ist – sei auch darüber nicht unwillig. Was Dich zu Grunde richtet, wird auch zu Grunde gehen. Jedoch vergiss auch nicht, dass Du bestimmt bist, Alles zu ertragen, was erträglich und leidlich zu machen Deine Vorstellung die Macht hat, durch den Gedanken nämlich, dass es Dir heilsam oder dass es Deine Pflicht sei. (Marcus Aurelius Antoninus Augustus, Meditationen X, 3)

Andere Pflichtbewusste drehen ein größeres ethisches Rad. Sie achten nicht nur darauf, was der Einzelne tun sollte, sondern leiten ihre Vorschriften von Prinzipien ab, die gleich für alle vernunftbegabten Wesen gelten können – die Handlungsanweisungen für das Individuum werden sich schon daraus ergeben. Der mit dem höchsten intellektuellen Anspruch von ihnen ist **Immanuel Kant** (1724–1804), der die scharfe Waffe seines Verstandes auch in den Dienst der Moralphilosophie stellt.

Auch persönlich brachte er eine wesentliche Grundvoraussetzung mit, an der Möchtegernpflichtbewusste scheitern: Selbstdisziplin. Er hatte sich aufgrund seiner kränklichen Konstitution an strengste Regeln im Tagesablauf gewöhnen müssen. Die Königsberger sollen ihre Uhren nach seinem Spaziergang gestellt haben. Erstaunlicherweise war Kant dennoch alles andere als eine Spaßbremse. Seine täglichen Mittagsgesellschaften, bei denen Neuigkeiten aller Art durchgekaut wurden, galten als unterhaltsame und beliebte Veranstaltungen.

Kants (am nachvollziehbarsten in der *Grundlegung zur Metaphysik der Sitten* entwickelte) Ethik verfolgt jedoch als Lebensziel nicht die kurzfristige gesellige Glückseligkeit, sondern die Glückswürdigkeit, die nur durch Pflichterfüllung zu erreichen sei. Die Orientierung am Glück ist ihm eine zu unsichere Basis, da der Mensch trotz intensiven Nachdenkens sich selbst nicht im Klaren ist, was dazu beiträgt oder schadet:

Will er Reichtum, wie viel Sorge, Neid und Nachstellung könnte er sich dadurch nicht auf den Hals ziehen! Will er viel Erkenntnis und Einsicht, vielleicht könnte das ein nur um desto schärferes Auge wer-

den, um die Übel, die sich für ihn jetzt noch verbergen und doch nicht vermieden werden können, ihm nur um desto schrecklicher zu zeigen, oder seinen Begierden, die ihm schon genug zu schaffen machen, noch mehr Bedürfnisse aufzubürden. Will er ein langes Leben, wer steht ihm dafür, dass es nicht ein langes Elend sein würde? Will er wenigstens Gesundheit, wie oft hat noch Ungemächlichkeit des Körpers von Ausschweifung abgehalten, darein unbeschränkte Gesundheit würde haben fallen lassen, usw. Kurz, er ist nicht vermögend, nach irgend einem Grundsatze mit völliger Gewissheit zu bestimmen, was ihn wahrhaftig glücklich machen werde, darum weil hierzu Allwissenheit erforderlich sein würde. (Immanuel Kant, Grundlegung zur Metaphysik der Sitten)

Auf solch schwankendem Boden lassen sich keine Leitplanken einschlagen, die sicher zum Wohlergehen führen würden. Auf keinen Fall hilft die Orientierung am eigenen Glück dabei, einen zum guten Menschen zu machen, denn das Gutsein wird im Leben nicht zwangsläufig durch Wohlsein belohnt.

Doch ist das Prinzip der eigenen Glückseligkeit am meisten verwerflich, nicht bloß deswegen weil es […] ganz was anderes ist, einen glücklichen, als einen guten Menschen, und diesen klug und auf seinen Vorteil abgewitzt, als ihn tugendhaft zu machen: sondern weil es der Sittlichkeit Triebfedern unterlegt, die sie eher untergraben und ihre ganze Erhabenheit zernichten, indem sie die Bewegursachen zur Tugend mit denen zum Laster in eine Klasse stellen und nur den Kalkül besser ziehen lehren […]. (Immanuel Kant, Grundlegung zur Metaphysik der Sitten)

Die Ausrichtung auf Annehmlichkeiten verdirbt den Charakter, weil sie der Moral nur dann gehorchen will, wenn etwas dabei herausspringt. Im Leben vor dem Tod bleibt dies fragwürdig, und ob wir in einem Jenseits für tugendhaftes Verhalten belohnt werden, steht in den Sternen. Auch der emotionale Gewinn, den man aus gutem Handeln zieht, fällt letztlich noch in die verworfene Kategorie der Glücksorientierung, wenn er auch «der

Sittlichkeit und ihrer Würde dadurch näher bleibt, dass er der Tugend [...] nicht gleichsam ins Gesicht sagt, dass es nicht ihre Schönheit, sondern nur der Vorteil sei, der uns an sie knüpfe»[103]. Für Kant besteht jedoch die wahre Freiheit des Menschen darin, dass er sich – auch gegen seine Neigungen und Gefühle – aus der Vernunft heraus selbst dem moralischen Gesetz und damit der Pflicht unterwerfen kann.

Sein unter Pflichthassern berüchtigter «kategorischer Imperativ» wird leider häufig mit der goldenen Regel «Was du nicht willst, dass man dir tu, das füg auch keinem anderen zu» verwechselt, die sich nicht erst im Ermahnungsrepertoire von Erziehern, sondern bereits in den ältesten religiösen Texten unterschiedlicher Konfessionen findet. Sie orientiert sich allerdings am eigenen Empfinden bzw. Missempfinden. Nicht nur sind diese individuellen Abneigungen durchaus unterschiedlich ausgeprägt – man denke nur daran, was Masochisten oder Sadisten jeweils gefällt –, Unangenehmes würde damit sogar dann zu vermeiden sein, wenn es im Allgemeinen sinnvoll wäre. Eine Anwendung der goldenen Regel gegenüber der Politesse, die mir einen Strafzettel für falsches Parken in einer Feuerwehrzufahrt gibt, wäre ebenso erfolglos wie unangebracht. Mir mag zwar die Zahlungsaufforderung missfallen, aber unterm Strich muss ich einsehen, dass man seinen Wagen an bestimmten Stellen besser nicht abstellen sollte.

Kant will nicht predigen und ermahnen, sondern erhebt den Anspruch, unser tatsächliches moralisches Räsonieren zu beschreiben, das sich auf die Fähigkeiten unserer Vernunft bezieht. Er gesteht uns damit ein enormes Maß an Rationalität zu, welches man angesichts mancher Verhaltensweisen nicht bei jedem vermuten würde. Vielleicht liegt es ja eher an dem Unterschied zwischen Wissen und Tun, wenn jemand wie Uli Hoeneß sein Geld in der Schweiz vor den Finanzbehörden versteckte, obwohl ihm aus einschlägigen Diskussionen bewusst gewesen sein dürfte, dass die Spiele seines FC Bayern nur unter Verwendung erheblicher brav bezahlter Steuergelder für das offenbar unvermeidliche enorme Polizeiaufgebot sicher stattfinden können.

Nach Kant gibt es zahllose *hypothetische* Imperative der Form «Wenn du A willst, musst du B tun», die unsere Handlungen im Hinblick auf bestimmte Absichten steuern. *Kategorisch* – also unabhängig von Absichten und Bedingungen und für alle ohne Wenn und Aber geltend – ist jedoch nur einer, der von allem Inhaltlichen absieht und die reine Form des Moralurteils darstellt. Der gute Wille ist es, der dabei bereits fürs Werk zählt.

Endlich gibt es einen Imperativ, der, ohne irgend eine andere durch ein gewisses Verhalten zu erreichende Absicht als Bedingung zum Grunde zu legen, dieses Verhalten unmittelbar gebietet. Dieser Imperativ ist kategorisch. *Er betrifft nicht die Materie der Handlung und das, was aus ihr erfolgen soll, sondern die Form und das Prinzip, woraus sie selbst folgt, und das Wesentlich-Gute derselben besteht in der Gesinnung, der Erfolg mag sein, welcher er wolle.* (Immanuel Kant: Grundlegung zur Metaphysik der Sitten)

Während andere Pflichtbewusste eine Vielzahl konkreter Regeln als Handlungsanleitung aufstellen, kommt Kant elegant mit dieser einzigen aus: «Handle so, dass die Maxime deines Willens jederzeit zugleich als Prinzip einer allgemeinen Gesetzgebung gelten könne.»[104] Gibt es demnach nur *eine* moralische Regel, so bietet Kant doch auch andere – für ihn in der Aussage identische – Formulierungen dieses kategorischen Imperativs an. Eine anschaulichere lautet: «handle so, als ob die Maxime deiner Handlung durch deinen Willen zum allgemeinen Naturgesetze werden sollte.»[105] Damit würden wir in unserer Vorstellung als Handelnde zu einem Gott, der die Welt nach seinem Willen schafft. Kein Wunder, dass man da gleich den Druck der Verantwortung spürt. Kant war selbst ungemein beeindruckt von seiner Entdeckung dieses Grundgesetzes des menschlichen Sollens:

Zwei Dinge erfüllen das Gemüt mit immer neuer und zunehmen-
der Bewunderung und Ehrfurcht, je öfter und anhaltender sich das
Nachdenken damit beschäftigt: Der bestirnte Himmel über mir,
und das moralische Gesetz in mir. (Immanuel Kant: Kritik der
praktischen Vernunft)

Im täglichen moralischen Leben kommt man – anders als in
den nächtlichen Sternstunden – nicht alleine mit der geschmei-
digen Leerformel aus; man muss die angesprochenen Maximen
auch als konkrete Pflichten ausformulieren. Das tut Kant in einigen Beispielen: Versprechen müssen gehalten werden, Lügen
ist nicht gestattet, und Notleidenden muss man helfen. Das erste
Prinzip ergibt sich daraus, dass Versprechen ohne Einhaltung
nichts wert sind. Die Marketingbotschaft eines Elektronikkon-
zerns, «Das versprechen wir nicht nur, das halten wir auch», ist
damit mehr ein Hinweis darauf, wie weit das Grundverständnis
eines Versprechens bereits ausgehöhlt ist, als eine wirksame
Werbung um Vertrauen.

Kant zeigt auch, dass man nicht widerspruchsfrei nach Prinzipien handeln kann wie «Nimm einen Kredit auf – ohne die
Aussicht und Absicht, ihn jemals zurückzuzahlen». Eine Verallgemeinerung dieser Maxime hätte nicht nur schlimme Folgen
für viele, sondern würde das Kreditwesen selbst zerstören, weil
niemand mehr bereit ist, dem anderen Geld zu leihen. Man kann
sich des Eindrucks nicht erwehren, dass ein wenig Kant-Lektüre
Bankern nicht schaden könnte, die Finanzinstrumente erfinden,
die nur funktionieren können, solange nicht alle diese anwenden.
Und auch Uli Hoeneß wird sich kaum eine Welt wünschen, in
der alle ihrer Steuerpflicht nur dort nachkommen, wo es sich
auch mit illegalen Mitteln nicht vermeiden lässt.

Moralisches Handeln besteht für Kant nicht, wie man es vielleicht als Jugendlicher empfunden haben mag, als Erledigung
lästiger, von außen auferlegter Pflichten, sondern in freier Unterwerfung unter das Gesetz der praktischen Vernunft, das damit ei-

nen Beweis der eigenen Freiheit liefert. Pflicht ist nach ihm «die Notwendigkeit einer Handlung aus Achtung fürs Gesetz».[106] Daraus hat Schiller in *Xenien und Votivtafeln* (witziger als andere Kritiker) einen Gegensatz zum natürlichen Empfinden konstruiert:

> Gerne dien ich den Freunden, doch tu ich es leider mit
>   Neigung,
> Und so wurmt es mir oft, dass ich nicht tugendhaft bin.
> Da ist kein anderer Rat; du musst suchen, sie zu verachten,
> Und mit Abscheu alsdann tun, wie die Pflicht dir gebeut.

Die gekonnte Ironie darf nicht darüber hinwegtäuschen, dass der Dichter irrt. Kant meint durchaus nicht, dass mit dem Handeln aus Pflicht keine positiven Gefühle verknüpft sein können. Sie dürfen nur nicht die bestimmenden Beweggründe sein. Kant will uns vor allem zu einer autonomen, vernunftgestützten Prüfung unserer eigenen Handlungsprinzipien verpflichten, die jeden Einzelnen zum moralischen Gesetzgeber aufwertet. Diese prinzipiell in uns allen angelegte – wenn schon nicht von allen ausgelebte – Kompetenz begründet unseren Status als Personen, auf dem letztlich auch unsere Würde als Menschen beruht.

Allein der Mensch als Person *betrachtet, d. i. als Subjekt einer moralisch-praktischen Vernunft, ist über allen Preis erhaben; denn als ein solcher […] ist er nicht bloß als Mittel zu anderer ihren, ja selbst seinen eigenen Zwecken, sondern als Zweck an sich selbst zu schätzen, d. i. er besitzt eine* Würde *(einen absoluten innern Wert), wodurch er allen andern vernünftigen Weltwesen Achtung für ihn abnötigt, sich mit jedem anderen dieser Art messen und auf den Fuß der Gleichheit schätzen kann.* (Immanuel Kant: Die Metaphysik der Sitten)

Eine weitere Ausgestaltung des kategorischen Imperativs lautet daher: «Handle so, dass du die Menschheit, sowohl in deiner Person, als in der Person eines jeden andern, jederzeit zugleich als

Zweck, niemals bloß als Mittel brauchest.»[107] Adolf Eichmanns Berufung auf Kant im Prozess in Jerusalem[108] ist eine Farce: Pflichtbewusstsein ist alles andere als gedankenlose Unterwerfung unter Autoritäten. Bedingungslosen Gehorsam fordert Kant nur gegenüber den vom eigenen Gewissen für alle Menschen als richtig geprüften Maximen. Diejenigen, die im Faschismus nicht mitgemacht haben und dafür persönliche Repressionen in Kauf nahmen, hatten dagegen oft in den eingeübten Verhaltensweisen gemäß ihrer unverbrüchlichen Einschätzung dessen, was sich gehört und was unanständig ist, den besten Schutz vor moralischen Verfehlungen.[109] Auch die verbreitete schlitzohrige Scheinlogik «Wenn ich's nicht tue, macht's ein anderer» lässt sich mit Kant entlarven: Im Gegenteil, wenn ich nicht will, dass etwas getan wird, darf es aus meiner Sicht keiner tun und schon gar nicht ich selbst. Kein Wunder, dass Kant von der richtig verstandenen Pflicht schwärmt und ihr ein für einen so disziplinierten Denker geradezu überschwänglich poetisches Loblied singt.

Pflicht! *du erhabener großer Name, der du nichts Beliebtes, was Einschmeichelung bei sich führt, in dir fassest, sondern Unterwerfung verlangst, doch auch nichts drohest, was natürliche Abneigung im Gemüte erregte und schreckte, um den Willen zu bewegen, sondern bloß ein Gesetz aufstellst, welches von selbst im Gemüte Eingang findet, und doch sich selbst wider Willen Verehrung (wenn gleich nicht immer Befolgung) erwirbt, vor dem alle Neigungen verstummen, wenn sie gleich in Geheim ihm entgegen wirken, [...]* (Immanuel Kant: Kritik der praktischen Vernunft)

Allerdings machen es die selbstgegebenen Gesetze dem Pflichtbewussten nicht immer leicht, ihnen zu dienen. Sie haben die unangenehme Eigenschaft, mit sich selbst in Konflikt zu geraten.

Kant versucht, solche Widersprüche durch rigorose Beharrlichkeit zu lösen. In seinem Aufsatz «Über ein vermeintliches Recht, aus Menschenliebe zu lügen» wehrt er sich vehement gegen die Auffassung, dass die Pflicht zur Ehrlichkeit Bedingungen unterliege, die sie gegebenenfalls außer Kraft setzen können. Selbst wenn ein Mörder an der Haustür verlange, den Aufenthaltsort seines unschuldigen Opfers von mir zu erfahren, müsse ich ihm wahrheitsgemäß antworten, dass der Gesuchte sich in meinem Haus befinde. Für Kant ist Ehrlichkeit keine Pflicht gegenüber einzelnen dazu Berechtigten, sondern gegenüber der Menschheit. Und die Folgen, so argumentiert er, könnten ja auch im Falle einer Notlüge katastrophal sein, z. B. wenn sich die Lüge als Wahrheit erweist, der Flüchtende bereits das Haus verlassen hat und vom umkehrenden Mörder auf der Straße erledigt wird. Selbst Platon bewies mehr Augenmaß und war dafür, absehbare Amokläufe zu verhindern, auch wenn man dafür lügen müsse:

Wenn jemand bei gesundem Verstande einem Freunde Waffen übergäbe und im Zustande des Wahnsinns sie zurückforderte, so wird wohl jedermann sagen, dass man weder zur Zurückgabe von dergleichen verpflichtet sei, noch der Zurückgebende gerecht wäre noch auch einer, der einem Menschen von diesem Zustande die volle Wahrheit sagen wollte. (Platon: Der Staat, I)

(William) David Ross (1877–1971) will daher nur von Pflichten *prima facie* («dem ersten Anschein nach») sprechen.[110] Diese gelten, solange keine anderen moralischen Umstände dies verbieten. Sein Katalog solcher Kandidaten enthält Wahrhaftigkeitspflichten (z. B. auf impliziten oder expliziten Versprechen beruhend), Wiedergutmachungspflichten (auf vorgängigem Unrecht beruhend) sowie Dankbarkeits-, Gerechtigkeits-, Wohltätigkeits-, Selbstvervollkommnungs- und Nicht-Schädigungs-Pflichten. *Prima-facie-*Pflichten müssen manchmal verletzt werden (etwa wenn man ein Versprechen nicht einhält, um jemandem in Not zu helfen), wir sind uns ihrer dennoch bewusst, haben Skrupel und versuchen, Wiedergutmachung zu leisten. Die aufgeführten Pflichtkandidaten sind für Ross so offensichtlich und intuitiv erkennbar wie mathematische Axiome, sie bedürfen keines Beweises. Konkrete Pflichten im Einzelfall sind dagegen nicht so eindeutig ableitbar, wir müssen uns hier mit mehr oder weniger wahrscheinlichen Meinungen zufriedengeben. Zwischen den Pflichtkandidaten muss im Einzelfall unter Berücksichtigung aller Aspekte einer Handlung abgewogen werden. Und ja, diese Entscheidungen sind fehlbar. Pflichtbewusste haben es also selbst bei der Anwendung von auf den ersten Blick klaren Regeln nicht einfach. Hier könnte sich beim näheren Hinsehen die Volksweisheit bestätigen, dass Regeln immer mit begründeten Ausnahmen einhergehen.

Sind nicht sogar alle Menschen und Situationen einzigartig, sodass auch die Entscheidungen über Verpflichtungen ganz individuell getroffen werden müssen? Diese Ansicht vertritt **Sören Kierkegaards** zweites Alter Ego in *Entweder-Oder*. Gegen den ästhetischen Genießer, dessen Denken wir bereits kennengelernt haben, lässt er den ethisch ausgerichteten Gerichtsrat Wilhelm auftreten. Dem vielschichtigen Kierkegaard gelingt es, auch dessen Lebensanschauung, «welche die Bedeutung des Lebens darin erkennt, dass man der Erfüllung seiner Pflichten lebt»[111], überzeugend darzustellen

Ich sage niemals von einem Menschen: Er tut die Pflicht oder die Pflichten, sondern ich sage: Er tut seine Pflicht; ich sage: Ich tue meine Pflicht, Du tust Deine Pflicht. (Sören Kierkegaard, Entweder-Oder)

Kierkegaard erhebt so den Anspruch, den Einzelnen und das Allgemeine zusammenzubringen. Die Pflicht ist für ihn nicht etwas, was sich aus den Abwägungen der Vernunft erschließt, sondern auch etwas Gefühltes, für das vor allem die Tiefe als Maßstab gilt.

Und beim Ethischen kommt es ja auch nicht auf die Mannigfaltigkeit der Pflichten, sondern auf ihre Intensivität an. Wenn die Persönlichkeit die Intensivität der Pflicht mit ihrer ganzen Energie gefühlt

hat, dann ist sie ethisch herangereift, und die Pflicht wird sich schon von selber melden. Es kommt also nicht darauf an, dass ein Mensch an den Fingern herzählen kann, wie viele Pflichten er hat, sondern dass er ein für allemal die Intensivität der Pflicht so gefühlt hat, dass das Bewusstsein derselben ihm die Gewissheit von der ewigen Gültigkeit seines Wesens ist. Lass die Kasuistik sich in die Mannigfaltigkeit der Pflichten vertiefen: das, worauf es vor allem ankommt, das einzig Seligmachende, ist immer das, dass ein Mensch im Verhältnis zu seinem eignen Leben nicht sein Onkel, sondern sein Vater ist. (Sören Kierkegaard, Entweder-Oder)

Das Bild der Verwandtschaftsgrade weist auf den Grad der Verantwortung hin, die man für sich selbst und sein Tun übernehmen muss. Bloß wohlwollendes Beobachten der weiteren Entwicklung genügt nicht. Kierkegaards Wilhelm illustriert die erwartete Eigenverantwortung an dem eigenen Beispiel seiner Erziehung. Als er mit fünf Jahren eingeschult wird, wird das täglich zu lernende Pensum ihm zur Aufgabe. Er lernt seine Lektion, wiederholt sie vor dem Einschlafen und nach dem Aufwachen und nimmt sie als vorrangige Pflicht an, von deren Erfüllung ihn selbst Naturkatastrophen nicht entbinden könnten. Bei einem so pflichtbewussten Kind muss der Vater nur noch die Ziele vorgeben, an deren Erfüllung der Sohn alles setzen wird:

Im übrigen genoss ich meine Freiheit, ich kannte nur eine Pflicht, die, treu zur Schule zu gehen und fleißig meine Arbeiten zu machen, und ich selber war für alles, was die Schule betraf, ganz und voll verantwortlich. Als ich in die Schule gekommen war, überreichte mir mein Vater die Schulbücher, die er gekauft hatte, und sagte: «Wilhelm, wenn der Monat zu Ende ist, bist du Nr. 3 in deiner Klasse.» Dann ließ mein Vater mich meine Wege gehen, fragte niemals nach meiner Lektion, verhörte mich niemals, las niemals meine Aufsätze, erinnerte mich niemals an meine Arbeit, sagte nicht, nun müsse ich lernen, nun aufhören, und kam niemals dem Gewissen des Schülers zu Hilfe. Sollte ich ausgehen, so fragte er mich nur, ob ich Zeit habe –

aber ich selber entschied es, nicht er. Dass er mich im übrigen sehr
beobachtete, glaube ich gewiss, aber er ließ es mich niemals merken.
Also wieder dasselbe: ich hatte nicht viele Pflichten – und wie viele
Kinder werden nicht gerade dadurch verdorben, dass man sie mit
einem ganzen Zeremoniell von Pflichten überhäuft – aber ich lernte,
was Pflicht heißt, und ich lernte, dass sie eine ewige Gültigkeit habe.
(Sören Kierkegaard, Entweder-Oder)

Viele Menschen fühlen sich heute nicht mehr in gleicher Weise
an Prinzipien gebunden, die ihnen von Autoritäten vorgegeben
werden, sondern wollen von Fall zu Fall eigenständig entscheiden, was das Richtige in einer bestimmten Situation darstellt.
Dies wird kaum bedauern, wer verknöcherte Prinzipienreiter
kennt, die andere gerne mit ihren moralischen Grundsätzen be-
lehren und unter allen Umständen bis zur letzten Konsequenz an
ihnen festhalten. Da kommt ihnen gelegener, dass Kierkegaards
Wilhelm seine Entscheidungen als Erwachsener selbst trifft und
sich im «Augenblick der Wahl» der metaphysischen Bedeutsamkeit dieses besonderen Moments bewusst wird.

Wenn ein Mensch eine Wahl getroffen hat, so gibt das demselben
einen unverlierbaren Wert. […] Wenn um einen her alles stille gewor-
den ist, feierlich wie eine sternenhelle Nacht, wenn die Seele sich allein
fühlt in der ganzen Welt, dann zeigt sich ihr nicht ein ausgezeichneter
Mann, sondern die ewige, himmlische Macht, und das Ich wählt sich
selber, oder richtiger, es empfängt sich selber. Dann hat die Seele das
Höchste gesehen, was kein sterbliches Auge sehen kann, und was nie
wieder vergessen werden kann, da empfängt die Persönlichkeit ihren
Ritterschlag, der sie für eine Ewigkeit adelt. (Sören Kierkegaard,
Entweder-Oder)

Der Mensch wird zwar durch die getroffene Entscheidung
kein anderer, er entdeckt und bestätigt sich vielmehr als der, der
er bereits vorher war. Die ethische Wahl ist ihm allerdings zum
«Gesetz des Lebens» geworden. Er weiß von nun an, dass die
Verantwortung bei ihm liegt.

Diese Auffassung gilt auch für den französischen Existenzialisten **Jean-Paul Sartre** (1905 – 1980), der auf seine Weise den Einzelnen und die Menschheit in der Entscheidung zusammenbringt. Mancher mag sich Sartre als literarischen Lebemann vorstellen, wie er mit Simone de Beauvoir rauchend und Absinth trinkend um die Pariser Kaffeehäuser zieht. In seinem Aufsatz «Ist der Existentialismus ein Humanismus?»[112] offenbart er dagegen die philosophische Ernsthaftigkeit des Moralpraktikers. In erstaunlicher Nähe zu Kant geht er sogar noch über dessen kategorischen Imperativ hinaus, wenn er verlangt, dass wir uns in jeder unserer Handlungen bewusst sein müssen, dass wir nicht nur über unser Leben entscheiden, sondern gleichzeitig einen «Entwurf des Menschen» prägen. Wir sind als Menschen von keiner kirchlichen, politischen oder sozialen Autorität oder biologischen Natur auf eine bestimmte Art des Menschseins festgelegt. Aufgrund unserer Freiheit sind wir geradezu dazu verurteilt, das Wesen unserer Existenz selbst zu bestimmen und die alleinige Verantwortung dafür zu übernehmen.

Während für Cicero die Liebe zum Vaterland alle familiären Bindungen übersteigt, schildert Sartre den Fall eines seiner Schüler, der in Konflikt gerät, ob er nach der Besetzung Frankreichs sich dem bewaffneten Kampf von England aus anschließen oder sich um seine alte Mutter kümmern soll, die auf ihn angewiesen ist. Jede solche moralische Entscheidung kann nur im Einzelfall und intuitiv getroffen werden, sie stellt zugleich aber ein Muster für alle dar und bezieht den Einzelnen in diesem Sinne auf die ganze Menschheit, die er damit auf sein zugrundeliegendes Prinzip verpflichtet. Sie muss äußerst spezifisch und gleichzeitig verallgemeinerbar sein.

Und wenn wir sagen, dass der Mensch für sich selber verantwortlich ist, so wollen wir nicht sagen, dass der Mensch gerade eben nur für seine Individualität verantwortlich ist, sondern dass er verantwortlich ist für alle Menschen. […] Indem wir sagen, dass der Mensch

sich wählt, verstehen wir darunter, dass jeder unter uns sich wählt;
aber damit wollen wir ebenfalls sagen, dass, indem er sich wählt, er
alle Menschen wählt. Tatsächlich gibt es nicht eine unserer Hand-
lungen, die, indem sie den Menschen schafft, der wir sein wollen, nicht
gleichzeitig ein Bild des Menschen schafft, so wie wir meinen, dass er
sein soll. Wählen, dies oder jenes zu sein, heißt gleichzeitig den Wert
dessen, was wir wählen, bejahen, denn wir können nie das Schlechte
wählen. Was wir wählen, ist immer das Gute, und nichts kann für uns
gut sein, wenn es nicht gut für alle ist. (Jean-Paul Sartre, «Ist der
Existentialismus ein Humanismus?», S. 12)[113]

Selbst eine so individuelle Entscheidung wie eine Heirat erhebt für Sartre den Anspruch, die gesamte Menschheit auf die
monogame Ehe festzulegen, indem sie diese Familienstruktur
als das Richtige propagiert. Sartre bürdet uns mit diesem un-
überschaubaren Bedeutungshorizont unserer Taten eine fast un-
tragbare Last auf, die mit Recht beängstigen kann.

Der Mensch, der sich bindet und der sich Rechenschaft gibt, dass
er nicht nur der ist, den er wählt, sondern außerdem ein Gesetzgeber,
der gleichzeitig mit sich die ganze Menschheit wählt, kann dem Ge-
fühl seiner vollen und tiefen Verantwortlichkeit schwerlich entrinnen.
Gewiss, viele Leute sind nicht bange; aber wir behaupten, dass sie
sich ihre Angst verkleiden, dass sie ihr entfliehen; sicherlich glauben
viele Leute, wenn sie handeln, nur sich selber zu binden; und wenn
man ihnen sagt: Aber wenn alle Welt so handeln würde? – zucken sie
die Achseln und antworten: Alle Welt handelt eben nicht so. Aber in
Wahrheit muss man sich immer fragen, was würde geschehen, wenn
wirklich alle Welt ebenso handeln würde? Und man entrinnt diesem
beunruhigenden Gedanken nur mit einer Art von Böswilligkeit.
(Jean-Paul Sartre, «Ist der Existentialismus ein Humanismus?»,
S. 13)[114]

Dem Pflichtbewussten ist diese Verantwortung völlig klar vor
Augen. Er weicht ihr nicht aus, lehnt sie nicht ab und verdrängt
sie nicht. Sie motiviert ihn vielmehr zur sorgfältigen Abwägung

seiner Handlungsalternativen und bestärkt ihn darin, sie umzusetzen.

In Sartres Beispiel des jungen Studenten klang bereits an, dass Pflichten nicht nur aus abstrakten Werten wie Freiheit und Vaterlandsliebe entstehen, sondern auch aus den vielfältigen Beziehungen zwischen Menschen – zwischen Sohn und Mutter, andere zwischen Lebenspartnern oder zwischen Freunden. Fürsorgepflichten ergeben sich insbesondere aus der Eltern-Kind-Beziehung, aber auch in anderen Kontexten wie der Führung von Mitarbeitern.

Carol Gilligan (*1936), die in Harvard als Psychologie-Professorin lehrte, erhebt gegen die ihrer Ansicht nach männlich geprägte individualistische und rationale Gerechtigkeitsmoral *Die andere Stimme*[115] eines solidarischen, gemeinschaftsorientierten Moralentwurfs, der aus Beziehungen und Kontexten erwachsende Pflichtgefühle in den Mittelpunkt stellt. Gilligan fand in ihren Untersuchungen zur Moralpsychologie heraus, dass Frauen moralische Konflikte lösen, indem sie auf bestimmte Tugenden wie Rücksichtnahme und Hilfeleistung Bezug nehmen, während Männer sich eher an Gerechtigkeitsidealen orientieren und eine damit verbundene abstraktere Perspektive einnehmen. Rollen- und kontextbezogene Informationen wie persönliche Bindungen sind für Frauen wichtiger, um eine Entscheidung zu treffen. Gilligan reklamiert eine eigene weibliche Moralauffassung, die sich an der Fürsorge für sich und andere ausrichtet.

In dieser Konzeption entsteht das Moralproblem aus einander widersprechenden Verantwortlichkeiten und nicht aus konkurrierenden Rechten, und es setzt zu seiner Lösung eine Denkweise voraus, die kontextbezogen und narrativ und nicht formal und abstrakt ist. Diese Konzeption der Moral, bei der es um care *(Fürsorge, Pflege, Zuwendung) geht, stellt das Gefühl für Verantwortung und Beziehungen in den Mittelpunkt, während die Konzeption der Moral*

als Fairness die moralische Entwicklung vom Verständnis von Rech-
ten und Spielregeln abhängig gemacht hatte. (Carol Gilligan, Die
andere Stimme, S. 30)

Auch in ihrer Moral stehen Pflichten, die bei ihr aus der Em-
pathie erwachsen, im Vordergrund. Ihr moralischer Imperativ ist
das «Gebot der Anteilnahme». Damit meint Gilligan eine «Verantwortung, die ‹wirklichen und erkennbaren Nöte› dieser Welt
wahrzunehmen und zu lindern».[116] Gilligan glaubt, dass sich für
heranwachsende Mädchen und Jungen dieselben Konflikte zwischen Integrität und Zuwendung stellen, ihre Antworten jedoch
unterschiedlich ausfallen und zu «moralischen Ideologien»
– einer männlichen Ethik der Rechte und einer weiblichen Ethik
der Zuwendung – zugeordnet werden können. Auch an dieser
strikten Grenzziehung hat sich hoffentlich einiges geändert, seit
Jungs mit Puppen und Mädchen Fußball spielen dürfen. Die
Zuordnung zu Geschlechtern ist jedoch auch bei Gilligan mehr
Tendenz als Dogma. Die Perspektiven bleiben ohnehin nicht
unversöhnlich, sondern werden im Laufe der moralischen Entwicklung als sich ergänzend entdeckt und in eine Gesamtsicht
integriert.[117]

Zu verstehen, dass die Dialektik der menschlichen Entwicklung
durch das Spannungsverhältnis zwischen Verantwortung und Rech-
ten vorangetrieben wird, heißt, die Integrität zweier unterschiedlicher
Erlebensweisen zu begreifen, die schließlich miteinander verbunden
sind. Während eine Ethik der Gerechtigkeit von der Prämisse der
Gleichberechtigung ausgeht, dass alle als gleich behandelt werden
sollen, basiert eine Ethik der Anteilnahme/Zuwendung/Fürsorge
auf der Prämisse der Gewaltlosigkeit, dass niemand Schaden erleiden
sollte. In ihrer Auffassung von Reife konvergieren beide Perspektiven
in der Erkenntnis, dass genau so wie sich mangelnde Gleichberechti-
gung auf beide Partner einer asymmetrischen Beziehung negativ aus-
wirkt, auch Gewalt für alle Betroffenen zerstörerisch ist. Dieser Dia-
log zwischen Fairness und Fürsorge verhilft uns nicht nur zu einem

besseren Verständnis der Beziehungen zwischen den Geschlechtern, sondern ermöglicht auch eine umfassendere Darstellung der Arbeitswelt und der familiären Beziehungen des Erwachsenen. (Carol Gilligan, Die andere Stimme, S. 212)

Pflichtbewusste müssen nicht auf der abstrakten rationalen Ebene argumentieren, sondern können auch Gefühle des Mitleids und der Liebe in ihrer Fürsorge für andere zur Grundlage machen. Aus einer gelungenen Verbindung zwischen beiden Sichten ergibt sich die Chance zum Ausgleich der Defizite einer zu unnachgiebigen Regelorientierung.

Für Frauen vollzieht sich die Integration von Recht und Verantwortlichkeiten durch ein Verständnis der psychologischen Logik von Beziehungen. Dieses Verständnis mäßigt das selbstzerstörerische Potential einer selbstkritischen Moral, indem es auf das Bedürfnis aller Menschen nach Zuwendung hinweist. (Carol Gilligan, Die andere Stimme, S. 124)

Sich selbst in die Pflicht zu nehmen ist bei den meist männlichen ethischen Hardlinern ein verbreiteter Wesenszug. Selbstdisziplin – über sich selbst zu bestimmen und sich selbst zu kommandieren – war von Platon bis zu den Stoikern ein gängiges Thema und beinhaltet immer ein Herrschaftsverhältnis, wenn auch nur sich selbst gegenüber. Noch für Nietzsche besteht der vielzitierte «Wille zur Macht» vor allem in der Macht über sich selbst,[118] in Selbstüberwindung, -härte und -disziplin. Und Sartres existenzialistische Entscheidung beinhaltet ebenfalls eine unerbittliche Selbstverpflichtung. Das Pflichtbewusstsein der Fürsorglichen fühlt sich dagegen vor allem dafür verantwortlich, für andere, Schwächere, auf uns Angewiesene liebevoll zu sorgen und Schaden von ihnen abzuwenden. Es ermöglicht bei entsprechender Breite des Blickfelds sogar, die Sorge um sich selbst als Pflicht anzuerkennen.

Pflichtbewusste setzen überindividuell gültige ethische Verbindlichkeiten voraus, die sich im konkreten Fall zeigen. Sie glauben, dass die Ansprüche, die die Moral an uns stellt, für jeden klar erkennbar sind, dass sich meist eine Priorisierung zwischen widersprüchlichen Anforderungen herstellen lässt und wir zumindest um eine Entscheidung nicht herumkommen.

Sie misstrauen den Freuden, die die Lust uns bereitet, und halten sie nicht für einen zuverlässigen Kompass. Mancher Genießer könnte geneigt sein, den Pflichtbewussten als unaufrichtigen Prinzipienreiter hinzustellen, seine Grundsätze als Vernünftelei darstellen und ihm den Glauben daran nicht abnehmen.

Dabei wäre gut vorgespielt manchmal schon gut genug. Königin Christina von Schweden (1626–1689), die selbst so diszipliniert (und wenig fürsorglich) war, dass die von ihr vor ihren Regierungsgeschäften angesetzten philosophischen Frühschichten im kalten Schloss ihren Diskussionspartner René Descartes das Leben kosteten, wird der Satz zugeschrieben: «Wenn der Mensch versuchen würde, so gut zu sein, wie er zu erscheinen versucht, würde er sein Ziel erreichen.» Das funktioniert womöglich auch umgekehrt: Ernsthaft und beständig unter allen Umständen das Bild eines Pflichtbewussten abzugeben gelingt am überzeugendsten, wenn man seine ethischen Grundsätze so verinnerlicht hat, dass man zumindest in Standardsituationen moralisch richtig handelt.

Dem wahren Freund der Pflicht wäre es jedoch ein Gräuel, wollte ihm jemand solche Scheinmoral unterstellen. Er kennt den besonderen Augenblick im Moment der Entscheidung bei Berufs- oder Partnerwahl, die er in vollem Bewusstsein ihrer Tragweite für sich und andere zu treffen versucht und die dann wieder für lange Zeit die Richtung und vielleicht sogar den Entwurf für das ganze Leben vorgibt.

Pflichtbewusstsein mag auf den ersten Blick altmodisch wirken, hat aber bei genauerem Hinsehen nichts von seinem Charme eingebüßt:

- Fidel genießt nicht nur die Wertschätzung seiner Freunde – seine Freundinnen, von denen er im engeren Sinne immer nur eine zur selben Zeit hat, lieben seine Zuverlässigkeit und fühlen sich bei ihm gut aufgehoben.
- Man spürt, dass er die Menschen ernst nimmt und sich bemüht, die Würde jedes Einzelnen zu wahren.
- Wer wie Fidel Tugenden und Pflichten ins Zentrum seiner Ethik stellt, befreit sich von der situationsgebundenen Getriebenheit und akzeptiert das Sollen als überindividuellen Anspruch an sich selbst.
- Aus dieser Berechenbarkeit – auch für sich selbst – erwächst ihm eine tiefe Zufriedenheit.
- Wenn alle so wären wie er, wäre ein einvernehmliches und vertrauensvolles Zusammenleben in der Gesellschaft ein Selbstläufer.

Die Risiken des Moralpraktikers liegen in der Übertreibung:

- Sensible Naturen können angesichts von Wertkonflikten, bei denen sie keine Auflösung finden, an der existenzialistischen Angst vor der Entscheidung verzweifeln.
- Offensivere Charaktere versuchen – nicht nur mit schlüssigen Argumentationen, sondern auch durch massives Drängen –, andere zur Anerkennung der von ihnen erkannten Pflichten zu überzeugen, und erwerben sich damit leicht einen Ruf als Moralapostel.
- Mit einem Schuss Weltfremdheit gewürzt kann die Pflichtorientierung zur rigorosen Prinzipienreiterei ohne Rücksicht auf die tatsächlichen Folgen werden. Der Wahlspruch des Habs-

burger Kaisers Ferdinand I. (1503–1564) lautete «*Fiat iusti-tia, et pereat mundus*»: Gerechtigkeit soll ihren Lauf nehmen, und wenn die Welt dabei zugrunde geht.

- Auch das eigene Lebensglück steht auf dem Spiel. Zu Über-kontrolliertheit und Selbstunterdrückung kann es kommen, wenn man sich selbst zu sehr an die Kandare der Pflicht nimmt.
- Eine Fürsorge, die sich zu stark an den Bedürfnissen schwä-cherer anderer orientiert, führt zum Helfersyndrom – der Selbstaufopferung bis zur totalen Erschöpfung.

Fidel neigt nicht zu Übertreibungen. Er selbst sieht sich weniger als «Moralprofi», mehr als «Moralpraktikant», der sich im Be-wusstsein seiner Unzulänglichkeit nach besten Kräften bemüht, den eigenen Ansprüchen gerecht zu werden. Wenn er mit idea-lisierten ethischen Forderungen an sich selbst oder andere wirk-lich einmal zu weit abzuheben droht, holen ihn seine Freunde wieder auf den Boden der moralisch durchwachseneren Realität zurück. Doch das schlechte Gewissen, das er ihnen durch sein gutes Beispiel manchmal verursacht, nehmen sie gern für seine Treue und Verlässlichkeit in Kauf.

Lektürehinweise für pflichtbewusste Moralpraktiker:
Cicero, *Von den Pflichten*
Seneca, *Briefe an Lucilius*
Marc Aurel, *Meditationen*
Immanuel Kant, *Grundlegung zur Metaphysik der Sitten*
Jean-Paul Sartre, «*Ist der Existentialismus ein Humanismus?*»
Carol Gilligan, *Die andere Stimme*

QUERGEISTER
EIGENSINN ALS EIGENER SINN

Wähle dir nach deiner Einsicht deinen Glauben,
deine Verpflichtungen, deine Neigung; wir ehren deine Freiheit; ist deine Wahl unwürdig, trage die Folgen;
bleibst du ein sittliches Wesen, so werden wir dich
lieben trotz der Verschiedenheit unserer Ansichten.

Malwida von Meysenburg, Memoiren einer Idealistin

Arthur Schopenhauer (1788–1860) vergleicht in einer Para-
bel die Menschen mit einer Rotte von Stachelschweinen, die bei
frostigen Temperaturen eng zusammenrücken, um sich gegenseitig zu wärmen. Bei solch engem Kontakt bekommt jedes die
spitzen Borsten des anderen zu spüren, was sie schnell wieder ein
Stück auseinandertreibt – so lange, bis die klirrende Kälte wieder
die Oberhand gewinnt. Wie die Stachelschweine schwanken wir
Menschen hin und her zwischen dem Bedürfnis nach Gemeinschaft und der Abstoßung durch die unangenehmen Stiche, die
die Eigenarten der anderen uns zufügen. Gegenseitiger Respekt
und Höflichkeit im Umgang miteinander helfen meist, eine
mittlere Distanz zu finden, die zwar nicht unbedingt kuschelig
ist, aber vor Verletzungen schützt. Schopenhauer, dessen Sehnsucht nach Nähe sich in überschaubaren Grenzen hielt, genügte
dieser kulturelle Sicherheitsabstand nicht: «Wer jedoch viel eigene, innere Wärme hat, bleibt lieber aus der Gesellschaft weg,
um keine Beschwerde zu geben noch zu empfangen.»[119] Dementsprechend entschied er sich, seinen Mitmenschen möglichst
aus dem Wege zu gehen, und ersparte damit nicht nur sich ihre
Zumutungen, sondern auch ihnen seine meist schlechte Laune.

Individualität muss nicht Isolation bedeuten, aber sie kann – freiwillig oder unfreiwillig – leicht dazu führen. **Sören Kierkegaard** (1813–1855) hatte sich in seinen Tagebüchern die beiden Worte «Jener Einzelne» als Grabinschrift gewünscht, um zu betonen, dass er der Erkenntnis treu geblieben war, dass nur die individuelle Stellungnahme dem Leben einen Sinn zu geben vermag. Wir treffen hier auf den Kern eines Denkers, der – wie wir bereits in anderen Kapiteln feststellen konnten – in gegensätzlichste Weltansichten glaubhaft hineinzuschlüpfen vermochte. Dieser «Einzelne» war durchaus kein Einzelgänger, denn bei seinem täglichen Flanieren durch die Straßen Kopenhagens traf er auf Zufallsbegegnungen aus allen Ständen, mit denen er gerne untergehakt ein Stück des Weges gemeinsam plaudernd und philosophierend zurücklegte. Eigenständiges Denken ging ihm jedoch über alles.

In seinen im Kampf gegen die dänische Amtskirche verfassten religiösen Aufrufen, die er unter dem Titel «Der Augenblick» mutig (entgegen sonstiger Gewohnheit) unter eigenem Namen veröffentlichte, zögerte Kierkegaard nicht, seinen Mitchristen Heuchelei und Mangel an echter Überzeugung vorzuwerfen. Ein wahrhaftiges Verhältnis zu Gott könne man nur als Einzelner, nicht im zum Budenzauber verkommenen Gottesdienst unter selbstzufriedenen Priestern und scheinheiligen Kirchgängern finden. Diese mit beißendem Spott vorgetragene kritische Analyse fand nur bei den Gegnern des Klerus Beifall – die Gemeindemitglieder fühlten sich getroffen und die Amtsträger erklärten, er sei verrückt geworden.

Im posthum von seinem Bruder herausgegebenen *Gesichtspunkt für meine Wirksamkeit als Schriftsteller* findet sich die Beilage mit dem programmatischen Titel «Der Einzelne». Darin wiederholt Kierkegaard eindringlich das Mantra «Die Menge ist die Unwahrheit», das ihm nicht nur für die Nachfolge Christi gilt. Seine Klage über die ungreifbar diffuse öffentliche Meinung taugt ebenso gut als Plädoyer gegen die vielbejubelte Schwarmintelligenz des Internetzeitalters, die per Mausklick oder SMS darüber abstimmt, was für wahr zu gelten hat.

Und ich könnte weinen, jedenfalls kann ich Sehnsucht nach der Ewigkeit lernen, wenn ich an die Erbärmlichkeit unserer Zeit denke, welche die heillosesten Zustände des Altertums weit überbietet. Denn toller, als es je zuging, macht es jetzt die Tagespresse und die Anonymität mit Hilfe des «Publikums», das eigentlich das Abstraktum ist, welches die Instanz für «die Wahrheit» bilden will [...]. Dass ein Anonymus durch die Presse von einem Tage zum andern auch in intellektuellen, ethischen und religiösen Dingen behaupten kann, was er nur will (auch was er als Einzelner persönlich zu vertreten sich niemals getrauen würde); dass er, so oft er seinen Schlund (Mund kann man da nicht mehr sagen) auftut, mit einem Schlag sich an tausend mal tausend wenden kann; dass er zehntausend mal zehntausend zum Nachschwatzen verführen kann, ohne dass jemand die Verantwortung hat; dass nicht einmal, wie im Altertum, die relativ reuelose Menge die Allmacht hat, sondern ein Niemand, der absolut nichts von Reue weiß: ein anonymer Autor, ein anonymes Publikum, [...] also niemand! Niemand! (Sören Kierkegaard, Der Gesichtspunkt für meine Wirksamkeit als Schriftsteller, S. 816)[120]

Die massenhafte Verbreitung einer Aussage ohne persönliches Einstehen ist für Kierkegaard bereits ein Indiz für ihre Unwahrheit. Wirkliche Wahrheiten können nur vom und im Einzelnen in eindringlicher Auseinandersetzung mit der Welt gefunden werden. Sie lassen sich nicht verkünden, höchstens in der «indirekten Mitteilung» eines begabten Schriftstellers (für den er sich zu Recht halten durfte) aufmerksamen Lesern vermitteln. Kierkegaards Widerborstigkeit im Umgang mit der intellektuell angehauchten Boulevardpresse Kopenhagens hatte bereits vorher dazu geführt, dass der vormals hochgelobte Autor in Karikaturen und Kolportagen lächerlich gemacht worden war. Das ging zeitweise so weit, dass er auf seine geliebten Spaziergänge verzichten musste, da er zur Witzfigur und zum Gespött der Halbstarken geworden war.

Doch Kierkegaard ließ sich seinen Lebensweg nicht von anderen weisen. Er fürchtete nichts mehr als die «Beschränktheit und Borniertheit sich selbst verloren zu haben», die dadurch zustande kommt, dass man «anstatt ein Selbst zu sein, eine Zahl, ein Mensch mehr, eine Wiederholung mehr in diesem ewigen Einerlei geworden ist.»[121] Wer sich seine Orientierung von den Mitmenschen und der allgemeinen Geschäftigkeit «ablocken» lässt, gerät mit wachsendem äußeren Erfolg leicht unbemerkt in eine sich steigernde innere Leere und Depression. Wer nicht mehr wagt, eine eigene Identität auszubilden, sucht eine trügerische Sicherheit darin, «wie die andern zu sein, eine Nachäffung, eine Nummer mit in der Menge zu werden.» Tückischerweise wird diese aus Selbstvergessenheit resultierende Form der Verzweiflung lange Zeit weder den Außenstehenden noch den Betroffenen selbst bewusst, weil sie sich als das völlig Normale präsentiert.

Ein solcher Mensch hat gerade dadurch, dass er sich so selbst aufgab, Gewandtheit gewonnen in Handel und Wandel recht mitzulaufen, ja Glück in der Welt zu machen. Hier bereitet ihm sein Selbst und dessen Streben nach Unendlichkeit keine Verzögerung, keine Schwierigkeit; er ist abgeschliffen wie ein Kieselstein, kurant wie eine gangbare Münze. So wenig hält ihn jemand für verzweifelt, dass er gerade für einen Menschen gilt, wie sich's gehört. (Sören Kierkegaard, Die Krankheit zum Tode, S. 681)[122]

Die Welt bestätigt den Selbstvergessenen in seinem blinden Handeln nach dem Muster aller. Der Zusammenbruch kommt umso überraschender. Die mit dem Label «Burn-out» versehene Symptomatik verrät wenig über die versteckten Ursachen der Erschöpfung und des Ausgebranntseins; die – von Kierkegaard als unerkannte Verzweiflung entlarvte – falsche Ausrichtung des Selbst an fremden Vorgaben mag dabei eine wesentliche Rolle spielen.

Kierkegaard plädiert leidenschaftlich dafür, das eigene Leben selbst zu gestalten, statt sich in der Masse aufzulösen, vorgezeichneten Schablonen entlangzufahren und seine Existenz damit zu entwerten. Entgegen allen Sprichwörtern, die das Schweigen zu Gold erheben und das Reden zum Silber degradieren, fordert er dazu auf, in Wort und Tat Stellung zu beziehen, individuelle Vorstellungen vom Leben zur Sprache zu bringen und in die Realität umzusetzen. Die beschwichtigende Risikoscheu der Volksweisheit ist der falsche Ratgeber.

So ist es in den Augen der Welt gefährlich zu wagen, und warum? Weil man dabei verlieren kann. Aber nicht wagen, das ist klug! Und doch kann man, wenn man nicht wagt, gerade so schrecklich leicht das verlieren, was man doch schwerlich verliert, wie viel man auch beim Wagen verlieren kann, und auf jeden Fall nie so, nie so leicht, so ganz als wäre es nichts, verliert – nämlich sich selbst. Denn habe ich verkehrt gewagt, nun wohl, so hilft mir das Leben mit seiner Strafe. Habe ich aber gar nicht gewagt, wer hilft mir dann? Und wenn ich dadurch, dass ich im höchsten Sinne gar nicht wage (und im höchsten Sinne wagen heißt gerade auf sich selbst aufmerksam werden), obendrein feige alle irdischen Vorteile gewinne – und mich selbst verliere? (Sören Kierkegaard, Die Krankheit zum Tode, S. 682)[123]

Kierkegaard hatte seine Dissertation über die Ironie geschrieben – er erkannte die Ironie, die darin liegt, dass die Befolgung kluger Ratschläge zum Verlust des Wesentlichen führen kann. Nur wenn man das Risiko eines selbstbestimmten Lebens eingeht und das Schweigen zu seinen eigenen Überzeugungen bricht, kann man zu seinem wahren Selbst finden. Selbst im Scheitern greift die Wirklichkeit korrigierend ein und gibt die Chance zur Neubestimmung des Kurses. Ohne diesen Widerstand schwimmen wir zwar unbehelligt im *mainstream*, im breiten Fahrwasser der Masse, finden aber nie den unserer Eigenheit entsprechenden Seitenarm des Lebensflusses.

Individualität wird uns heute allerorts versprochen. Jeder

möchte individuell sein, und jeder kann es angeblich für wenig Geld. Doch hinter den auf Hochglanz polierten Freiheitsszenarien der Werbung, die uns Einzigartigkeit durch Konsum versprechen, verbergen sich vorgefertigte Abziehbilder. In Wirklichkeit beschränkt sich der dem Konsumenten zugestandene Individualismus auf die Auswahl aus dem vielleicht oberflächlich bunten, aber im Grundlegenden strikt standardisierten Angebot. Manche sind beruhigt, wenn die Farbe ihres Hemdes oder das Muster ihres Badeanzugs kein zweites Mal am Platz auftaucht. Aber auch die propagierten und von den meisten fraglos übernommenen Lebensmodelle stammen von einer weit kürzeren Stange aus Berufs-, Beziehungs- und Freizeitgestaltungsmöglichkeiten, als es auf den ersten Blick scheint. Die ihnen gemeinsame Ausrichtung auf gesellschaftlichen Erfolg will Abweichung nur zulassen, wenn sie sich im Nachhinein lohnt und allgemein anerkannt wird.

Wirklicher Nonkonformismus sieht anders aus, eckt an und provoziert, denn er ruft alleine durch den von ihm gelieferten augenfälligen Beweis, dass man anders leben kann, gleich seine Neider und Verurteiler auf den Plan, manchmal beides in ein- und derselben Person. Die Masse reagiert nicht freundlich auf besondere Menschen, die ihnen zeigen, dass ihre Dogmen der Lebensgestaltung («Das geht nicht ...», «Es kann nicht sein, dass ...») durchaus zerbrechlich sind. Wer sich auf die Suche nach einem eigenen Sinn im Leben macht, gilt den Angepassten schnell als unangenehm eigensinnig. Und wer mit den Ergebnissen seines Denkens schräg zu gängigen Meinungen liegt, wird rasch als Querkopf abgestempelt und bei ausgeprägtem Beharrungsvermögen als Quälgeist empfunden. Der eigensinnige Quergeist versteht solche Bezeichnungen als anspornende Ehrentitel.

Una konnte mit gängigen Karrierepfaden nie etwas anfangen. An ihr Kunstgeschichte-Studium hat sie noch eine Lehre angeschlossen und sich für eine nicht übermäßig lukrative, aber befriedigende Selbständigkeit als Kunstschreinerin entschieden. Die Kriterien für das, was sie Erfolg nennen will, setzt sie selbst.  Ihre Freiheit geht ihr über alles, das haben auch ihre Eltern einsehen müssen, die für ihre Tochter konventionellere Lebenswege vorgesehen hatten. Spätestens als sie ihnen selbstbewusst eine feste Freundin statt dem erwarteten Freund vorstellte, wussten sie, dass sie kein Standardmodell großgezogen hatten. Bis dahin hatten sie Unas Widerspruchsgeist noch für pubertäre Flausen gehalten.

Heute lebt Una mit ihrer Lebensgefährtin lieber außerhalb der Stadt in einem Dorf mit knapp 1000 Einwohnern, auch wenn die beiden es da mit ihrer sexuellen Orientierung nicht gerade leichter haben. Ihr kleines Häuschen mit der angrenzenden Werkstatt haben sie selbst renoviert und ihm eine lila Fassade verpasst, die für reichlich Gesprächsstoff im Ort sorgte. Der weitläufige Garten wirkt romantisch verwildert. Unas Nachbarn haben es aufgegeben, ihr deshalb Vorhaltungen zu machen, und haben gelernt, dass sie die gängigen Vorstellungen der Dorfbewohner von einem ordentlichen Anwesen nicht teilt. Una ist gläubig, lehnt es aber ab, eine Kirche zu akzeptieren, die ihr Lebensmodell als sündig betrachtet. Aus dieser Überzeugung macht sie keinen Hehl, ebenso wenig wie aus ihrem gesellschaftsliberalen politischen Standpunkt. Sie geht meist zur Wahl, aber nimmt es sich auch mal heraus, ihre Stimme zu verweigern, wenn keines der Programme ihr zusagt. Mit ihren persönlich begründeten und offensiv vertretenen Ansichten und ihrem gelebten Plädoyer für Toleranz erntet sie nicht immer Einverständnis, aber sie hat sich in der Familie wie in der Ortsgemeinde Respekt verschafft.

John Stuart Mill (1806–1873) haben wir bei den Lebenskünstlern als Utilitaristen kennengelernt. Darin folgte er noch ganz der väterlichen Denkerziehung. Er musste erst durch eine psychische Krise gehen, ehe er sich als philosophischer Schriftsteller vom durch seinen Vater geprägten Leitbild einer Karriere in der British East India Company emanzipieren konnte.

Da die Eigensinnigen oft skurril oder zumindest verschroben wirken, fällt ihnen das Glück beim anderen (oder gleichen) Geschlecht nicht leicht zu. Una hat ihre Zeit gebraucht, um die Richtige zu finden, und auch Mill musste lange warten, bis die passende Partnerin nach 20 Jahren endlich für ihn frei war. Die Ökonomin **Harriet Taylor** (1807–1858) war mit einem anderen verheiratet, als sie sich über die Arbeit an volkswirtschaftlichen Themen näherkamen. Gemeinsam setzten die Mills sich in der Folge für feministische Ziele ein und kämpften für die Gleichberechtigung. John Stuart brachte dieses gesellschaftliche Ziel drei Jahre lang als unabhängiger Abgeordneter des britischen Unterhauses ein. Das gemeinschaftlich entstandene Werk *Über die Freiheit* ist ein veritables Manifest für eine bunte Gesellschaft, das zwar Mill als Verfasser nennt, an dem seine Ehefrau aber nach seinen Worten ebenso großen Anteil hatte.

So wie es nützlich ist, dass es Meinungsverschiedenheiten gibt, solange die Menschen unvollkommen sind, so ist es ebenso vorteilhaft, dass man den verschiedenen Charaktereigenschaften Spielraum lässt ohne Schaden für andere, und dass man den Wert verschiedener Lebensarten praktisch ausprobiert, wenn irgend jemand es für richtig hält, sie zu versuchen. Kurz, es ist zu wünschen, dass man in Dingen, die nicht von vornherein andere mitbetreffen, der Individualität eine Chance gibt. Wo nicht der eigene Charakter, sondern Tradition oder Sitten anderer Leute die Lebensregeln aufstellen, da fehlt es an einem der hauptsächlichsten Bestandteile menschlichen Glücks, ja dem wichtigsten Bestandteil individuellen und sozialen Fortschritts. (John Stuart Mill, Über die Freiheit, S. 78)

Die ungehemmte Entwicklung der Persönlichkeit bildet nach den Mills die Grundlage der Weiterentwicklung der Kultur und hat zudem handfeste ökonomische Vorteile. Menschen unterscheiden sich in ihren Fähigkeiten und Bedürfnissen. Daher kommt es auch der Gesellschaft insgesamt zugute, wenn sich Individuen frei entfalten und dadurch ihre Anlagen entwickeln können.

Sich lediglich nach der Tradition zu richten bringt weder den Einzelnen noch die Gemeinschaft nach vorn, denn Konventionen sind zwar aus Erfahrungen entstanden, aber diese können begrenzt gewesen sein, oder sie wurden möglicherweise nicht richtig interpretiert. Kennen Sie die Geschichte der Frau, die (aus von ihrer Mutter übernommener Praxis) von jedem Braten stets vorne und hinten ein Stück abschnitt, ohne zu wissen, warum? Erst das unerbittliche Nachfragen ihrer Tochter führte zur banalen Aufklärung durch die Großmutter: Sie hatte in der Nachkriegszeit lediglich einen zu kleinen Römertopf zur Verfügung.

Nicht nur Gewohnheiten müssen kritisch hinterfragt werden, auch die gewöhnlichen Entwürfe des Lebens. Das Übliche passt nicht auf den Menschen, der sich in speziellen Umständen findet oder einen besonderen Charakter hat. Hinzu kommt, dass durch die alleinige Ausrichtung an den herrschenden Sitten und Gebräuchen zentrale menschliche Qualitäten unterentwickelt bleiben.

Wer die Welt oder sein Milieu einen Lebensplan für sich wählen lässt, braucht dazu nichts anderes als affenhafte Nachahmungskunst. Wer seinen Plan für sich selbst aussucht, benötigt dazu alle seine Fähigkeiten. Er muss Beobachtungsgabe anwenden, um zu sehen; Verstand und Urteil, um vorherzusehen; Aktivität, um Material für Entscheidungen zu sammeln; Unterscheidungsvermögen, um sich schlüssig zu werden; und wenn er sich entschlossen hat, Festigkeit und Selbstbeherrschung, um zu seinem wohlerwogenen Entschluss zu stehen. (John Stuart Mill, Über die Freiheit, S. 81)

Die Eigensinnigen sind es, die Neues in die Welt bringen, Entdeckungen und Erfindungen machen. Obwohl sie selten geliebt und oft schmählich behandelt werden, ist die Gesellschaft dringend auf sie angewiesen, um sich weiterzuentwickeln. Ihre Experimente werden gebraucht, um «Beispiel zu geben für aufgeklärtere Lebensführung, besseren Geschmack und Sinn im Menschenleben». Wer die Welt nicht bereits für vollendet hält, sollte dankbar sein für die Ausnahmepersönlichkeiten, die dies zu leisten imstande sind, denn «diese wenigen sind das Salz der Erde, ohne sie würde das Leben ein stockender Pfuhl werden.»[124]

Schwerer noch als alle gesellschaftlichen Vorteile der Individualität wiegt das Recht auf ein eigenes Leben und freie Entfaltung der Persönlichkeit, das niemandem versagt werden darf, der andere nicht beeinträchtigt. (Und Una weist gerne darauf hin, dass es keinesfalls schon als Beeinträchtigung gelten kann, wenn sich jemand von ihrer unkonventionellen Lebensweise durch bloßes Mitansehenmüssen genervt fühlt.)

Es ist kein Grund vorhanden, warum alle menschliche Existenz nach einem oder einigen wenigen Mustern aufgebaut werden sollte. Wenn jemand einen annehmbaren Betrag von gesundem Menschenverstand und Erfahrung besitzt, ist seine eigene Art zu leben die beste, nicht weil sie die beste an sich ist, sondern weil sie sein eigener Stil ist. Menschliche Wesen sind keine Schafe, und selbst diese gleichen einander nicht ununterscheidbar. (John Stuart Mill, Über die Freiheit, S. 93)

Hier handelt es sich nicht nur um eine Frage der persönlichen Geschmacksunterschiede, die alleine bereits Grund genug für die Vielfalt wäre – die Unterschiede zwischen den Menschen sind groß genug, um unterschiedliche Bedürfnisse zu rechtfertigen. Das gilt für die Gesundheit ebenso wie für die geistige und seelische Entwicklung.

Was dem einen bei der Kultivierung seiner höheren Anlagen hilft, hindert den andern. Die gleiche Lebensweise, welche dem einen eine gesunde Anregung bedeutet, die alle seine Fähigkeiten zur Tätigkeit und zum Genuss in bester Form hält, legt dem andern eine zerstörende Last auf, die sein ganzes Innenleben lähmt oder zermalmt. So unterschiedlich sind die Quellen des Vergnügens der Menschen, ihre Empfänglichkeit für Schmerz, die Einwirkung verschiedener körperlicher und moralischer Tätigkeiten auf sie, dass sie ohne einen entsprechenden Unterschied in der Lebensführung weder ihren gerechten Anteil an Glück erhalten, noch zu der geistigen, moralischen und ästhetischen Haltung gelangen, zu der sie nach ihren Anlagen fähig sind. (John Stuart Mill, Über die Freiheit, S. 94)

John Stuart Mill und Harriet Taylor-Mill fordern eine Gesellschaft ohne Bevormundung, in der die Freiheit des Individuums im Denken und Handeln ihre einzige Grenze am Schutz der anderen gegen Schädigungen findet. «Über sich selbst, über seinen eigenen Körper und Geist ist der einzelne souveräner Herrscher.»

Bereits das Absehen vom Einzelnen in der begrifflichen Abstraktion, die die Sprache unweigerlich mit sich bringt, hatte **Friedrich Nietzsche** (1844–1900) (wie bereits im Kapitel über die zweifelmutigen Hinterfrager erwähnt) in seiner frühen Schrift *Über Wahrheit und Lüge im außermoralischen Sinne* als grobe Verfälschung gebrandmarkt. Was dort die Vernachlässigung des Speziellen in der wissenschaftlichen Erkenntnis der Dinge betraf, gilt umso mehr für das lebendige Dasein, das der Mensch nur in seiner Einzigartigkeit erfassen kann.

Das Leben besteht aus seltenen einzelnen Momenten von höchster Bedeutsamkeit und unzählig vielen Intervallen, in denen uns besten Falls die Schattenbilder jener Momente umschweben. Die Liebe, der Frühling, jede schöne Melodie, das Gebirge, der Mond, das Meer – Alles redet nur einmal ganz zum Herzen: wenn es überhaupt je ganz zu Worte kommt. (Friedrich Nietzsche, Menschliches, Allzumenschliches, Aphorismus 586)

Auch das eigene Wesen wird uns nur auf diese Weise zugänglich. Dem jungen Friedrich wurde früh bewusst, dass er selbst etwas Besonderes war, wenn auch noch nicht, auf welchem Gebiet er seine Berufung finden würde. In seiner Jugend entdeckte er an sich vielfältige Begabungen; er schrieb Gedichte und komponierte. Aufgrund seiner außerordentlichen Kenntnisse und Einsichten in den alten Sprachen wurde er bereits mit 25 Jahren als Professor nach Basel berufen. Anstatt es sich in dieser Stellung gemütlich zu machen und sich auf sein Fachgebiet zu beschränken, wandte sich das junge Genie eigensinnig der Philosophie zu. Die mehrjährige, anfangs innige Freundschaft zu Richard und Cosima Wagner zerbrach daran, dass Nietzsche sich nicht auf die Rolle des Hofphilosophen beschränken wollte, sondern mehr und mehr den Plänen des Meisters konsequent seine eigene Auffassung entgegensetzte. Nicht nur aus Gesundheitsgründen zog der vor allem an heftiger Migräne leidende Nietzsche es nach der Entbindung von seinen Lehrverpflichtungen vor, lieber aus seiner bescheidenen Pension das Beste zu machen, als eine erneute Abhängigkeit von einem Arbeitgeber einzugehen. Stattdessen sah er sich an wechselnden Orten in der Schweiz und Italien nach dem richtigen Platz für ein von Beschwerden möglichst ungestörtes selbständiges Denken und Schreiben um.

Die in den herrschenden Moralvorstellungen einer Gesellschaft augenscheinlich werdenden Vereinheitlichungszwänge führen für Nietzsche zur Unterdrückung des Individuellen und zur Abrichtung des Menschen zu einem «Herdentier».

Wo wir eine Moral antreffen, da finden wir eine Abschätzung und Rangordnung der menschlichen Triebe und Handlungen. Diese Schätzungen und Rangordnungen sind immer der Ausdruck der Bedürfnisse einer Gemeinde und Herde: das, was ihr am ersten frommt – und am zweiten und dritten –, das ist auch der oberste Maßstab für den Wert aller einzelnen. Mit der Moral wird der einzelne angeleitet, Funktion der Herde zu sein und nur als Funktion sich Wert zuzuschreiben. (Friedrich Nietzsche, Die fröhliche Wissenschaft, III, Aphorismus 116)

Die Sozialisation mit dem Ziel, die Ansprüche der Gemein-

schaft höher zu stellen als die eigenen, beginnt im frühen Kindes-
alter als Religions- und Moralerziehung und setzt sich fort in der
herausragenden gesellschaftlichen Bewertung beruflicher Tätigkeit, deren eigentlicher Zweck für Nietzsche darin besteht, die
Entfaltung des von den Institutionen gefürchteten Eigensinns zu
verhindern.

Bei der Verherrlichung der «Arbeit», bei dem unermüdlichen
Reden vom «Segen der Arbeit» sehe ich denselben Hintergedanken,
wie bei dem Lobe der gemeinnützigen unpersönlichen Handlungen:
den der Furcht vor allem Individuellen. Im Grunde fühlt man jetzt,
beim Anblick der Arbeit – man meint immer dabei jene harte Arbeit-
samkeit von früh bis spät – dass eine solche Arbeit die beste Polizei ist,
dass sie jeden im Zaume hält und die Entwicklung der Vernunft, der
Begehrlichkeit, des Unabhängigkeitsgelüstes kräftig zu hindern ver-
steht. Denn sie verbraucht außerordentlich viel Nervenkraft und ent-
zieht dieselbe dem Nachdenken, Grübeln, Träumen, Sorgen, Lieben,
Hassen, sie stellt ein kleines Ziel immer ins Auge und gewährt leichte
und regelmäßige Befriedigungen. (Friedrich Nietzsche, Morgenröte, III, Aphorismus 173)

Nietzsche analysiert weiter: Ein gutsituiertes Bürgertum, das
vor allem nach Sicherheit strebt, wird diese Ablenkung durch
ruhelose Aktivität gerne sehen. Als der Arbeiter in der Mitte des
19. Jahrhunderts mehr Freizeit und bessere Bezahlung verlangt,
wird er als Revolutionär gefährlich. Dabei ist es in Wahrheit nicht
die Massenbewegung, die Angst einjagt, sondern der Einzelne in
ihrer Mitte: «Es wimmelt von ‹gefährlichen Individuen›! Und
hinter ihnen die Gefahr der Gefahren – *das* Individuum!» Hart
wird gegen die Aufstände vorgegangen, doch die wirksamsten
Repressalien sind die verinnerlichten und selbst auferlegten.
Am Ende dieser Entwicklung zur Unterdrückung aller Eigen-
sinnigkeit begegnet in Nietzsches Zukunftsvision sein Prophet
Zarathustra den «letzten Menschen», die sich mit der Beschau-
lichkeit eines vollständig angepassten, mit maßvollem Drogen-

einsatz gedämpften, gleichförmigen Lebens ohne Ausschläge in Höhen und Tiefen zufriedengeben.

«Wir haben das Glück erfunden» – *sagen die letzten Menschen und blinzeln.*

Sie haben die Gegenden verlassen, wo es hart war zu leben: denn man braucht Wärme. Man liebt noch den Nachbar und reibt sich an ihm: denn man braucht Wärme.

Krankwerden und Mißtrauen-haben gilt ihnen sündhaft: man geht achtsam einher. Ein Tor, der noch über Steine oder Menschen stolpert!

Ein wenig Gift ab und zu: das macht angenehme Träume. Und viel Gift zuletzt, zu einem angenehmen Sterben. (Friedrich Nietzsche, Also sprach Zarathustra)

Was die letzten Menschen «Glück» nennen, ist ein lauwarmer Einheitsbrei, in dem sie sich so wohl fühlen, dass sie nicht einmal einen Führer brauchen: «Kein Hirt und *eine* Herde! Jeder will das Gleiche, jeder ist gleich: wer anders fühlt, geht freiwillig ins Irrenhaus.» Sie haben sich das Massendenken zu eigen gemacht und ihre Vielfalt darüber völlig vergessen. Mit echtem Leben und seiner Dynamik hat diese selbstvergessene Bequemlichkeit nichts mehr zu tun.

Dabei gäbe es nach Nietzsche die hoffnungsvollere Alternative einer vollständig entwickelten individuellen Persönlichkeit, ausgestattet mit einer «Moral des reifen Individuums»[125], die gerade die bisher vernachlässigte Subjektivität zum Maßstab der Ethik macht. Wer sich selbst zu einer «ganzen *Person*» geformt hat, dem genügt die Ausrichtung am eigenen «*höchsten Wohl*». Das riecht nach Egoismus, meint aber keinesfalls platte Ichbezogenheit, sondern eine Variante, die dem Einzelnen abverlangt, sich eine Gesamtsicht auf sich selbst und sein eigenes Idealbild eines Menschen zu erarbeiten und aus dieser Perspektive persönliche Entscheidungen zu treffen. Dann darf er auch für seinen wohlverstandenen «eigenen höchsten Vorteil» arbeiten. Nur unreife Individuen würden diesen egoistisch missdeuten. Umgekehrt kann derjenige, dem die Wertschätzung seiner selbst und der Blick für das Besondere fehlt, nie aus vollem Herzen Gutes tun.

Wer sich nicht auf der Schwelle des Augenblicks, alle Vergangenheit vergessend, niederlassen kann, wer nicht auf einem Punkte wie eine Siegesgöttin ohne Schwindel und Furcht zu stehen vermag, der wird nie wissen, was Glück ist, und noch schlimmer: er wird nie etwas tun, was Andere glücklich macht ... (Friedrich Nietzsche, Unzeitgemäße Betrachtungen 2, Vom Nutzen und Nachteil der Historie für das Leben)

Individualisten sind nicht unbedingt Egoisten. Das zeigen die vielen aktuellen Beispiele selbstgewählten Engagements in sozialen Projekten von Menschen, die – ohne einer Organisation anzugehören oder sich verpflichtet zu fühlen – für andere aktiv werden, einfach weil es ihrer Vorstellung von Selbstverwirklichung entspricht. Nietzsche hatte eine solche soziale Ader zwar nicht, doch soll er im persönlichen Umgang von großer Freundlichkeit und Höflichkeit gewesen sein. Jedenfalls scheute er sich nicht, die Unbequemlichkeit auf sich zu nehmen, die damit verbunden ist, eigenständig zu denken und sich nicht mit Sitten und Meinungen der Masse zufriedenzugeben. Schließlich steht für uns alle der Verlust der Einzigartigkeit auf dem Spiel.

Im Grunde weiß jeder Mensch recht wohl, dass er nur einmal, als ein Unikum, auf der Welt ist und dass kein noch so seltsamer Zufall zum zweitenmal ein so wunderlich buntes Mancherlei zum Einerlei, wie er es ist, zusammenschütteln wird: er weiß es, aber verbirgt es wie ein böses Gewissen – weshalb? (Friedrich Nietzsche, Unzeitgemäße Betrachtungen 3, Schopenhauer als Erzieher)

Nietzsche glaubt, dass weniger die Scham vor anderen oder die Furcht vor dem Unmut des Nachbarn die Menschen davon abhält, einem unabhängigen Leben nachzueifern, als Faulheit, Bequemlichkeit und Trägheit, denn sie «fürchten gerade am meisten die Beschwerden, welche ihnen eine unbedingte Ehrlichkeit und Nacktheit aufbürden würde». Die von ihm bewunderten Künstler können uns in ihrer Ablehnung des Hergebrachten und der Würdigung jedes Einzelnen als «einmaliges Wunder» ein Vorbild sein. Sie legen Zeugnis ab vom verschleierten Geheimnis unserer Individualität, deren Ausleben über unser Schicksal entscheidet.

Der Mensch, welcher nicht zur Masse gehören will, braucht nur aufzuhören, gegen sich bequem zu sein; er folge seinem Gewissen, welches ihm zuruft: «sei du selbst! Das bist du alles nicht, was du jetzt tust, meinst, begehrst.»

Jede junge Seele hört diesen Zuruf bei Tag und bei Nacht und erzittert dabei; denn sie ahnt ihr seit Ewigkeiten bestimmtes Maß von Glück, wenn sie an ihre wirkliche Befreiung denkt: zu welchem Glücke ihr, so lange sie in Ketten der Meinungen und der Furcht gelegt ist, auf keine Weise verholfen werden kann. Und wie trost- und sinnlos kann ohne diese Befreiung das Leben werden! Es gibt kein öderes und widrigeres Geschöpf in der Natur als den Menschen, welcher seinem Genius ausgewichen ist und nun nach rechts und nach links, nach rückwärts und überallhin schielt. (Friedrich Nietzsche, Unzeitgemäße Betrachtungen 3, Schopenhauer als Erzieher)

Nietzsche mahnt dringlich, diese Bequemlichkeit aufzugeben und die Einzigartigkeit des Lebens anzuerkennen. Sie zu verwirklichen müsse das Ziel jedes Individuums sein, das seinen Sinn nicht verfehlen will. Sein Selbsterziehungsprogramm begänne mit einer aufrichtigen Bestandsaufnahme.

Was macht bei dir die Geschichte jedes Tages? Siehe deine Gewohnheiten an, aus denen sie besteht: sind sie das Erzeugnis zahlloser kleiner Feigheiten und Faulheiten oder das deiner Tapferkeit und erfinderischen Vernunft? (Friedrich Nietzsche, Die fröhliche Wissenschaft, Aphorismus 308)

Nietzsche selbst machte neben seinen Krankheiten am meisten die Missachtung seiner intellektuellen Mitwelt zu schaffen, die ihn – offenbar völlig unberührt von seinen provozierenden Thesen – bis zum Eintritt seiner geistigen Umnachtung ignorierte. Den spät einsetzenden Erfolg erlebte er nicht mehr mit wachem Verstand, doch er war sich schon vorher sicher, einen epochalen Beitrag zur eigentlichen Menschwerdung geleistet zu haben.

Martin Heidegger (1889–1976), Nietzsche-Kenner aus dem badischen Meßkirch, dessen «Sorge-volle» Weltanschauung wir bereits kennengelernt haben, konnte sich über mangelnde Aufmerksamkeit als neu und anders denkender Philosoph in seiner frühen Karriere nicht beklagen und musste die Einsamkeit des selbständigen Denkens auf seiner Schwarzwaldhütte in Todtnauberg suchen. Er spürte in seinem Hauptwerk *Sein und Zeit*, das ihn schnell in akademischen Kreisen berühmt machte, dem Sinn des Seins nach und stellte fest, dass es, wo immer man sich mit dem Sein beschäftigt, zunächst um unsere ureigenste Existenz gehen muss. «Das Seiende, dessen Analyse zur Aufgabe steht, sind wir je selbst. Das Sein dieses Seienden ist *je meines*.»[126] Das Dasein lässt sich nicht erfassen «als Fall und Exemplar einer Gattung von Seiendem». Wenn wir allgemein vom Dasein sprechen, meinen wir immer «ich bin» oder «du bist». Wir sind jeweils das, was wir an Möglichkeiten unseres Seins ergreifen.

Und weil Dasein wesenhaft je seine Möglichkeit ist, kann *dieses Seiende in seinem Sein sich selbst «wählen», gewinnen, es kann sich verlieren, bzw. nie und nur «scheinbar» gewinnen. Verloren haben kann es sich nur und noch nicht sich gewonnen haben kann es nur, sofern es seinem Wesen nach mögliches eigentliches, das heißt sich zueigen ist.* (Martin Heidegger, Sein und Zeit, S. 42)

Wie man bei der Lektüre unschwer feststellt, macht Heideggers Suche nach einer Sprache, die auf den ursprünglichen Sinn der Worte zurückverweist, ihn nicht immer leicht verständlich (dafür bestens geeignet zur Parodie, was dazu führt, dass

Philosophie und Belustigung selten so nahe zusammen lagen[127]).
Seine Neigung, aus Adjektiven Substantive zu kreieren, erzeugt
Sätze wie:

Die beiden Seinsmodi der Eigentlichkeit *und* Uneigentlichkeit
[…] gründen darin, dass Dasein überhaupt durch Jemeinigkeit be-
stimmt ist. (Martin Heidegger, Sein und Zeit, S. 42 f.)

Manche halten diese Ausdrucksweise für wirres und inhalts-
loses Wortgeschwurbel, und Thomas Bernhard hat einem wahr-
haften Heidegger-Hass in seinem Roman *Alte Meister* beredten
Ausdruck verliehen. Lässt man sich jedoch auf die eigensinnige
Terminologie ein, so entdeckt man darin Heideggers Parteinah-
me für ein tiefes eigenständiges Denken über das Leben: Mein
Dasein ist immer mein eigenes, kann aber in seiner Verwirklichung mehr oder weniger mir selbst angehören. Das tatsächlich
gelebte Dasein realisiert nur eine Möglichkeit unter vielen – und
einige dieser Möglichkeiten haben mit meinem Selbst nicht viel
zu tun. Ein «uneigentliches Leben» kann der Allgemeinheit der
Anderen verfallen. Denn immer sind mir die Anderen im Blick,
und sei es nur, um mich unbewusst mit ihnen zu vergleichen, sie
zu überflügeln oder meinen Unterschied zu ihnen zu bewahren.
Dabei nehme ich ihren Blickwinkel auf mich ein und werde
selbst zum Bestandteil dieser unsichtbaren Masse, die Heidegger
«*das Man*» nennt. Sie umgibt mich im Alltag und übernimmt
die Herrschaft über mein Denken. Indem ich sie als «die Anderen» bezeichne, verschleiere ich, dass ich selbst dazugehöre und
ihre Macht verfestige. In solcher Allgemeinheit können wir uns
leicht völlig auflösen, wenn wir uns rückhaltlos dem zur Allein-
herrschaft neigenden «Man» unterwerfen.

In der Benutzung öffentlicher Verkehrsmittel, in der Verwendung
des Nachrichtenwesens (Zeitung) ist jeder Andere wie der Andere.
Dieses Miteinandersein löst das eigene Dasein völlig in die Seinsart
«der Anderen» auf, so zwar, dass die Anderen in ihrer Unterschied-
lichkeit und Ausdrücklichkeit noch mehr verschwinden. In dieser Un-

auffälligkeit und Nichtfeststellbarkeit entfaltet das Man seine eigent-
liche Diktatur. Wir genießen und vergnügen uns, wie man *genießt;*
wir lesen, sehen und urteilen über Literatur und Kunst, wie man *sieht*
und urteilt; wir ziehen uns aber auch vom «großen Haufen» zu-
rück, wie man *sich zurückzieht; wir finden «empörend», was* man
empörend findet. (Martin Heidegger, Sein und Zeit, S. 126 f.)

Wenn wir uns dem «Man» vollständig ergeben, werden wir
zum Durchschnittsmenschen, der sich selbst keine Ausnahme-
stellung erlaubt. Heidegger spricht von der «*Einebnung* aller
Seinsmöglichkeiten». Dabei geben wir unsere Eigenverantwortung ab, und das fühlt sich nicht einmal unangenehm an. Das
«Man» nimmt uns unsere Bewertungen und Entscheidungen ab,
wir können uns darauf berufen, wenn wir selbst nicht für unsere
Urteile einstehen wollen, denn keiner wird dafür zur Rechenschaft gezogen.

Das Man «war» es immer und doch kann gesagt werden, «kei-
ner» ist es gewesen. In der Alltäglichkeit des Daseins wird das meiste
durch das, von dem wir sagen müssen, keiner war es.

Das Man entlastet so *das jeweilige Dasein in seiner Alltäglichkeit.*
Nicht nur das; mit dieser Seinsentlastung kommt das Man dem Da-
sein entgegen, sofern in diesem die Tendenz zum Leichtnehmen und
Leichtmachen liegt. Und weil das Man mit der Seinsentlastung dem
jeweiligen Dasein ständig entgegenkommt, behält es und verfestigt es
seine hartnäckige Herrschaft.

Jeder ist der Andere und Keiner er selbst. Das Man, *mit dem sich*
die Frage nach dem Wer des alltäglichen Daseins beantwortet, ist das
Niemand, dem alles Dasein im Untereinandersein sich je schon aus-
geliefert hat. (Martin Heidegger, Sein und Zeit, S. 127 f.)

Diese Grundstruktur des gemeinschaftlichen Daseins ist die
Welt, in die jeder Einzelne hineingeboren wird. Wenn er sich
im Denken keinen Abstand dazu schafft, bleibt es beim Durch-
schnittsleben. Den Weg vom «Man» zu sich selbst muss sich
jeder erst mühevoll bahnen. Das eigene Entdecken der Welt voll-

zieht sich daher «immer als Wegräumen der Verdeckungen und Verdunkelungen, als Zerbrechen der Verstellungen, mit denen sich das Dasein gegen es selbst abriegelt.» Wonach wir bei dieser Räumungsaktion suchen, ist ein «eigentliches Seinkönnen des Daseins».

Nur bewusste Entscheidung kann uns zu einem uns selbst zugehörigen Leben führen. Heidegger nennt eine solche existenzielle Wahl ein «Sichentscheiden für ein Seinkönnen aus dem eigenen Selbst». Für ihn findet sich das Dasein als «eigentliches» durch die als Anruf und Aufruf empfundene Stimme des Gewissens, die ihm sagt, dass es ein selbstbestimmtes und selbstverantwortetes sein kann. Zum Bekenntnis zu einem eigenen Gewissen gehört eine «Entschlossenheit» zum Selbstsein, die nicht nur ihre Auswahl aus den gegebenen Möglichkeiten trifft, sondern auch ihre Mitschuld an der eigenen Situation anerkennt.

Unsere Einzigartigkeit wird für Heidegger durch die Gewissheit des Todes besiegelt. Die Einsicht in die eigene Endlichkeit und ihre Integration in das Leben wird damit zum Schlüssel zu einer Existenz, die sich aus dem individuellen Wesen heraus bestimmt. Wer diese Grundgegebenheit des Daseins nüchtern einbezieht, der nutzt die Angst vor dem Ende für eine «gerüstete Freude» an der Möglichkeit eines «eigentlichen» Seins, das frei wird «von den ‹Zufälligkeiten› des Unterhaltenwerdens, die sich die geschäftige Neugier primär aus den Weltbegebenheiten verschafft.»

Der persönlichen praktischen «Uneigentlichkeit» konnte sich Heidegger selbst trotz seiner theoretischen Einsicht nicht entziehen. Auch die Erfahrung einer zweijährigen Liebesbeziehung zur Jüdin Hannah Arendt, die das selbständige Denken wohl besser von ihm gelernt hat, als er es selbst zeitweise nutzte, hat ihn nicht davor bewahrt, dem faschistischen «Man» seiner Zeit und dessen völkischem Rassendenken zu verfallen. Sein Eigensinn führte ihn in die Irre. Er unterlag dem fatalen Fehlschluss, er könne die philosophische innere Stimme des Führers werden. Seine Unterstützung des Nationalsozialismus beschleunigte seine Karriere zunächst und bescherte ihm 1933 das Rektorat der Freiburger Universität. Als er versuchte, seine eigene Handschrift einzubringen, musste er seine Grenzen rasch erkennen. Die Machthaber entzogen ihm ihre Gunst schnell, und er musste nach nicht mal einem Jahr zurücktreten. Heideggers Gewissen konnte sich diese Verirrung wohl zeitlebens nicht verzeihen. Er wollte sie selbst nach langen Jahren weder seinen verfolgten ehemaligen Freunden noch öffentlich (und wohl auch nicht sich selbst) als solche eingestehen. So zog sich nach Platon wieder einmal ein Philosoph, der mit hochfliegenden Plänen einen Tyrannen lenken wollte, mit herben Blessuren beleidigt aus dem politischen Leben zurück.

Heideggers frühere Studentin **Hannah Arendt** (1906–1975) tat das Gegenteil. Sie setzte die Maximen ihrer bitteren politischen Lerneffekte um und brachte ihre Stimme wieder und wieder ein. Dabei lag sie gerne quer zu den gängigen Klischees ihrer Zeit: quer zum faschistischen Deutschland, quer zur Todesbezogenheit ihres Lehrers Martin Heidegger und anderer männlicher Philosophen, quer zur simplifizierenden Deutung des Nazi-Verbrechers Eichmann als außergewöhnlichem Unmenschen. Die in Hannover geborene, nicht strenggläubige Jüdin wurde nach ihrer erzwungenen Emigration 1959 die erste Professorin in Princeton und lehrte dort politische Philosophie.

In ihrem Werk *Vita activa oder Vom tätigen Leben* kritisiert Hannah Arendt die Reduktion des Tätigseins in der Gesellschaft – einerseits auf *Arbeit* zur Bedürfnisbefriedigung und andererseits auf *Herstellung* zum Konsum. Das *Handeln* sei dagegen die dem Menschen angemessene lebendige Veränderung der Gesellschaft im Zusammenspiel der Individuen.

Im Menschen wird die Besonderheit, die er mit allem Seienden teilt, und die Verschiedenheit, die er mit allem Lebendigen teilt, zur Einzigartigkeit, und menschliche Pluralität ist eine Vielheit, die die paradoxe Eigenschaft hat, dass jedes ihrer Glieder in seiner Art einzigartig ist.

Sprechen und Handeln sind die Tätigkeiten, in denen diese Einzigartigkeit sich darstellt. Sprechend und handelnd unterscheiden Menschen sich aktiv voneinander, anstatt lediglich verschieden zu sein; sie sind die Modi, in denen sich das Menschsein selbst offenbart. (Hannah Arendt, Vita activa, S. 214)

Durch die vorhandenen Unterschiede erklärt sich die Einnahme subjektiver Positionen und Perspektiven, aus denen im Austausch die Wirklichkeit einer gemeinsamen Welt erst entstehen kann. Aus dieser Charakterisierung des Menschlichen erwächst der Anspruch, seine eigenständige Sicht aktiv einzubringen. Doch zu diesem «aktiven In-Erscheinung-Treten eines grundsätzlich einzigartigen Wesens» muss der Mensch nicht gezwungen werden; ihm entspricht ein Impuls, der sich nicht aus unserer Sterblichkeit, sondern aus unserer *Natalität* («Gebürtlichkeit») speist.

Sprechend und handelnd schalten wir uns in die Welt der Menschen ein, die existierte, bevor wir in sie geboren wurden, und diese Einschaltung ist wie eine zweite Geburt, in der wir die nackte Tatsache des Geborenseins bestätigen, gleichsam die Verantwortung dafür auf uns nehmen. [...] In diesem ursprünglichsten und allgemeinsten Sinne ist Handeln und etwas Neues Anfangen dasselbe [...]. Weil jeder Mensch auf Grund des Geborenseins ein initium, *ein Anfang und Neuankömmling in der Welt ist, können Menschen Initiative ergreifen, Anfänger werden und Neues in Bewegung setzen.* (Hannah Arendt, Vita activa, S. 215)

Wer seine Einzigartigkeit einbringt, beginnt damit etwas Neues. Er durchbricht berechenbare Wahrscheinlichkeiten und automatisierte Prozesse. Auf diese Weise wird aus einem «Niemand» ein «Jemand»; die Person erschafft sich durch ihr Handeln und

Sprechen selbst. Gleichzeitig legt sie ihre Besonderheit damit – oft unfreiwillig und für sich selbst unerkannt – vor den anderen dar.

Handelnd und sprechend offenbaren die Menschen jeweils, wer sie sind, zeigen aktiv die personale Einzigartigkeit ihres Wesens, treten gleichsam auf die Bühne der Welt, auf der sie vorher so nicht sichtbar waren, solange nämlich, als ohne ihr eigenes Zutun nur die einmalige Gestalt ihres Körpers und der nicht weniger einmalige Klang der Stimme in Erscheinung traten. Im Unterschied zu dem, was einer ist, im Unterschied zu den Eigenschaften, Gaben, Talenten, Defekten, die wir besitzen und daher so weit zum mindesten in der Hand und unter Kontrolle haben, dass es uns freisteht, sie zu zeigen oder zu verbergen, ist das eigentlich personale Wer-jemand-jeweilig-ist unserer Kontrolle darum entzogen, weil es sich unwillkürlich in allem mitoffenbart, was wir sagen oder tun. (Hannah Arendt, Vita activa, S. 219)

Auch in der Politik, die häufig auf die Kunst des Interessenausgleichs eingeschränkt wird, können die Menschen gar nicht anders, «als sich selbst in ihrer personalen Einmaligkeit zum Vorschein und mit ins Spiel zu bringen»,[128] und selbst in der Geschichte gibt es keine von einem Autor garantierte Objektivität, sondern nur das «In-Erscheinung-Treten» miteinander verwobener Einzelwesen. Wer jemand war, die wirkliche Biographie eines Lebens, «können wir nur erfahren, wenn wir die Geschichte hören, deren Held er selbst ist».[129]

Demgemäß machte sich Hannah Arendt 1961 auf den Weg nach Jerusalem, um vom dortigen Prozess gegen Adolf Eichmann (den Organisator der Transporte von Juden in die Vernichtungslager) darüber zu berichten, wie sich die erwartete Hassfigur selbst präsentiert.[130] Sie erlebt jedoch keinen dämonischen Teufel, sondern einen Verwalter des Todes, der sich hinter Befehlen und Vorschriften versteckt und sich weigert, als selbstbestimmte Person in Erscheinung zu treten. Sie folgert aus dieser Begegnung die «Banalität des Bösen» und kennzeichnet mit diesem Begriff die Unmenschlichkeit, die im Namen höherer Ideale in bürokratischer, funktionsorientierter Weise von einer gesichtslosen Menge von Menschen ausgeübt wird und damit Schlimmeres anzurichten vermag als absichtlich von Einzelnen verübte Untaten. Man hat ihr diese Formulierung als Verharmlosung angekreidet und sie als Entschuldigung für Eichmann missverstanden, dabei lag Hannah Arendt nichts ferner. In ihrer Vorlesung *Über das Böse* konstatiert sie:

Das größte begangene Böse ist das Böse, das von Niemandem getan wurde, das heißt, von menschlichen Wesen, die sich weigern, Personen zu sein. Im konzeptionellen Rahmen dieser Betrachtungen könnten wir feststellen, dass Übeltäter, die sich weigern, selbst darüber nachzudenken, was sie tun, und die sich auch im Nachhinein gegen das Denken wehren – also sich weigern, zurückzugehen und sich an das zu erinnern, was sie taten […] –, es eigentlich versäumt haben, sich als ein Jemand zu konstituieren. (Hannah Arendt, Über das Böse, S. 101)

Das unverzeihlichste Verbrechen besteht gerade in der Weigerung, die Verantwortung für sein eigenes Leben voll und ganz zu übernehmen. Wenn wir in Freundschaft mit uns selbst leben wollen, bieten für Hannah Arendt nur eigenständiges Nachdenken, Sprechen und Handeln Schutz vor solchen Verfehlungen. Es entspricht unserem Menschsein, unsere einzigartige Sicht der Dinge anderen gegenüber zu vertreten und unsere besondere Stimme im Konzert der Gemeinschaft zu erheben.

CHANCEN UND RISIKEN FÜR QUERGEISTER

Im Altgriechischen nannte man den sich aus dem öffentlichen Leben zurückziehenden Privatmann einen «Idioten». Gerade wenn er (wie Hannah Arendt) diesen Rückzug nicht antritt, sondern sich als sichtbare und hörbare Person einmischt, wird sich ein Quergeist solche und andere Schimpfworte heute häufiger von seinen Mitmenschen anhören müssen, die mit seinem individuellen Lebensstil nicht einverstanden sind. Das nimmt er in Kauf, denn die Pluszeichen seiner Haltung überwiegen für ihn:

- Er weiß, dass er seinen Sinn nicht in den konventionellen Vorlagen der «Normalos», sondern nur in einem selbstbestimmten Leben finden wird, das sich von dem der anderen in wesentlichen Bestandteilen unterscheidet, und daher nicht immer mit Zuspruch rechnen kann.

- Eigensinnige verzichten auf die Übernahme gängiger Meinungen – sie pflegen ein eigenständiges Denken, das sich manchmal erst im Widerspruch zu allen anderen richtig wohl fühlt, immer jedoch aufrichtig zur selbstgefundenen Überzeugung steht.

Individualisten betonen die Notwendigkeit, sich nicht vom Kollektiv vereinnahmen zu lassen. Sie glauben, dass die Gesellschaft den Einzelnen oft unnötig einschränkt, obwohl es doch ihrer Erneuerungsfähigkeit diente, wenn er sich möglichst frei entfalten könnte. Sie wollen Gemeinschaften nur als frei vereinbarte – und prinzipiell aufkündbare – Zusammenschlüsse eigenverantwortlicher Mitglieder akzeptieren. In einer extremen Ausprägung als Anarchisten meinen sie sogar, dass jeder Staat grundsätzlich das Recht auf Selbstbestimmung zu stark beschneidet.

Der Quergeist mag den Grad möglicher Unabhängigkeit von anderen über- und die erleichternde Notwendigkeit von Konventionen und Institutionen unterschätzen. Seine Autonomie ist ihm allerdings ein so hoher Wert, dass er bereit ist, den Preis dafür zu zahlen. Er macht sich häufig nicht viele Freunde, aber er verlangt auch nicht ihre Unterstützung. Dafür gelingt ihm im besten Fall mit der Verwirklichung seiner persönlichen Vorstellungen ein eigenständiger Lebensentwurf, zu dem er am Ende mit Fug und Recht sagen kann: «*I did it my way*».

Mit weniger Glück führt ihn seine Besonderheit in die Entwurzelung aus der Tradition, in Entfremdung zu seiner Umgebung, in Isolation und Einsamkeit.

- Insbesondere, wenn er sich aus dem eingeübten Reflex des Dagegenseins heraus in Kleinkriege verrennt und die Energie, die er für diese Auseinandersetzungen benötigt, für Nebensächliches vergeudet, wird er schnell zum unfreiwilligen Einzelgänger.
- Die intensiv trainierte Durchsetzungsfähigkeit verfestigt sich dann zu Dickköpfigkeit und Sturheit.
- Wenn der Quergeist sich zu exzentrisch an den Rand der Gesellschaft begibt, kann er in der rücksichtslosen Verfolgung seiner Eigeninteressen unsozial und egoistisch werden.

Una versucht, mit ihren Nachbarn im Dorf im Gespräch zu bleiben, aber auch sie muss für ihre Überzeugungen einiges in Kauf nehmen. Ihr Eigensinn hat ihr schon als Kind den Ausschluss aus mancher Spielrunde beschert. Manchmal hätte sie fast lieber einfach mitgemacht, aber das widersprach ihrem Empfinden, und ihr innerer Impuls ließ es nicht zu. Nach ihrem *Coming-out* sind ihr nicht alle Jugendfreunde und -freundinnen erhalten geblieben, und auch aus dem Umkreis ihrer Familie haben einige sich von ihr distanziert und den Kontakt abgebrochen. Una hat nach vielen Kämpfen mit sich selbst und anderen ihren Weg gefunden. Sie ist sich der Einzigartigkeit und Kostbarkeit ihres Lebens bewusst. Sie verzweifelt nicht an der ihr durchaus präsenten Gewissheit des Todes, der diesem wundersam einzigartigen Wesen eines Tages ein Ende setzen wird, sondern schöpft gerade aus diesem Bewusstsein die Motivation, Neuanfänge zu wagen und ihr Leben als eigenes zu gestalten. Sie macht sich nichts vor: Die Auseinandersetzung mit den Widerständen ihrer Umgebung wird sie wohl ihr Leben lang begleiten. Ihre Freiheit ist es ihr wert.

Vertiefende Lektüre für Quergeister:
John Stuart Mill, *Über die Freiheit*
Sören Kierkegaard, *Der Gesichtspunkt für meine Wirksamkeit als Schriftsteller*
Friedrich Nietzsche, *Menschliches, Allzumenschliches*
Hannah Arendt, *Vita activa*

GEMEINSCHAFTSFREUNDE
WILLE ZUR BINDUNG

Wir sind geboren zur Geselligkeit und zur Gemeinschaft und Verbundenheit mit der Menschheit.

Cicero, Über das höchste Gut ...

Unsere Gemeinschaft gleicht einem Gewölbe aus Stein, das einstürzen würde, wenn die einzelnen Steine sich nicht gegenseitig stützten und so das Gewölbe hielten.

Seneca, Briefe an Lucilius

Wo die Quergeister auf Abstand achten, wird es für die Bindungswilligen bei engem Kontakt erst richtig gemütlich. Eigensinnige vertrauen auf ihre Stärke und streiten – wenn es sein muss – alleine gegen den Rest der Welt, da sie sich nicht auf andere verlassen wollen. Gemeinschaftsfreunde kämen sich als auf sich selbst gestellte «Einzelkämpfer» eher einsam und allein gelassen vor. Sie arbeiten gerne Hand in Hand und marschieren lieber Seit' an Seit', denn Solidarität wird bei ihnen großgeschrieben, und ihr Motto lautet: «Gemeinsam sind wir stark.» Sie schätzen den Rückhalt einer Gruppe, die sich an geteilten Wertvorstellungen ausrichtet und deren Regeln von allen Mitgliedern respektiert werden. Ihr Zusammengehörigkeitsgefühl speist sich aus lebendigen Traditionen, die von Sicherheit vermittelnden, aus alten Zeiten überlieferten (oder auch mal neu erfundenen) Ritualen begleitet werden. Das Team, in dem diese überzeugten Mannschaftsspieler agieren, kann dabei recht unterschiedliche Dimensionen annehmen – von bester Freundschaft und Familie über die Gesellschaft im engeren, kommunalen oder weiteren, nationalen Sinne bis zur internationalen Bewegung.

Axel ist in einem kleinen Ort unweit der Kreisstadt aufgewachsen und betreibt dort mit seinem Spezi aus der Jugendzeit eine Autowerkstatt. Als Familienvater hat er mit seiner Ehefrau fünf Kinder aufgezogen. Zur Schule ging er in der Nähe, und seine Ausbildung zum Kfz-Mechaniker absolvierte er im Nachbarort. Mit ehemaligen Schulkameraden hat er sich früher zwar zahlreiche Metropolen und das eine oder andere schöne Plätzchen in Europa angesehen, doch länger als zwei Wochen ist er nie von zu Hause weg gewesen. In den Urlaub fahren Axel und seine Frau jetzt, wo die Kinder aus dem Haus sind, gerne mit anderen befreundeten Paaren. Eine Reise nur mit seiner Gattin oder gar eine Auszeit im Kloster wären nichts für ihn.

Axel war schon immer Mitglied im örtlichen Fußballverein und trainiert seit dem Ende seiner aktiven Laufbahn die Jugend, mit deren Engagement er heute nicht immer ganz zufrieden ist. Zu seiner Zeit standen noch elf Freunde auf dem Platz – da war es klar, dass man nicht nur für sich, sondern für die Mannschaft spielte und dabei alles gab; mittlerweile will auch im Dorfclub jeder ein kleiner Cristiano Ronaldo sein. Doch unterm Strich macht ihm die Arbeit mit den Jugendlichen immer noch Spaß, und er kennt am Sonntag beim Spiel die anfeuernden Eltern und Großeltern alle persönlich.

Für eine ökologisch orientierte konservative Gruppierung sitzt Axel im Gemeinderat. Dabei sind ihm die kommunalen Aspekte stets wichtiger als Parteipolitik. Er ist ein eher traditionsbewusster als tiefgläubiger Christ und besucht nicht immer den Gottesdienst, aber für wohltätige Aktionen seiner Kirche opfert er gerne Zeit und Geld.

Obwohl ihm das viele aufgrund seines biederen Äußeren nicht zutrauen würden, nutzt Axel mit Begeisterung die neuen Technologien, um mit anderen in Verbindung zu bleiben. Das

Handy war ihm eine willkommene Erfindung, um ständig mit Familie und Freunden in Kontakt zu sein, und eine SMS-Flatrate buchte er als einer der Ersten. Für den Verein hat Axel eine Facebook-Seite angelegt, auf der er gerne Neuigkeiten verbreitet. Aber noch wichtiger als die Facebook-Freunde ist ihm sein Stammtisch, bei dem er die Kumpel trifft, mit denen er zum Teil bereits seit Kindertagen lacht, streitet und zusammenhält.

Für **Aristoteles** (384–322 v. Chr.) ist der überschaubare Stadtstaat, die «*Polis*», das größte und wichtigste gemeinsame Spielfeld der Bürger. Sogar die Ethik ist als Lehre vom richtigen Verhalten ein Teilbereich der Politik. Aristoteles bezeichnet den Menschen als «*zôon politikon*», ein gemeinschafts- und staatenbildendes Lebewesen. Eine völlig losgelöste Selbstgenügsamkeit ist für ihn weder erstrebenswert noch erreichbar – der durchaus legitime Wunsch nach Autarkie bezieht sich sinnvollerweise nie «auf das von allen Bindungen gelöste Ich, auf das Ich-beschränkte Leben, sondern auf das Leben in der Verflochtenheit mit Eltern, Kindern, der Frau, überhaupt den Freunden und Mitbürgern; denn der Mensch ist von Natur bestimmt für die Gemeinschaft.»[131]

Im ersten Buch seines Werkes zur *Politik* malt er dieses Bild genauer aus. Unabhängig kann nicht der Einzelne werden; dauerhaften Bestand hat erst die Gemeinschaft der Bürger. Nur diese ist in der Lage, gemeinsam das Gute anzustreben und zu erreichen. Die Keimzelle dieses Staates ist die Ehe: Männer und Frauen können und wollen ja schon um der Fortpflanzung willen nicht ohneeinander existieren. Wenn der Bauer seine Frau gefunden hat und dann noch ein Dach über dem Kopf und ein Ochse zum Pflügen dazukommen, ist der Ursprung der hellenischen Kleinfamilie bereits gelegt. Über die Zwischenstufen der Hausgemeinschaft und des Dorfes schließen sich in ähnlicher Weise die Menschen naturgemäß zu größeren Einheiten zusammen, um ihre Glücksvorstellungen gemeinsam leichter zu verwirklichen.

[D]ie aus mehreren Dörfern zusammengesetzte vollkommene Gemeinschaft ist der Staat, der sozusagen bereits über die Grenze der vollen Selbstgenügsamkeit verfügt, der nun zwar des Lebens wegen entstanden ist, aber doch um des guten Lebens willen besteht. Deswegen existiert jeder Staat von Natur aus, wenn das ebenso die ersten Gemeinschaften tun. Denn der Staat ist das Ziel jener Gemeinschaften [...]. (Aristoteles, Politik, 1252b 27, S. 77)

Aristoteles glaubt, dass der einzelne Staat bereits selbständig und autark agieren kann. Im Zeitalter der globalisierten Wirtschaft können wir heute davon nicht mehr ausgehen. Die Gemeinschaften sind längst in weitere Dimensionen gewachsen: von Staatengemeinschaften wie der EU bis hin zur UNO, doch die mit dem Zusammenschluss verbundene Hoffnung auf ein besseres Leben für alle bleibt dieselbe.

Der Ursprung und die Voraussetzung aller Gemeinsamkeit liegen für den griechischen Philosophen in unserer Kommunikationsfähigkeit. Mehr noch als ebenfalls staatenbildende Tiere wie Ameisen oder Bienen ist der Mensch durch die Sprache und die sich durch sie eröffnenden Verständigungsmöglichkeiten für die Bildung von Gemeinschaften auf allen Ebenen prädestiniert. Gemeinsam entwickelte und verwendete Begriffe dienen zur Benennung und Beschreibung des Guten und Gerechten und bieten so eine allen hilfreiche einheitliche Orientierung. Gemeinsame Werte, die die Grundlage jeder Gemeinschaft bilden, werden über die Sprache entwickelt und weitergegeben. Eine Vorstellung und Verwirklichung von Gerechtigkeit kann es für Aristoteles nur in einer geordneten bürgerlichen Gemeinschaft geben. Menschen, die ohne Bindung an einen Staat und damit ohne Recht und Gesetz leben, sind entweder Taugenichtse, die aufgrund ihrer Isolation ständig auf Krawall aus sind, oder erheben sich mit einem außergewöhnlichen Maß an Unabhängigkeit göttergleich über die Gesellschaft. Beides ist nichts für Otto Normalgrieche.

Wenn aber jemand nicht in der Lage ist, an der Gemeinschaft teil-zuhaben, oder zufolge seiner Selbstgenügsamkeit ihrer nicht mehr be-darf, der ist kein Teil des Staates, somit also entweder ein wildes Tier oder gar ein Gott. Von Natur aus nun gibt es in allen den Trieb nach einer solchen Gemeinschaft. Doch der, der zuerst die Gemeinschaft eingerichtet hat, der ist der Urheber der größten Güter. Wie nämlich der Mensch in seiner Vollendung das beste der Lebewesen ist, so ist er getrennt von Gesetz und Recht das schlechteste von allen. (Aristote-les, Politik, 1253a 28, S. 79)

Der Mensch ist für Aristoteles ein durch und durch kollekti-ves Wesen. Er kann nur in der Gemeinschaft menschenwürdig existieren.

Sein Lehrer **Platon** (um 428 – um 348 v. Chr.) war in seiner staats-philosophischen Schrift *Politeia (Der Staat)* mit der Unterord-nung des Individuums in die Gemeinschaft allerdings weit über das Ziel einer demokratischen Bürgergesellschaft hinausgeschos-sen. Er wollte in dem Modell eines für ihn idealen Staates nichts dem Zufall überlassen und versuchte, bis ins Detail des Zusam-menlebens alles zu regeln. In weiser Ausrichtung auf die (bereits im Höhlengleichnis bei den Überzeugungsdenkern erwähnte) von ihnen in wiedererinnernder Kontemplation erschaute «Idee des Guten» sollten philosophierende Könige (oder zu Königen gemachte Philosophen) über kriegerische Wächter, produktive Handwerker und Bauern regieren. Platons utopischer Entwurf orientierte sich an seinem Modell der Seele, in der idealerweise die Vernunft die gerechte Herrschaft über Mut und Begierde ausübt und mit ihrer Weisheit die prosaischeren Tugenden der Tapferkeit und Besonnenheit fördert und richtig einsetzt.

Zu einem echten Gemeinwesen gehört bei Platon auch die teilweise Aufhebung des Privateigentums. Es gibt gemeinschaftliche Wohnungen für die Krieger, für die (wenn sie überhaupt zu Hause sind) von den Handwerkern und Bauern gesorgt wird und die daher ohnehin keinen Bedarf an privatem Besitz haben. Die prinzipiell gleichberechtigten Frauen werden nicht als dem einzelnen Ehemann zugehörig betrachtet, die Kinder aus ihren Verbindungen werden in Krippen zusammen erzogen. «Kluge Lose» bringen bei organisierten Massenhochzeitsfeiern manipulierte Beischlafpaarungen zustande, die die besten Männer und die besten Frauen zusammenführen. Das ergibt im Zusammenspiel mit einer Selektion, die nur ein Weiterleben der Abkömmlinge dieser Prachtexemplare vorsieht, eine regelrechte Menschenzucht. Eine derartige Diktatur zum Wohle der Gemeinschaft ging nicht nur Aristoteles zu weit.

Georg Wilhelm Friedrich Hegel (1770–1831) lehnte solche drastischen Maßnahmen und die Abschaffung des Privateigentums ebenfalls ab, denn er hielt den bürgerlichen Staat in seiner preußischen Verwirklichung für das Gemeinwesen in Vollendung. In den *Grundlinien der Philosophie des Rechts* sieht er in dieser Gesellschaftsform das objektiv realisierte Maximum an Freiheit und glaubt, in ihm die unübertreffliche göttliche Idealform des Zusammenlebens der Menschheit vor Augen zu haben.

Hegel hatte in seiner *Phänomenologie des Geistes* dargestellt, wie sich die Geschichte als Selbsterkenntnis des Geistes nach den Regeln der Dialektik in der Welt vollzieht: Widerstreitende Gegensätze heben sich auf höherer Ebene auf und verschmelzen zu einer neuen Einheit, die gleichzeitig ihre wesentlichen positiven Merkmale bewahrt. Daraufhin kann das Spiel mit anderen Partnern erneut beginnen. Hegel vermeinte, zu seiner Zeit sei diese Entwicklung der Vernunft an ihr glorreiches Ende gekommen. Eine gewagte gesetzmäßige Konstruktion wie diese leuchtete vielleicht dem preußischen König und seinen Ministern (aus durchsichtigen Gründen) unmittelbar ein, konnte aber nur durch Hegels anerkanntes intellektuelles Image und seine wachsende Popularität eine zahlreiche Anhängerschaft und eine mächtige Nachwirkung erringen. Zwischen seinen Tätigkeiten als Professor in Jena, Heidelberg und Berlin arbeitete Hegel zeitweilig auch an der gesellschaftlichen Basis und brachte als Redaktionsleiter der «Bamberger Zeitung» und Rektor des Ägidiengymnasiums in Nürnberg sein Wissen unter das Volk.

Karl Marx (1818–1883), der wie Hegel in der Redaktion einer Zeitung, nämlich bei der «Rheinischen Zeitung» in Köln, gearbeitet hatte, war anfangs von dessen Ideen sehr angetan. Doch angesichts der sozialen Problemlage unter den Arbeitern, die vom entfesselten industriellen Kapitalismus geschaffen worden war, wuchs in ihm die bittere Erkenntnis, dass das Ziel der Geschichte noch nicht ganz erreicht sein konnte. Er machte es sich zur geistesgymnastischen Aufgabe, Hegel «vom Kopf auf die Füße zu stellen», und entwickelte dessen abgehobene dialektische Geschichtslehre auf handgreiflicher materialistischer Basis weiter.

Die ungerechten politischen, kulturellen und moralischen Verhältnisse seiner Zeit beruhten nach seiner Analyse auf der kapitalistischen Produktionsweise und dem Privateigentum an Produktionsmitteln. Philosophen wie er wollten also die Welt nicht länger nur interpretieren, sondern dazu aufrufen, sie zu verändern.[132]

In der gesellschaftlichen Produktion ihres Lebens gehen die Menschen bestimmte, notwendige, von ihrem Willen unabhängige Verhältnisse ein, Produktionsverhältnisse, die einer bestimmten Entwicklungsstufe ihrer materiellen Produktivkräfte entsprechen. Die Gesamtheit dieser Produktionsverhältnisse bildet die ökonomische Struktur der Gesellschaft, die reale Basis, worauf sich ein juristischer und politischer Überbau erhebt, und welcher bestimmte gesellschaftliche Bewusstseinsformen entsprechen. Die Produktionsweise des materiellen Lebens bedingt den sozialen, politischen und geistigen Lebensprozess überhaupt. Es ist nicht das Bewusstsein der Menschen, das ihr Sein, sondern umgekehrt ihr gesellschaftliches Sein, das ihr Bewusstsein bestimmt. (Karl Marx, Zur Kritik der politischen Ökonomie)

Das gemeinschaftliche Sein im Produktionsprozess bestimmt nach Marx das Denken der Menschen. Die Geschichte deutet er als eine Geschichte von Klassenkämpfen nach den Gesetzen der Hegel'schen Dialektik. Analog zu früheren historischen Entwicklungen, die zum Ende der Sklavenhaltergesellschaft und des Großgrundbesitzes führten, werden die einst fortschrittlichen Errungenschaften der Industrialisierung zu Fesseln der gesellschaftlichen Emanzipation der arbeitenden Menschen. Aus diesem Widerspruch entsteht die Notwendigkeit von Revolutionen. Die Veränderung der Sozialordnung muss dabei am Fundament der Wirtschaftsordnung ansetzen.

Das Heil konnte für Marx nur in der solidarischen Erhebung der Arbeiter liegen. Im Manifest der Kommunistischen Partei (1848) rief er die Proletarier aller Länder auf, sich zusammenzutun, um die Revolution einzuleiten. Solche Umwälzungen lassen sich nur kollektiv erreichen, das Aufbegehren ist folgerichtig bei Marx kein individuelles. Auch für ihn können wir selbst als Individuen gar nicht anders, als in Bezug auf die Gemeinschaft zu agieren und zu wirken. Marx greift auf aristotelische Gedanken zurück, wenn er den Menschen nicht nur ein *zôon politikon*, ein «geselliges Tier» nennt, «sondern ein Tier, das nur in der Gesellschaft sich vereinzeln kann.» Ein Überleben «des vereinzelten Einzelnen außerhalb der Gesellschaft» ist für ihn «eine Rarität, die einem durch Zufall in die Wildnis verschlagnen Zivilisierten wohl vorkommen kann», bleibt aber insgesamt «ein ebensolches Unding als Sprachentwicklung ohne *zusammen lebende und zusammen sprechende Individuen*».[133]

Allein auch wenn ich wissenschaftlich etc. tätig bin, eine Tätigkeit,

*die ich selten in unmittelbarer Gemeinschaft mit andern ausführen
kann, so bin* ich gesellschaftlich, *weil als* Mensch *tätig. Nicht nur
das Material meiner Tätigkeit ist mir – wie selbst die Sprache, in der
der Denker tätig ist – als gesellschaftliches Produkt gegeben, mein eig-*
nes *Dasein* ist *gesellschaftliche Tätigkeit; darum das, was ich aus mir
mache, ich aus mir für die Gesellschaft mache und mit dem Bewusstsein meiner als eines gesellschaftlichen Wesens. [...] Das Individuum*
ist *das* gesellschaftliche Wesen. (Karl Marx, Ökonomisch-phi-
losophische Manuskripte aus dem Jahre 1844)

Die philosophischen Gedanken des wissenschaftlichen Au-
tors Marx für eine bessere Gesellschaft fanden Anklang. Er arbeitete verbissen daran, seine Ideen in die Tat umzusetzen, und
wurde nicht nur zum Mitbegründer der ersten internationalen
Arbeiterorganisation in London, sondern damit auch zum Ahnherrn der sozialistischen Staaten, die mit einer Planung der Produktion nach den Bedürfnissen der Gesellschaft und mit einem
kollektiven Eigentum an Produktionsmitteln ein (mittlerweile
weitgehend als gescheitert angesehenes) Gegenmodell zum
Kapitalismus ausprobierten.

Auch auf der Mikroebene war Marx ein «Teamplayer». Aus dem
ersten Kennenlernen 1844 in Paris entwickelte sich eine tiefe
und produktive Freundschaft zu **Friedrich Engels** (1820–1895).
Engels, der aus einer Fabrikbesitzerfamilie stammte, übersprang
mit seinem solidarischen Denken alle Klassenschranken und
nutzte seine finanziellen Mittel, um Marx, der in London mit
seiner Familie in Armut lebte, nach Kräften zu unterstützen. Der
Kapitalerbe selbst wurde zum Mitautor der kommunistischen
Idee. Engels sah die Ursache allen Übels in der Vereinzelung und
Konkurrenz, in die das Privateigentum an Produktionsmitteln
unweigerlich führe.

*Weil das Privateigentum jeden auf seine eigne rohe Einzelheit iso-
liert und weil jeder dennoch dasselbe Interesse hat wie sein Nachbar,*

so steht ein Grundbesitzer dem andern, ein Kapitalist dem andern, ein Arbeiter dem andern feindselig gegenüber. In dieser Verfeindung der gleichen Interessen eben um ihrer Gleichheit willen ist die Unsittlichkeit des bisherigen Zustandes der Menschheit vollendet; und diese Vollendung ist die Konkurrenz. (Friedrich Engels, Umrisse zu einer Kritik der Nationalökonomie, S. 513)[134]

Die eigentlich gleichen Interessen, die in der kapitalistischen Gesellschaftsordnung in Wettbewerb zueinander geraten, können unter diesen Bedingungen nichts Gutes hervorbringen, denn wie für Hegel ist für Marx und Engels Freiheit nicht isoliert, sondern nur in der Gemeinschaft mit anderen verwirklichbar. Nur so «hat jedes Individuum die Mittel, seine Anlagen nach allen Seiten hin auszubilden»[135]. Axel weiß: Solange in einer Fußballelf konkurrierende Stars glauben, an Marktwert nur gewinnen zu können, wenn der Mannschaftskamerad schlecht aussieht, anstatt sich mit ihren Fähigkeiten zu ergänzen, ist das dem Teamerfolg wenig zuträglich, und am Ende verlieren alle. Wahre und dauerhaft tragfähige Gemeinschaften kommen zustande, wenn sich einerseits das Kollektiv nicht gegenüber den Einzelnen aufbläst und sich andererseits nicht eine Truppe von Egoisten auf Kosten anderer zusammenschließt. So war es allerdings für Marx und Engels in der Menschheitsgeschichte bisher der Fall.

Die scheinbare Gemeinschaft, zu der sich bisher die Individuen vereinigten, verselbständigte sich stets ihnen gegenüber und war zugleich, da sie eine Vereinigung einer Klasse gegenüber einer andern war, für die beherrschte Klasse nicht nur eine ganz illusorische Gemeinschaft, sondern auch eine neue Fessel. In der wirklichen Gemeinschaft erlangen die Individuen in und durch ihre Assoziation zugleich ihre Freiheit. (Karl Marx/Friedrich Engels, Die deutsche Ideologie)

Indem das die übergreifenden Interessen der Menschen vertretende Kollektiv die Kontrolle übernimmt, soll es deren Bedürfnisse leichter erfüllen können und es dem Individuum ermöglichen, sich innerhalb der Gemeinschaft frei zu entfalten.

Letztlich würde für Marx und Engels durch die Selbstorgani-
sation des Proletariats sogar der Staat als fremdbestimmende
Institution überflüssig – die klassenlose Gesellschaft als Allein-
besitzerin der Produktionsmittel bliebe jedoch das Zentrum
eines gemeinschaftsorientierten Denkens und Handelns.

Erklärte Gemeinschaftsfreunde sind auch die Kommunitarier
(oder Kommunitaristen) – trotz der Namensähnlichkeit besser
nicht zu verwechseln mit den Kommunisten um Marx und Engels. Wie diese tragen sie zwar Gemeinschaft als «Kommune»
im Namen, und einig sind sich die beiden «K-Gruppen» im Vor-
rang der Gesellschaft gegenüber dem Individuum. Doch – wenn
das auch nicht für alle ihre Vertreter im gleichen Maße gilt – sind
Erstere tendenziell politisch eher rechts als links zu verorten.

Kommunitaristischen Philosophen wie Alasdair MacIntyre
(*1929) und Charles Taylor (*1931) sind die Bindungen der
Mitglieder einer Gemeinschaft untereinander und die Verpflich-
tung des Einzelnen zu diesem Zusammenhalt wichtig. Eine Gemeinschaft konstituiert sich durch gemeinsame Ziele und einheitliche Wertvorstellungen. Ihre Werte und Ideale sind damit
immer Ausdruck einer bestimmten Kultur – eine allgemeine,
abstrakte und von der konkreten gelebten Wirklichkeit losgelöste Konzeption des Guten wäre gar nicht möglich. Die geteilten
Werte sind im Zweifelsfall verpflichtender als die Rechte, die der
Einzelne von anderen oder der Gemeinschaft einfordern kann.
Die Begründung dieses Vorrangs liegt für die Kommunitarier
darin, dass das Recht ohnehin nur im Bezug auf das Gute, das
man damit erreichen will, bestimmt werden kann – und das, was
das Gute ist, kann wiederum nur innerhalb einer Gemeinschaft
erkannt werden.

Sie bewegen sich mit diesen Ideen erstaunlich nahe an der
afrikanischen Sozialphilosophie *Ubuntu*[136], nach der ein beliebter
Ableger des Computer-Betriebssystems Linux benannt ist. Diese

beruht auf traditionellen spirituellen und religiösen Wurzeln, und ihr Leitspruch lautet: «Ich bin, weil wir sind» – jeder ist nur in und durch die Gemeinschaft ein ganzer Mensch und ihr deshalb in besonderem Maße verpflichtet. Solidarität und Verantwortung zählen mehr als der individuelle Wohlstand. Die mit diesem Bewusstsein verbundene gegenseitige Rücksichtnahme stellt für manche liberalistische Ökonomen ein Hindernis für eine schnellere wirtschaftliche Entwicklung des Kontinents dar.

Die Kommunitarier legen dagegen mit ihrer Kritik an der Isolation des Einzelnen den Finger in die Einsamkeitswunde der geographisch und sozial mobilen, herkunftsvergessenen, globalisierten Gesellschaft. Ihrer Ansicht nach wird die Rolle der Gemeinschaft gegenüber dem Individuum hier völlig unterschätzt: Die Menschen in den modernen Ländern des Westens haben sich von den Wurzeln der eigenen Kultur entfremdet und suchen nun vergeblich ihre Identität in Freiheit und Autonomie, während diese doch nur innerhalb eines Rahmens verwandtschaftlicher und lokaler sozialer Beziehungen gefunden werden kann. Wo der Gemeinsinn keine Rolle mehr spielt, gehe nicht nur das gute Zusammenleben, sondern auch das Glück des Einzelnen vor die Hunde. Die Kommunitarier wollen eine bürgerschaftliche Gegenbewegung anstoßen, die die Bindung an Blut und Boden bejaht und für demokratische Mitbestimmung und die Übernahme von Verantwortung für das Gemeinwesen plädiert.

Alasdair MacIntyre (*1929), geborener Schotte und lange Zeit in den USA lehrender Moralphilosoph, orientiert sich ausdrücklich an den antiken Tugendvorstellungen. Für ihn kann «das Rechte» wie für Aristoteles und Thomas von Aquin «nur im Lichte des Guten erkannt werden»[137]. Das Gute einer Gemeinschaft sei der Zweck, den ihre Mitglieder anstreben, und ihr Ziel das kollektive Glück. Aus dieser Ausrichtung ergeben sich Regeln, die eine entsprechende Lebensform definieren, und die festlegen, was moralisches Handeln ist. Das Richtige lässt sich dann nur innerhalb einer Gemeinschaft lernen.

Abgetrennt von deren Wurzeln gebe es nicht einmal Kriterien für Rationalität, die von allen Gesellschaften akzeptiert werden, meint MacIntyre. Wenn er recht hat, können Angehörige westlicher Industrieländer sich keine Hoffnung machen, Islamisten davon zu überzeugen, dass es unvernünftig ist, sich selbst und andere in die Luft zu sprengen. Die Logik ihrer Kulturen liegt zu weit auseinander – nicht nur wegen religiöser Prägungen, sondern auch aufgrund tradierter Glücks- und Wertvorstellungen.

Der Zusammenhang von Werten und Gemeinschaft droht laut MacIntyre in der modernen westlichen Welt völlig verlorenzugehen. Weit über ein eher symbolisches Abhängen von Kruzifixen in Schulräumen hinaus werde gleich jede gemeinschaftlich verankerte Vorstellung vom guten und moralisch richtigen Leben aus den strikt neutral ausgerichteten Institutionen entfernt und dem Einzelnen anheimgestellt. Diese «Privatisierung des Guten» in den modernen Gesellschaften hat nach MacIntyre dazu geführt, dass die moralischen Grundlagen unseres Zusammenlebens nicht mehr klar formuliert werden können und «Bereiche von entscheidender moralischer Bedeutung nicht zum Gegenstand eines angemessenen öffentlichen systematischen Diskurses oder Untersuchungsprozesses werden können.»[138]

Der Geltungsbereich einer für alle verbindlichen Moral schrumpft ständig und ermöglicht in vielen ethischen Fragen keine allgemeingültige Entscheidung mehr. Das wird am konkreten Beispiel der Abtreibungsdebatte deutlich:

Denn wie man zum Schwangerschaftsabbruch steht, ist untrennbar damit verbunden, wie man zu Sinn und Zweck des Familienlebens, zu dem Stellenwert von Empfängnis und Erziehung von Kindern im Familienleben und zu dem Verhältnis der familiären Bindungen zu anderen sozialen Bindungen steht. Löst man die Frage des Schwangerschaftsabbruchs von diesen Zusammenhängen, bedeutet das

zwangsläufig, dass einem Wesentliches verborgen bleibt. Moralische
Fragen, die einzeln und losgelöst von größeren argumentativen und
praktischen Zusammenhängen behandelt werden, scheinen anfangs
nie rational beantwortbar zu sein; und da die Beziehungen zwischen
den verschiedenen moralischen Regeln aus dem Blick geraten, wenn
die Moral unabhängig vom Guten definiert wird, hat dies u. a. zur
Folge, dass moralische Fragen tendenziell als ein Sammelsurium von
trennbaren, isolierbaren und somit unlösbaren Problemen dargestellt
werden. (Alasdair MacIntyre, «Die Privatisierung des Guten»,
S. 174)[139]

Auf dem unsicheren Werteboden individualisierter Gesellschaften, die sich über ihre gemeinschaftlichen Ziele nicht mehr
verständigen wollen, können ethische Fragen nicht mehr an-
gemessen diskutiert und entschieden werden. Hinter der Fassade einer weltoffenen Toleranz versteckt sich schwankende Hilf-
losigkeit.

MacIntyre sieht die Gefahr einer «moralischen Verarmung».
Eine rein persönliche Moral kann es für ihn nicht geben, denn
sittliche Grundlagen werden nur in dem jeweiligen Wertesystem
einer Gemeinschaft erworben und aufrechterhalten und sind damit immer einer spezifischen Gesellschaft zugeordnet. Warum
sollte ich überhaupt moralisch sein, wenn mir das Leben in der
Gemeinschaft nicht den Grund dazu lieferte? Die Versuchungen
sind allgegenwärtig, und es ist ohnehin nicht einfach, ethischen
Anforderungen zu genügen.

Weil wir ständig Gefahr laufen, von unmittelbaren Wünschen ge-
blendet zu werden, von unseren Verantwortlichkeiten abgelenkt oder
rückfällig zu werden, und weil sogar die besten unter uns manchmal
recht außergewöhnlichen Verführungen ausgesetzt sind, ist es für die
Moral wichtig, dass ich nur ein moralisch Handelnder sein kann,
weil wir moralisch Handelnde sind – dass ich die um mich herum
zur Festigung meiner moralischen Stärken und zur Hilfe bei der
Überwindung meiner moralischen Schwächen brauche. [...] Indem

sie moralisch viel von mir verlangen, drücken die Mitglieder meiner
Gemeinschaft eine Art von Respekt mir gegenüber aus, die nichts
mit der Erwartung von Vorteilen zu tun hat; und die, von denen
in moralischer Hinsicht nichts oder wenig erwartet wird, werden in
einer Weise respektlos behandelt, die – sofern dies häufig vorkommt –
für die moralischen Fähigkeiten solcher Individuen von Schaden ist.
(Alasdair MacIntyre, «Ist Patriotismus eine Tugend?»)[140]

Ohne die fördernde und fordernde Unterstützung der Gemeinschaft würden wir nach MacIntyre sittlich verwahrlosen.
Daraus leitet er ab, dass deren Erhaltung letztlich sogar höher
als die Interessen des Individuums anzusehen ist. Patriotismus
wird damit zur Tugend und die Bereitschaft zur Verteidigung der
Nation zur Pflicht.[141]

Wenn es erstens der Fall ist, dass ich die Regeln der Moral nur in
der Version aufnehmen kann, wie sie in einer bestimmten Gemein-
schaft verkörpert sind; und wenn es zweitens der Fall ist, dass die
Moral in Begriffen bestimmter Güter gerechtfertigt werden muss, die
innerhalb des Lebens bestimmter Gemeinschaften genossen werden
können; und wenn es drittens so ist, dass ich typischerweise nur
durch die besonderen Arten moralischer Unterstützung, die mir mei-
ne Gemeinschaft gewährt, zum moralisch Handelnden werde und als
solcher erhalten werde, dann ist es klar, dass ich ohne diese Gemein-
schaft kaum als moralisch Handelnder gedeihen kann. Daher kann
mein Eintreten für diese Gemeinschaft und das, was sie von mir ver-
langt – sogar bis zu dem Punkt, an dem mein Leben gefordert ist, um
das ihre zu erhalten –, nicht sinnvollerweise mit dem verglichen oder
dem gegenübergestellt werden, was die Moral von mir verlangt. Mei-
ner Gemeinschaft beraubt laufe ich Gefahr, alle wirklichen Maßstäbe
des Urteilens zu verlieren. (Alasdair MacIntyre, «Ist Patriotismus
eine Tugend?»)[142]

Die bedingungslose, sich notfalls aufopfernde Loyalität zu den
Gruppierungen, in denen man sich (wie bei der Nation) geographisch oder (wie in der Verwandtschaft) durch natürliche Ab-

stammung vorfindet, erklärt MacIntyre zur selbstverständlichen und vorrangigen Aufgabe, da ihm ein menschenwürdiges Leben beim Verlust seiner Gemeinschaft unmöglich scheint. Dem Bindungswilligen wird im Ernstfall einiges abverlangt.

Der andere bereits erwähnte Kommunitarier, der kanadische Philosoph und Politologe **Charles Taylor** (*1931), beklagt das schwindende Vertrauen der Menschen in die moderne Gesellschaft und macht dafür vorrangig drei Ursachen aus.[143] Da ist einmal die Entfremdung von einer Arbeit, die von vielen als sinnlos und fremdbestimmt empfunden wird. Der mit ihr verbundene Verlust an Selbstbestimmung und Gleichberechtigung wird von den meisten als vermeintlich notwendiges Übel zur Befriedigung der gewachsenen Konsumansprüche akzeptiert. Aus dem gleichen Grund werden zweitens die Effizienz- und Wachstumsprioritäten der kapitalistischen Wirtschaftsordnung in Kauf genommen und die schwindende Kontrolle über sie schulterzuckend abgegeben. Ein dritter Kompromiss, der von den Angehörigen westlicher Zivilisationen eingegangen wird, betrifft den von der Werbung initiierten und kontinuierlich geförderten Charakter von Konsumgütern als Statussymbole, die den eigenen Erfolg durch immer größere Häuser, stärkere Autos und angesagte elektronische Helfer anschaulich unter Beweis stellen sollen. Indem er diese Eigenschaften des modernen Lebens in den Industriegesellschaften herauspräpariert, entlarvt Taylor unser Image als eigenbestimmte, nicht von den Dingen beherrschte, frei entscheidende Personen als bloßen Schein. Die meisten spüren dies eher unterschwellig.

In dem Maße, wie diese negativen Merkmale unser Selbstverständnis beeinflussen, empfinden wir unweigerlich einen Vertrauensschwund und ein Unbehagen, und es stellt sich der Verdacht ein, dass das Gefühl von Effizienz, auf das wir unser von der modernen Identität geprägtes Selbstbild gründen, eine Täuschung ist. Wenn wir uns als Spielball bewusstloser unpersönlicher Kräfte sehen, oder, schlimmer noch, als Opfer einer Faszination, die sich nur auf Dinge bezieht (und das genau bei den Praktiken, die unsere Identität und unsere Konzeption des Guten tragen sollen), dann können wir nicht umhin, das Vertrauen in diese Praktiken zu verlieren. (Charles Taylor, «Die Unvollkommenheit der Moderne», S. 97)[144]

Mit ihrem Vertrauen verlieren die Bürger laut Taylor zugleich die Bindung an die Gesellschaft. Das zeigt sich bereits bei ihrer kleinsten Einheit, der Familie, die bei weitem nicht mehr die Dauerhaftigkeit früherer Zeiten aufweist. Hohe Scheidungsraten sprechen eine unmissverständliche Sprache. Der seit dem 18. Jahrhundert nahezu unangetastete Wert des Familienlebens, das als Keimzelle verlässlicher sozialer Beziehungen gilt, gerät zunehmend unter die Räder einer individuellen konsumorientierten Selbstverwirklichung.

Wenn meine Entwicklung oder meine Selbstentdeckung mit einer dauerhaften Beziehung unvereinbar sein sollte, dann wird diese als ein Gefängnis und nicht als ein Ort der Identitätsbildung empfunden. Dadurch gerät die Ehe stark unter Druck, der noch dadurch vergrößert wird, dass genau dieses Streben nach Selbstentfaltung und Selbstverwirklichung heute dazu führt, dass die Frauen die Rollenverteilung und das in der traditionellen Familie übliche emotionale Geben und Nehmen in Frage stellen. (Charles Taylor, «Die Unvollkommenheit der Moderne», S. 99 f.)[145]

Für manchen männlichen Bindungswilligen könnte dies ein Anlass sein, sich in vermeintlich bessere, frühere Zeiten zurückzuwünschen und sich auf die Suche nach einer ähnlich denkenden Partnerin zu machen. Die Erfolgsaussichten dieser vermeintlich einfachen Lösung dürften sich allerdings in bescheidenem Rahmen halten. Zwar stellt die Orientierung an einer Gemeinschaft auch für viele Frauen eine Grundausrichtung ihres Lebens dar, man kann sich aber beim begeisterten Lob der Kinder-Küche-Kirche-Gattin unschwer vorstellen, warum sie sich in die Vorstellungen von MacIntyre und Taylor nicht nahtlos eingliedern wollen. Eine einfache Wiederbelebung hergebrachter Rollenklischees lässt selbst den meisten Traditionsbewussten zu wenig Raum für ihre Entfaltung und hat daher für sie keine Zukunftsperspektive.

Die kanadisch-amerikanische Sozialphilosophin **Marilyn Friedman** (*1945) formuliert eine feministische, doch ebenso gemeinschaftsfreundliche Kritik an der eingeschränkten Sicht der Kommunitarier.[146] Theorien der Gemeinschaft dürften nicht nur an Familie, Nachbarschaft, Bürgerschaft, Nation, Schule und Kirche denken, denn gerade diese hätten für Frauen in der Vergangenheit häufig unterdrückende Strukturen hervorgebracht. Die moralpsychologisch gültige Beschreibung, dass man Normen innerhalb einer Gemeinschaft erwirbt, werde bei den Kommunitariern leicht zum moralischen Einverständnis mit althergebrachten Verhaltensweisen, die repressiv mit Frauen umgehen. Dies führe auch bei fremder ethnischer Herkunft oder andersartiger sexueller Orientierung leicht zur Ausgrenzung. Um geschlechtsbedingte oder andere Benachteiligungen beseitigen zu können, müssten Traditionen veränderbar sein.

Neben den von den Kommunitariern bevorzugten Beispielen für Gemeinschaften, in denen man sich als Kind und Heranwachsender einfach wiederfindet, gibt es ja durchaus auch eine Vielzahl freiwillig gewählter Gruppenzugehörigkeiten. Dabei muss man nicht nur an Axels Stammtisch denken. So fragt Friedman, warum «die Internationale Textilarbeitergewerkschaft, der Verband der Lastwagenfahrer, die Demokratische Partei, die Anonymen Alkoholiker oder das Solidaritätskomitee für das Volk von El Salvador» nicht ebenso intensive Berücksichtigung finden. Solche als Interessengemeinschaften entstandenen Kollektive üben auf die Identitätsbildung des Einzelnen ebenfalls enormen Einfluss aus. Ganz abgesehen davon: «[W]enn jemand umgezogen oder ausgewandert ist, sind sogar Gemeinschaften wie Nachbarschaft, Kirche, Stadt oder Nationalstaat in einem beträchtlichen Maße selbstgewählt.»

Die Grundtendenz des kommunitaristischen Denkens würde sich ändern, wenn wir die Auffassung vom sozialen Subjekt dahingehend erweitern würden, dass sie auch gewählte Gemeinschaften umfasst, insbesondere diejenigen, die außerhalb von Familie-Nachbarschaft-Schule-Kirche liegen. Dann würde das kommunitaristische Denken nicht mehr eine scheinbar konservative Zufriedenheit mit den privaten und lokalen Gemeinschaften aufweisen, die insbesondere das Leben der meisten Frauen so stark eingeschränkt haben. (Marilyn Friedman, «Feminismus und moderne Formen der Freundschaft»)[147]

Friedman plädiert für eine Würdigung urbaner Gemeinschaften, deren Mitgliedschaft einer freien Wahl unterliegt und die gerade für Außenseiter in geschlossenen Gesellschaften eine stärkende Möglichkeit zum Zusammenschluss bieten können. Insbesondere die engen freiwilligen Bindungen in Form von Freundschaften finden sich motiviert von «eigenen Bedürfnissen, Wünschen, Interessen, Wertvorstellungen und Vorlieben» und leben von gegenseitiger Zuneigung, Achtung und Wertschätzung.

Freundschaft war bereits für Aristoteles ein ergiebiges philosophisches Thema, insbesondere, wenn sie nicht nur dem gemeinsamen Spaßhaben oder dem gegenseitigen Nutzen dient, sondern aus der Verbindung zweier integrer gleichgesinnter Persönlichkeiten entspringt. In dieser Form ist für ihn freundschaftliche Gesinnung eine der hervorragendsten ethischen Tugenden, deren intensiver Betrachtung er gleich zwei Bücher seiner *Nikomachischen Ethik* widmet. Dass Freundschaft Frauen einschließen könnte oder sogar zwischen Frauen möglich sein sollte, bewegte sich leider jenseits seines Vorstellungsvermögens, weshalb er sich auf die Bindung zwischen Männern konzentrierte. Das meiste, was er dazu sagt, lässt sich aber mit Gewinn unter Einbeziehung der Weiblichkeit lesen.

Freundschaft ist für Aristoteles nicht nur wünschenswert, sondern eine schlichte Notwendigkeit.

Denn ohne Freunde möchte niemand leben, auch wenn er die übrigen Güter alle zusammen besäße. […] Und in Armut und sonstigem Missgeschick gelten Freunde als die einzige Zuflucht. Freundschaft ist Hilfe: den Jüngling bewahrt sie vor Irrtum, dem Alter bietet sie Pflege und Ersatz für die aus Schwäche abnehmende Leistung, den Mann auf der Höhe des Lebens spornt sie zu edlen Taten. «Zwei miteinander voran»[148]*: dann gewinnt das Erkennen wie das Handeln an Kraft.* (Aristoteles, Nikomachische Ethik, VIII 1155a 5)

Neben handgreiflichen praktischen Vorteilen bietet die Freundschaft die Möglichkeit zu gemeinsamer Freizeitgestaltung, die den eigenen Interessen entspricht. Man spielt, feiert, trainiert, jagt und philosophiert gemeinsam und «verbringt seine Tage in der Gesellschaft der Freunde mit *der* Beschäftigung, die ihm von den Inhalten des Lebens die meiste Befriedigung gewährt.»[149] Damit spiegelt man sich selbst in den anderen und findet seine Vorstellungen vom guten gemeinsamen Leben in ihnen bestätigt.

Und was für den einzelnen den Sinn des Lebens darstellt oder den Grund, weshalb ihm das Leben ein Wert ist, damit wollen sie, in der Gesellschaft ihrer Freunde, das Leben verbringen. […] In dem Wunsche nämlich, mit den Freunden zusammen zu leben, richten sie ihr Tun und ihre Gemeinschaft auf das, wodurch sie das Zusammenleben gewährleistet glauben. (Aristoteles, Nikomachische Ethik, IX 1171b 36)

Freundschaft ist für Aristoteles aber mehr als Zeitvertreib und Sinnfindung. Sie wird zum Vorbild und zur Basis der größeren Gemeinschaft des antiken Stadtstaats, weil sie besser trägt als vertragliche Verabredungen und damit zur stabileren Grundlage einer erfolgreichen Politik wird.

Die Erfahrung lehrt auch, dass Freundschaft die Polisgemeinden zusammenhält und die Gesetzgeber sich mehr um sie als um die Gerechtigkeit bemühen [...]. Sind die Bürger einander freund, so ist kein Rechtsschutz nötig, sind sie aber gerecht, so brauchen sie noch außerdem die Freundschaft. (Aristoteles, Nikomachische Ethik, VIII 1155a 23)

Mit dem in Algerien geborenen französischen Philosophen **Jacques Derrida** (1930–2004) greift sogar ein Vertreter der von den Kommunitariern angeprangerten individualistischen «Postmoderne» in unserer Zeit diesen aristotelischen Grundgedanken wieder auf. In seinem Buch mit dem Titel *Politik der Freundschaft* «dekonstruiert» er auf vielfältige Weise einen Aristoteles zugeschriebenen und von Montaigne, Nietzsche und anderen zitierten Spruch, der – je nach Übersetzung – entweder «O Freunde, es gibt keinen Freund» oder «Viele Freunde, kein Freund» lautet. Bei allen Unterschieden zwischen den beiden Lesarten eröffnet Derrida mit der Idealisierung einer noch gar nicht richtig dagewesenen oder exklusiven Freundschaft eine Interpretation, die die Grundlage einer besseren Demokratie jenseits jeder konkreten, unvollkommen verwirklichten Freundesbeziehung vorscheinen lässt.

[Aristoteles' Sentenz gleicht] zunächst einem Appell, weil sie der Zukunft zugewandt ist, weil sie ein Künftiges verheißt. So und nur so richtet man sich an Freunde, indem man sie Freunde nennt, sie bei diesem Namen ruft. [...] O meine Freunde, seid meine Freunde, ich liebe euch, liebt mich, [...], hört mich, verschließt euch meinem Appell, meiner Klage, meinem Warten nicht, versteht und schenkt mir euer Mitgefühl, ich bitte euch um Sympathie und Einverständnis, werdet die Freunde, nach denen ich mich sehne. [...] Es gibt keine Freunde, wir wissen es, aber ich bitte euch, macht, dass es künftig Freunde geben möge, ihr, die ihr meine Freunde seid. Seid meine Freunde, ihr meine Freunde. Ihr seid es bereits, da ich euch bei diesem

Namen rufe. Aber wie könnte ich euer Freund sein, wie könnte ich euch meine Freundschaft aussprechen [...], bliebe die Freundschaft nicht im Kommen, nicht zu wünschen und zu versprechen? Wie sollte ich sie euch geben, wenn es sie schon gäbe? (Jacques Derrida, Politik der Freundschaft, S. 315)

Die von Derrida gemeinte freundschaftliche Beziehung der Zukunft, die eine andere Qualität des Zusammenlebens hervorbringen könnte, muss nicht auf eine lokale Bürgerschaft einer Kommune oder eines Staates beschränkt bleiben. Auch Friedmans urbane Gemeinschaften, mit denen sie «politische Aktionsgruppen, Unterstützergruppen, Hobby-Verbände usw.» meint, lassen sich im Zeitalter des Internets leicht weiterdenken in soziale Netzwerke, die quasi unbegrenzte Möglichkeiten zur gemeinsamen Aktivität schaffen.

Das moderne Subjekt sucht neue Gemeinschaften, deren Normen und Beziehungen seiner Identität und seinem Selbstverständnis angemessener sind als die nichtgewählte primäre Gemeinschaft, die ursprüngliche ortsgebundene Gemeinschaft. (Marilyn Friedman, «Feminismus und moderne Formen der Freundschaft»)[150]

Facebook und Twitter ermöglichen mit dem Teilen von Erlebnissen, Entdeckungen und Einschätzungen eine ungekannt breite Basis einer neuen Art von Freundschaften, die den Bürger in Zeiten der globalen Vernetzung ohne Ortswechsel problemlos zum Weltbürger macht. Wartet vielleicht die Utopie einer freundschaftlichen Bürger-Community à la Derrida hinter den Transparenz- und Interaktionsforderungen der Piratenpartei? Hier tut sich ein weites Feld der Kooperation auf, auch wenn die sich ergebenden Bindungen weniger konstant sein mögen, als sich das die Kommunitarier erwarten.

Ob im traditionellen Zwiegesang, im klassischen Streichquintett oder im bunten Weltmusik-Orchester, bei allen Differenzen über Art und Größe der Ensembles: Die Gemeinschaftsfreunde weisen auf die Sehnsucht des Menschen nach dem Wohlklang im konsonanten Zusammenspiel hin. Sie machen deutlich, dass wir nicht als unverbundene Individuen nebeneinanderher improvisieren müssen, sondern über die Suche nach Bundesgenossen, und unser Engagement in der Gemeinschaft weitreichendere Wirkungen erzielen können. Bindungswillige suchen Mitstreiter für ihre Interessen und setzen auf die überwältigende Wirkung harmonischer Mehrstimmigkeit.

Manche von ihnen richten sich stärker an Konvention und Tradition oder am Regulativ der Allgemeinheit aus: Was andere probiert und für richtig befunden haben, kann doch nicht ganz verkehrt sein. Andere orientieren sich an neuen Ideen, die viele begrüßen und gemeinsam weiterverfolgen. Sie glauben an eine kollektive Kompetenz, bei der das Ganze mehr hervorbringt als die Summe der Teile.

CHANCEN UND RISIKEN FÜR GEMEINSCHAFTSFREUNDE

Bindungswillige Gemeinschaftsfreunde sind «Teamplayer» aus innerer Überzeugung. Als Mannschaftsspieler stellen sie das Kollektiv ins Zentrum ihrer Überlegungen und sind bereit, ihm die Rechte und Bedürfnisse des Einzelnen unterzuordnen. Das gilt auch für ihr eigenes Verhalten, denn sie glauben, dass ethische Werte nur in einer Gemeinschaft erworben und gelebt werden können, und verleihen dieser den Status einer selbständigen Einheit, die als Ideal – unabhängig von ihren mehr oder weniger tatsächlich den Ansprüchen genügenden Mitgliedern – Wertschätzung verdient. Das hat für Gemeinschaftsfreunde handgreiflich positive Effekte:

- Der Gemeinschaftsfreund erlebt sein Glück als Aufgehobensein im Kreis seiner Familie, Freunde und Mitbürger und genießt die Sicherheit sozialer Bindungen.
- Er fühlt sich durch die Gruppe getragen und durch ihr ge-

meinsames Konzept eines guten Lebens moralisch geleitet und gefestigt.

- Die ansteckende frohe Laune bei gemeinschaftlichen Aktivitäten bringt ihm Spaß und steigert seine dauerhafte Zufriedenheit.

Doch der Bindungswillige kann sich einiges vormachen:
- Nicht alle Zusammenschlüsse weisen den erhofften Grad an Homogenität und eine nachhaltige Konstanz auf.
- Überlieferte Werte sind zu Recht nicht unantastbar, sondern diskussionswürdig. In den modernen Gesellschaften existiert – ob man will oder nicht – eine Vielfalt von Vorstellungen des guten Lebens.
- Gemeinsamkeit lässt sich nicht einfach verordnen. Wer das nicht wahrhaben will, läuft Gefahr, blind der Tradition verhaftet zu bleiben und mehr die verkrusteten Strukturen als die lebendigen Werte einer Gesellschaft zu verteidigen.
- Das kann leicht zur Ausgrenzung und Unterdrückung von Minderheiten führen. Freiheit muss sich hier ganz besonders gegenüber Andersdenkenden beweisen.
- Auch den Bindungswilligen selbst kann es treffen. Die Geschichten ehemaliger Sektenmitglieder sprechen erschütternd davon, was es heißen kann, sich (erst freiwillig, dann unter immer stärkerem Zwang) bedingungslos einer Gemeinschaft unterzuordnen und sich dabei selbst völlig aufzugeben. Der Ausstieg gelingt nur wenigen und muss häufig mit völliger Isolation von allen bisherigen Sozialkontakten erkauft werden.

Axel ist weder abhängig von einer repressiven Gruppierung noch stockkonservativ, sondern offen für neue Menschen und Ideen. Er fördert Migrantenkinder beim Fußball mit dem gleichen Enthusiasmus wie Einheimische. Ihm ist jeder willkommen, der mit Herzblut dabei ist. Aber er selbst weiß gern, wo er hingehört, und schätzt sich glücklich, dass seine Frau diese Einstellung mit ihm teilt. Axel tut viel für seine Ortsgemeinschaft. Im Sportverein ist er für die Jugendarbeit unersetzlich. Im Gemeinderat schätzt man seine Berechenbarkeit und sein Agieren im Interesse des Allgemeinwohls. Er hat das von den anderen bestärkte Gefühl, das Richtige zu tun, und er tut es gern. Sein Ort und sein Land bilden den Rahmen, aber seine Familie und seine Freunde sind seine eigentliche Welt, in der er zu sich selbst findet. Sie geben ihm das Gefühl der Geborgenheit und stärken ihm den Rücken für das Leben, das er mit seinen Zufällen und Unwägbarkeiten auch so noch als abenteuerlich genug empfindet.

Literaturtipps für bindungswillige Gemeinschaftsfreunde:
Aristoteles, *Politik*
Aristoteles, *Nikomachische Ethik*
Klaus-Dieter Eichler (Hrsg.), *Philosophie der Freundschaft*
Axel Honneth, *Kommunitarismus*
Christel Zahlmann, *Kommunitarismus in der Diskussion*

ZUM SCHLUSS

Haben Sie sich oder andere in dem einen oder anderen «Philosophen-Typen» wiedererkannt? Hat Sie ein Gedanke oder ein Zitat zum Weiterdenken angeregt? Haben Sie Lust bekommen, einmal andere Denkmodelle auszuprobieren?

Nichts hält Sie davon ab weiterzumachen. Das Training im Selberdenken hat gerade erst begonnen. Versuchen Sie doch einmal, Kraft aufzubauen und Stabilität zu finden in festen Überzeugungen, der Harmonie des Universums, in der Verbindlichkeit von Pflichten oder in der Gemeinschaft. Oder machen Sie sich lockerer und flexibler mit den Dehnübungen des Zweifelns, des gesunden Misstrauens, dem Spagat zwischen Bedürfnissen und Genüssen und wagen Sie mehr Individualität.

Vielleicht nutzen Sie einfach einmal die nächste aufgezwungene Wartezeit für solchen «Denksport» der philosophischen Art. Sie brauchen dafür ja keine Geräte, sondern nur Ihren Geist.

Und wer weiß, möglicherweise finden Sie noch mehr Gefallen an vertiefender philosophischer Lektüre und dem Selberdenken – für sich selbst, mit einem Notizbuch für wichtige Gedanken oder im Dialog mit anderen. Sie könnten entdecken, wie philosophisches Denken die geistige Grundkondition unseres Lebens bildet, ob wir uns dessen bewusst sind oder nicht.

So gesehen ist das Ende dieses Buches vielleicht ein neuer Anfang des Verstehens?

DANKE!

Eine Buchidee benötigt neben dem Autor eine Vielzahl von Patinnen und Paten, bis das fertige Exemplar zur Welt kommt. Bei einigen möchte ich mich besonders bedanken.

Bei Barbara Sporrer für die Initialzündung mit Ihrer Bitte, ich möge im Studium generale eine verständliche Einführung in die Philosophie übernehmen; bei den Teilnehmern meiner Philosophiewerkstätten für die Diskussionen zu meinen ersten Entwürfen; bei Karin Petrovic für den regelmäßigen motivierenden Austausch zur philosophischen Praxis. Meiner Frau Monika, deren unerschütterlicher Zuspruch ein verlässlicher Rückhalt über die gesamte Laufzeit des Vorhabens war, danke ich in praktischer Hinsicht vor allem für das undankbare kritische Gegenlesen der Erst- und Zweitfassung.

Für die Unterstützung bei der Verlagssuche gilt mein Dank Brigitte Blockhaus, Xaver Grimm und ganz besonders Natalie Knapp, die mir neben kundigen Hinweisen aus der eigenen Autorinnenerfahrung auch den letztlich entscheidenden Tipp gab. Meinem Lektor Bernd Gottwald danke ich für sein unmittelbar verstehendes Zutrauen in das Projekt und ihm wie Julia Vorrath für die konstruktive und angenehme Zusammenarbeit in den Detailfragen.

Den vielen anderen, die mich in der Idee zu diesem Buch bestärkt haben, danke ich für ihr wohlwollendes Interesse. Auch wenn ich nicht alle aufzählen kann, bin ich mir bewusst, dass es ohne den nachhaltigen Einfluss akademischer Lehrer, die vielfältigen Anregungen philosophischer Praktiker in der IGPP und die zeitweilige Entlastung durch Kolleginnen und Kollegen kaum entstanden wäre. Und allen, die ich noch vergessen haben sollte, verspreche ich bei Erinnerung einen Extradank.

ANMERKUNGEN

Überzeugungsdenker – Liebe zur Wahrheit

1 Das Zitat und diese Charakterisierung Fichtes finden sich in Karl Vorländers *Geschichte der Philosophie*. Falls nicht anders angegeben, sind die Zitate den angegeben Werken verschiedener Bände der *Digitalen Bibliothek* entnommen (s. Literaturverzeichnis).

2 Im siebten Buch seines Werkes über den *Staat (Politeia)*

3 Die besten Geschichten über antike Philosophen findet man bei Diogenes Laertius, *Leben und Meinungen berühmter Philosophen*. Wie schwierig es allerdings selbst bei erklärten Wissenssuchern ist, gesicherte Daten zu erhalten, zeigt sich schon daran, dass nicht einmal Platons Geburts- und Todesjahr eindeutig feststellbar sind.

4 Aristoteles, *Kategorien*

5 Aristoteles, *Topik*, 1. Buch, Kapitel 8

6 Aristoteles, *Erste Analytiken*

7 Aristoteles, *Metaphysik*, 4. Buch, Kapitel 3

8 Aristoteles, *Metaphysik*, 10. Buch, Kapitel 7

9 Um nur zwei willkürliche Beispiele herauszugreifen: Alasdair MacIntyre und Martha Nussbaum sind stark von aristotelischem Gedankengut beseelt. Im Kapitel über die bindungswilligen Gemeinschaftsfreunde werden einige dieser Aspekte aufgegriffen.

10 Thomas von Aquin, *Summe gegen die Heiden*, zitiert nach Störig, Band I, S. 266

11 Ludwig Feuerbach, *Geschichte der neuern Philosophie*

12 Francis Bacon, *Große Erneuerung der Wissenschaften*

13 René Descartes, *Meditationen über die Grundlagen der Philosophie*

14 So von ihm in der *Abhandlung über die Methode, richtig zu denken und Wahrheit in den Wissenschaften zu suchen* formuliert. In den *Meditationen über die Grundlagen der Philosophie* heißt es noch: «Ich denke, ich existiere.»

15 Baruch de Spinoza, *Ethik*, 1. Teil, Anhang

16 ebd.

17 ebd.

18 Immanuel Kant: *Beantwortung der Frage: Was ist Aufklärung?*

Hinterfrager – Mut zum Zweifeln

19 Stilpons Kritik trifft selbstredend auch die vorliegende «philosophische Typenlehre», die damit noch «mit einem Körnchen Salz» mehr zu lesen ist.

20 Vgl. Georg Wilhelm Friedrich Hegel, *Vorlesungen über die Geschichte der Philosophie*

21 Die entstehende Unsicherheit glaubt ein Überzeugungsdenker relativ leicht mit der Unterscheidung zwischen physikalisch-objektiven Schallwellen und

nur subjektiv wahrnehmbaren Geräuschen aus der Welt zu schaffen. Bischof Berkeley zog sich mit der immerwährenden Wahrnehmung Gottes aus der Affäre.

22 Kant schildert dies in der Einleitung zu seinen *Prolegomena zu einer jeden künftigen Metaphysik, die als Wissenschaft wird auftreten können.*

23 David Hume, *Von der menschlichen Natur*, I, 4, 6, zitiert nach Lange, *Geschichte des Materialismus*

24 Frank Schweizer, *Wie Philosophen sterben*, München 2003

25 Die Aufsätze, auf ich hier Bezug nehme, finden sich in: Paul Watzlawick, *Die erfundene Wirklichkeit.*

26 Heinz von Foerster, «Das Konstruieren einer Wirklichkeit», in: Paul Watzlawick, *Die erfundene Wirklichkeit*, S. 40

27 in: Paul Watzlawick, *Die erfundene Wirklichkeit*

28 in: Paul Watzlawick, *Die erfundene Wirklichkeit*

29 Paul Watzlawick, «Selbsterfüllende Prophezeiungen» in ders.: *Die erfundene Wirklichkeit*

30 Ludwig Wittgenstein, *Über Gewißheit*, Nr. 115, S. 144

31 Ludwig Wittgenstein, *Über Gewißheit*, Nr. 344, S. 187

Glücksfinder – Ja zur Welt

32 Die Metaphysik (wörtlich etwa: das, was nach oder jenseits der Naturwissenschaften liegt) gilt traditionell als die philosophische Lehre, die sich mit Themen wie Gott, Welt und Seele auseinandersetzt. Sie sucht nach Antworten auf die von Immanuel Kant gestellte Frage «Was darf ich hoffen?» und enthält damit auch die Problematik des Sinns der Welt und des Menschen und mutmaßt, welches Glück wir uns erwarten können.

33 Ernst Bloch, *Das Prinzip Hoffnung*, S. 229

34 Nach Seneca, *De constantia sapientis*, *Über die Standhaftigkeit des Weisen*, in: *Philosophische Schriften* I, S. 56/57

35 Liebe zum Schicksal

36 Friedrich Nietzsche, *Ecce homo*

37 Friedrich Nietzsche, *Ecce homo*

38 Alain, *Die Pflicht, glücklich zu sein*, LXXIV, S. 180 f.

39 Albert Camus, *Der Mythos von Sisyphos*, S. 128

Schwarzseher – Bewährtes Misstrauen

40 Arthur Schopenhauer, *Parerga und Paralipomena* in: *Werke in fünf Bänden*, Band V, S. 273

41 zitiert nach Angelika Hübscher, *Arthur Schopenhauer*, S. 147 f.

42 *Kohelet* 1,2

43 Arthur Schopenhauer, *Parerga und Paralipomena* in: *Werke in fünf Bänden*, Band V, S. 263

44 Sigmund Freud, «Das Unbehagen in der Kultur», in: *Werkausgabe in zwei Bänden*, Band II, S. 376

45 a.a.O.
46 in: E. M. Cioran, *Die verfehlte Schöpfung*
47 E. M. Cioran, «Der böse Demiurg», in: *Die verfehlte Schöpfung*, S. 8 f.
48 E. M. Cioran, «Erwürgte Gedanken» II, a. a. O., S. 106
49 In: E. M. Cioran, *Die verfehlte Schöpfung*
50 E. M. Cioran, «Paläontologie», a. a. O., S. 50
51 E. M. Cioran, «Erwürgte Gedanken» II, a. a. O., S. 119
52 Arthur Schopenhauer, *Die Welt als Wille und Vorstellung*
53 in: E. M. Cioran, *Die verfehlte Schöpfung*
54 E. M. Cioran, *Begegnung mit dem Selbstmord*, a. a. O., S. 62
55 in: E. M. Cioran, *Die verfehlte Schöpfung*
56 Lucius Annaeus Seneca, *Briefe an Lucilius* (Buch XXII, 124, 24), S. 863
57 Martin Heidegger, *Sein und Zeit*, S. 197 f.
58 Theodor W. Adorno, *Minima Moralia*
59 Max Horkheimer/Theodor W. Adorno, *Dialektik der Aufklärung*
60 in: Hans Dierkes (Hrsg.) *Philosophische Anthropologie*, Stuttgart 1989, S. 123
61 a.a.O.
62 Jean-François Lyotard, «Randbemerkungen zu den Erzählungen», in: Engelmann, Peter (Hrsg.), *Postmoderne und Dekonstruktion*, S. 49 ff.
63 ebd.
64 a.a.O.
65 Jean Baudrillard, *Die fatalen Strategien*, S. 97
66 ebd., S. 102
67 *What should we be worried about?* (Conceptum 32, www.edge.org)
68 Diesen Begriff prägt die amerik. Psychologie-Professorin Julie K. Norem in ihrem Buch *Die positive Kraft negativen Denkens*.

Lebenskünstler – Bedürfnisse als Orientierung

69 Zitiert nach Georg Luck, *Die Weisheit der Hunde. Texte der antiken Kyniker*, S. 398 f.
70 in: Epikur, *Philosophie der Freude*
71 a.a.O.
72 a.a.O.
73 s. Epikur, *Brief an Menoikeus* in: *Philosophie der Freude*, S. 53 – 60
74 in: Epikur, *Philosophie der Freude*
75 a.a.O.
76 Friedrich Nietzsche, *Menschliches, Allzumenschliches*, Aphorismus 275
77 Abraham A. Maslow, *Motivation und Persönlichkeit*, 4. Kapitel
78 Vom lateinischen «utilis» – «nützlich»
79 Zitiert nach: Michael Baurmann und Hartmut Kliemt (Hrsg.), *Glück und Moral*, Stuttgart 1987, S. 16 f.
80 Jeremy Bentham: *Eine Einführung in die Prinzipien der Moral und der Gesetzgebung*, IV: «Wie der Wert einer Menge an Freude oder Leid gemessen werden kann»; s. a. a. O., S. 17 ff.

81 Beispiel von John Harris («The Survival Lottery», in: Peter Singer (Ed.): *Applied Ethics*, Oxford – New York 1986, S. 87 – 95)

82 Peter Singer, *Praktische Ethik*, S. 246

83 Epikur, *Fragmente, 43*, in: *Philosophie der Freude*, S. 102

Genießer – Lust am Vergnügen

84 Die geschilderten Anekdoten und Zitate finden sich in Diogenes Laertius, *Leben und Meinungen berühmter Philosophen* II, 8, 65 ff.

85 Montaigne, *Essais*, Von der Erfahrung, S. 876

86 Julien Offray de La Mettrie: *Über das Glück oder das höchste Gut*

87 Michel Onfray, *Der sinnliche Philosoph*, S. 158

88 Michel Onfray, *Der sinnliche Philosoph*, S. 153

89 Charles Baudelaire, *Der Dandy* zitiert nach: Dieter Thomä, *Lebenskunst und Lebenslust*, München 1996, S. 178

90 s. dazu die *Kierkegaard*-Biographien: ausführlich von Joakim Garff oder kurz und bebildert von Peter P. Rohde

91 Friedrich Nietzsche, *Morgenröte*

92 Friedrich Nietzsche, *Menschliches, Allzumenschliches*

93 Thomas Nagel, *Letzte Fragen*, zitiert nach Kai Buchholz, *Sex*, München 2008, S. 231

94 zitiert nach Kai Buchholz, *Sex*, München 2008, S. 41 ff.

Pflichtbewusste – Praktizierte Moral

95 Cicero, *Von den Pflichten*, I, 57

96 a. a. O., I, 8

97 a. a. O., I, 66 – 78

98 a. a. O., I, 101

99 vgl. Josef M. Werle, *Seneca für Zeitgenossen*, S. 319

100 Seneca, *Vom glücklichen Leben*

101 Zitiert nach Josef Werle, *Seneca für Zeitgenossen*, S. 270 f.

102 Zitiert nach Josef Werle, *Seneca für Zeitgenossen*, S. 271

103 Immanuel Kant, *Grundlegung zur Metaphysik der Sitten*

104 Immanuel Kant, *Kritik der praktischen Vernunft*

105 Immanuel Kant, *Grundlegung zur Metaphysik der Sitten*

106 Immanuel Kant, *Grundlegung zur Metaphysik der Sitten*

107 Immanuel Kant, *Grundlegung zur Metaphysik der Sitten*

108 Vgl. Hannah Arendt, *Eichmann in Jerusalem*, S. 231 ff.

109 Vgl. Hannah Arendt, *Über das Böse*, S. 51 f.

110 David Ross, *Ein Katalog von Prima-facie-Pflichten*, in: Dieter Birnbacher/Norbert Hoerster, *Texte zur Ethik*

111 Sören Kierkegaard, *Entweder-Oder*

112 in: Jean-Paul Sartre, *Drei Essays*

113 in: Jean-Paul Sartre, *Drei Essays*

114 a. a. O.

115 Carol Gilligan, *Die andere Stimme. Lebenskonflikte und Moral der Frau*, München 1996

116 Carol Gilligan, *Die andere Stimme*, S. 124

117 Carol Gilligan, *Die andere Stimme*, S. 200 f.

118 Friedrich Nietzsche, *Jenseits von Gut und Böse*, Aphorismus 19

Quergeister – Eigensinn als eigener Sinn

119 Arthur Schopenhauer, *Parerga und Paralipomena* II, § 396

120 in: Sören Kierkegaard, *Philosophische Schriften 2*

121 Sören Kierkegaard, *Die Krankheit zum Tode* in: *Philosophische Schriften 2*, S. 681

122 a. a. O.

123 a. a. O.

124 John Stuart Mill, *Über die Freiheit*, S. 89

125 Friedrich Nietzsche, *Menschliches, Allzumenschliches*, I, Aphorismus 95

126 Martin Heidegger, *Sein und Zeit*, S. 42

127 Sein Bruder Fritz hat diese andere Seite in seinen gerühmten Fastnachtsreden verwirklicht – s. Hans Dieter Zimmermann, *Martin und Fritz Heidegger – Philosophie und Fastnacht*, München 2005.

128 Hannah Arendt, *Vita activa*, S. 225 f.

129 Hannah Arendt, *Vita activa*, S. 231

130 Hannah Arendt, *Eichmann in Jerusalem*

Gemeinschaftsfreunde – Wille zur Bindung

131 Aristoteles, *Nikomachische Ethik* 1097b 9

132 Vgl. Karl Marx, *Thesen über Feuerbach*, 11. These

133 Karl Marx, *Zur Kritik der politischen Ökonomie*, Einleitung

134 in: MEW Bd. 1

135 Karl Marx/Friedrich Engels, *Die deutsche Ideologie*

136 s. die leider nur auf Englisch zugänglichen Aufsätze von Jennifer R. Wilkinson und Mogobe B. Ramose in: P. H. Coetzee und A. P. J. Roux, *The African Philosophy Reader*

137 Alasdair MacIntyre, «Die Privatisierung des Guten» in: Axel Honneth, *Pathologien des Sozialen*, S. 163

138 Alasdair MacIntyre, *Die Privatisierung des Guten*, a. a. O., S. 174

139 in: Axel Honneth, *Pathologien des Sozialen*

140 in: Axel Honneth, *Kommunitarismus*, S. 92

141 Alasdair MacIntyre *Ist Patriotismus eine Tugend?*, a. a. O., S. 92 f.

142 a. a. O.

143 Charles Taylor, «Die Unvollkommenheit der Moderne» in: Axel Honneth, *Pathologien des Sozialen*

144 in: Axel Honneth, *Pathologien des Sozialen*

145 a. a. O.

146 Marilyn Friedman, «Feminismus und moderne Formen der Freundschaft: Eine andere Verortung von Gemeinschaft», in: Axel Honneth, *Pathologien des*

Sozialen; siehe auch den Aufsatz von Beate Rössler, «Gemeinschaft und Freiheit», in: Christel Zahlmann (Hrsg.), *Kommunitarismus in der Diskussion*, 1994

147 in: Axel Honneth, *Pathologien des Sozialen*, S. 195 f.

148 Zitat aus Homers *Ilias*

149 Aristoteles, *Nikomachische Ethik*, IX 1171b 36

150 a. a. O., S. 201

LITERATURNACHWEIS

Die Rechtschreibung der Zitate wurde zur besseren Lesbarkeit auf den aktuellen Stand angepasst. Die Zitate der meisten philosophischen Werke stammen – falls nicht anders angegeben – aus den nachfolgend angegebenen Bänden der *Digitalen Bibliothek* (Directmedia). (Sie stehen zum größten Teil auch unter www.zeno.org zur Verfügung.) In diesen Fällen wurde auf die Angabe von Seitenzahlen verzichtet. Die Textpassagen lassen sich dort leichter mit den jeweiligen Suchwerkzeugen auffinden.

Band 2, *Philosophie von Platon bis Nietzsche*, Frank-Peter Hansen (Hrsg.), Berlin 2004

Band 3, *Geschichte der Philosophie*, Mathias Bertram (Hrsg.), Berlin 2004

Band 11, *Karl Marx – Friedrich Engels, Ausgewählte Werke*, Mathias Bertram (Hrsg.), Berlin 2004

Band 31, *Friedrich Nietzsche, Werke*, Karl Schlechta (Hrsg.), Berlin 2004

Band 97, *Theodor W. Adorno, Gesammelte Schriften*, Rolf Thiedemann (Hrsg.), Berlin 2004

Die Informationen zum denkerischen und biographischen Hintergrund stammen vor allem aus:

Böhmer, Otto A.: *Sternstunden der Philosophie*, München 1996

Diogenes Laertius: *Leben und Meinungen berühmter Philosophen*, Hamburg 1998

Garff, Joakim: *Kierkegaard*, München 2006

Hirschberger, Johannes: *Geschichte der Philosophie*, Freiburg 1996

Hübscher, Angelika: *Arthur Schopenhauer*, Frankfurt/M. 1989

Hübscher, Arthur: *Arthur Schopenhauer. Welt und Mensch*, Stuttgart 1960

Lutz, Bernd (Hrsg.): *Metzler Philosophenlexikon*, Stuttgart 1995

Poller, Horst: *Die Philosophen und ihre Kerngedanken*, München 2007

Rohde, Peter P.: *Kierkegaard*, Reinbek 1964

Rullmann, Marit (Hrsg.): *Philosophinnen (2 Bände)*, Frankfurt/M. 1998

Störig, Hans-Joachim: *Kleine Weltgeschichte der Philosophie (2 Bände)*, Frankfurt/M. 1980

Volpi, Franco (Hrsg.): *Lexikon der philosophischen Werke*, Stuttgart 1988

Weischedel, Wilhelm: *Die philosophische Hintertreppe*, München 1981

Werle, Josef M.: *Seneca für Zeitgenossen*, Augsburg 2000

Darüber hinaus verwendete Werke:

Alain: *Die Pflicht, glücklich zu sein*, Frankfurt/M. 1982

Arendt, Hannah: *Eichmann in Jerusalem. Ein Bericht von der Banalität des Bösen*, München 2008

Arendt, Hannah: *Über das Böse*, München 2006

Arendt, Hannah: *Vita activa*, München 2010

Aristoteles: *Nikomachische Ethik*, Stuttgart 1969
Aristoteles: *Politik*, Stuttgart 1993
Baudrillard, Jean: *Der Geist des Terrorismus*, Wien 2003
Baudrillard, Jean: *Die fatalen Strategien*, München 1991
Birnbacher, Dieter, und Norbert Hoerster: *Texte zur Ethik*, München 1982
Bloch, Ernst: *Das Prinzip Hoffnung*, Frankfurt/M. 1977
Bloch, Ernst: *Spuren*, Frankfurt/M. 1985
Buchholz, Kai (Hrsg.): *Sex*, München 2008
Camus, Albert: *Der Mythos von Sisyphos*, Hamburg 1997
Cicero: *Von den Pflichten*, Frankfurt/M. 1995
Cioran, Emil M.: *Die verfehlte Schöpfung*, Wien 1969
Coetzee, P. H., und A. P. J. Roux: *The African Philosophy Reader*, New York 2003
Derrida, Jacques: *Politik der Freundschaft*, Frankfurt/M. 2002
Engelmann, Peter (Hrsg.): *Postmoderne und Dekonstruktion*, Stuttgart 1990
Epikur: *Philosophie der Freude*, München 1988
Freud, Sigmund: *Werkausgabe in zwei Bänden*, Gütersloh 1978
Gilligan, Carol: *Die andere Stimme*, München 1999
Heidegger, Martin: *Sein und Zeit*, Tübingen 1957
Honneth, Axel (Hrsg.): *Kommunitarismus. Eine Debatte über die moralischen Grund-*
lagen moderner Gesellschaften, Frankfurt/M. 1995
Honneth, Axel: *Pathologien des Sozialen*, Frankfurt/M. 1994
Jonas, Hans: *Das Prinzip Verantwortung*, Frankfurt/M. 2003
La Mettrie, Julien Offray de: *Über das Glück oder das höchste Gut*, Nürnberg 1985
Luck, Georg: *Die Weisheit der Hunde. Texte der antiken Kyniker*, Stuttgart 1997
Lyotard, Jean-François: *Postmoderne Moralitäten*, Wien 1998
Kierkegaard, Sören: *Philosophische Schriften*, Frankfurt/M. 2008
Kierkegaard, Sören: *Philosophische Schriften 2*, Frankfurt/M. 2009
Kolakowski, Leszek: *Mini-Traktate über Maxi-Themen*, Leipzig 2000
Maslow, Abraham A.: *Motivation und Persönlichkeit*, Reinbek 1981
Mill, John Stuart: *Der Utilitarismus*, Stuttgart 1985
Mill, John Stuart: *Über die Freiheit*, Stuttgart 1988
Montaigne, Michel de: *Essais*, Zürich 1996
Onfray, Michel: *Der sinnliche Philosoph*, Frankfurt/M. 1992
Sade, Marquis Donatien Alphonse François de: *Die Philosophie im Boudoir*, Gifken-
dorf 2003
Sartre, Jean-Paul: *Drei Essays*, Frankfurt/M. 1981
Schmid, Wilhelm: *Philosophie der Lebenskunst*, Frankfurt/M. 1998
Schopenhauer, Arthur: *Werke in fünf Bänden*, Zürich 1999
Seneca, Lucius Annaeus: *Philosophische Schriften*, Darmstadt 1999
Sextus Empiricus: *Grundriß der pyrrhonischen Skepsis*, Frankfurt/M. 1985
Peter Singer, *Praktische Ethik*, Stuttgart 1984
Watzlawick, Paul: *Die erfundene Wirklichkeit*, München 1991
Wittgenstein, Ludwig: *Über Gewißheit*, Frankfurt/M. 1984
Wittgenstein, Ludwig: *Tractatus logico-philosophicus*, Frankfurt/M. 1984

NAMENSVERZEICHNIS